कटिहार से कैनेडी

राह जिसके मुसाफ़िर कम थे

कटिहार से कैनेडी

राह जिसके मुसाफ़िर कम थे

संजय कुमार

अनुवाद

प्रभात मिलिंद

वाणी प्रकाशन

वाणी प्रकाशन

4695, 21-ए, दरियागंज, नयी दिल्ली 110 002

फ़ोन : +91 11 23273167 फ़ैक्स : +91 11 23275710

शाखाएँ

अशोक राजपथ, पटना 800 004, बिहार

कॉफ़ी हाउस कैम्पस, महात्मा गांधी मार्ग, इलाहाबाद 211 001, उत्तर प्रदेश

महात्मा गांधी अन्तरराष्ट्रीय हिन्दी विश्वविद्यालय, वर्धा 442 001, महाराष्ट्र

सुल्तानिया रोड, मोतिया पार्क, भोपाल 462 001, मध्य प्रदेश

www.vaniprakashan.com
marketing@vaniprakashan.in
sales@vaniprakashan.in

KATIHAR SE KENNEDY
Translated from the English original
Katihar to Kennedy : The Road Less Travelled
Published by Vani Book Company (2019)
by Sanjay Kumar
Translated by Prabhat Milind

ISBN : 978-93-89915-91-4
Autobiography

प्रथम संस्करण 2020

मूल्य : ₹ 350

सिटी प्रेस, दिल्ली-110 095 में मुद्रित

वाणी प्रकाशन का लोगो मक़बूल फ़िदा हुसेन की कूची से

माँ और बाबूजी के लिए जिन्होंने अपनी स्कूल की पढ़ाई पूरी नहीं कर पाने के बावजूद लगातार कड़ी मेहनत कर मेरे सपनों को पूरा करने में बड़ी भूमिकाएँ निभायीं। मेरे ऊपर अपने अदम्य विश्वास और भरोसे के कारण आप दोनों ने मुझे अपनी पढ़ाई पूरी करने के लिए कटिहार से बाहर भेजा। आज मुझे इस बात की अशेष ख़ुशी है कि मैं आप दोनों के विश्वास पर खरा उतर पाया और मैंने अपना सफ़र हार्वर्ड विश्वविद्यालय तक जारी रखा। मेरा यह सफ़र अन्ततः आपके साहस और धैर्य का ही विस्तार है।

प्रस्तावना

भारत के आर्थिक रूप से पिछड़े ज़िलों में एक कटिहार जैसे छोटे शहर के एक सरकारी उच्च विद्यालय से कैम्ब्रिज, मेसाचुसेट्स में हार्वर्ड कैनेडी स्कूल तक पहुँचने की संजय कुमार की इस यात्रा के वृत्तान्त को पढ़ना एक सुखद अनुभव है। आज के आधुनिक यातायात और संचार के ज़माने में यात्रा करना कोई कठिन काम नहीं, अलबत्ता मनोविज्ञान के स्तर पर यह यात्रा इतनी आसान भी नहीं है। संजय का यह बेबाक़ विवरण इस सामाजिक विमर्श को आगे बढ़ाता है कि कैसे हम उन सार्वभौमिक मूल्यों को प्रोत्साहित कर सकते हैं जो हमें सामाजिक–आर्थिक मुख्यधारा और परिवेश से असम्पृक्त आबादी को न्यायसंगत और समान अवसर मुहैया कराने में मददगार हैं।

संजय से मैं हाल–फ़िलहाल ही तब मिला जब उन्होंने हार्वर्ड में मित्तल इंस्टीट्यूट में बतौर इंडिया कंट्री डायरेक्टर काम करना शुरू किया क्योंकि इस इंस्टीट्यूट के निदेशक के पद पर काम करने का गौरव कुछ समय के लिए मुझे भी प्राप्त हो चुका है। यह इंस्टीट्यूट हार्वर्ड विश्वविद्यालय को दक्षिण एशिया के दूसरे देशों से जोड़ता है, दोतरफ़ा बौद्धिक विनिमय को बढ़ावा देता है।

इस पुस्तक ने कुछ बारीक़ जानकारियों के ज़रिये मुझे उन स्थितियों से अवगत कराया जिन्होंने संजय के व्यक्तित्व को एक प्रखरता दी। इन बृहद् अनुभवों के परिप्रेक्ष्य में हमें उनके व्यक्तित्व के कई रोचक सूत्रों के अवलोकन का अवसर मिलता है

जिनमें उनकी वैचारिक स्वतन्त्रता जो उन्हें निर्द्वन्द्व होकर जीवन का अन्वेषण करने के लिए उकसाती है, कटिहार की स्थानिक सीमाओं से बन्धनमुक्ति और असफलता से हताश होने की बजाय उससे भी कुछ सबक लेने की उनकी मौलिक प्रवृत्ति आदि प्रमुख विशेषताएँ शामिल हैं। अपने नितान्त निजी लेकिन दिलचस्प ख़ुशियों को भी उन्होंने इस किताब में उजागर किया है। संजय की पारदर्शी स्मृतियों के ज़रिये दुनिया को देखना एक सुखद अहसास है। जैसा कि उन्होंने इस किताब में लिखा भी है, आज हम जो भी हैं उसके पीछे कई जाने–अनजाने लोगों का सहयोग है और मैं आशान्वित हूँ कि दूसरों के लिए भी हमारी यही भूमिकाएँ होनी चाहिए। संजय में यह योग्यता निश्चित रूप से है। इसलिए हम मित्तल इंस्टीट्यूट के एक महत्त्वपूर्ण सदस्य के रूप में उनका सम्मान करते हैं।

इस संक्षिप्त प्रस्तावना को लिखते हुए मैंने यह सोचने की कोशिश बार–बार की कि इस किताब से मुझे अपनी ही प्रतिध्वनियाँ आती क्यों प्रतीत हो रही हैं। सर्वप्रथम, मेरे दो दशक लम्बे शैक्षणिक जीवन और लेखन में और संजय के अनुभवों के विशद चापों में एक अद्भुत तारतम्य है। समाज के गुप्त खाँचों में अनेक प्रतिभाएँ दुबकी हुई हैं जो जीवन की मुख्यधारा से बाहर हैं, और इसीलिए अवसरों से वंचित भी हैं। यह हमारे लिए सचमुच सौभाग्य की बात होगी कि हम ऐसी छुपी हुई प्रतिभाओं को बाहर लाने में सफल हों जिसका एक आदर्श उदाहरण स्वयं संजय हैं। दूसरी बात, वैश्विक प्रतिभा के मूल्यांकन के लिए मेरे साझा संस्थापकत्व में बनी कम्पनी 'एस्पायरिंग माइंड्स' में प्रतिभासम्पन्न युवा उद्यमियों के साथ काम करने के क्रम में मैंने ग़ौर किया कि जिन देशों–भारत, चीन, फिलीपींस और कई दूसरे–में महानगरों के बाहर रहने वाली प्रतिभाओं की अनदेखी होती है, इसीलिए दुर्भाग्य से अधिकतर प्रतिभाएँ दुनिया के समक्ष प्रकट नहीं हो पातीं। इस अर्थ में संजय सचमुच ख़ुशक़िस्मत निकले।

बेशक उनके निर्माण में अन्य लोगों का भी योगदान रहा अन्यथा उनकी भी समस्त सम्भावनाएँ दुनिया से छिपी रह जातीं। शायद इसलिए संजय की यह कहानी दूसरों के लिए भी उतनी ही प्रासंगिक है, केवल भारत में ही नहीं बल्कि पूरी दुनिया में।

इस प्रस्तावना को मैं अपने एक हाल–फ़िलहाल के तजुर्बे के साथ समाप्त करना चाहूँगा। सर्वजन हिताय की अवधारणा से प्रेरित होकर हार्वर्ड में अपने सहकर्मियों के सहयोग से मैंने विकासशील देशों से आये युवाओं के लिए एक सप्ताह के शैक्षणिक और अध्यवसायी सत्र की शुरुआत की। ये युवा अपने–अपने परिवारों से उच्च शिक्षा प्राप्त करने के लिए निकलने वाले पहले सदस्य थे। इस काम में मित्तल इंस्टीट्यूट की व्यापक आधारभूत तकनीकी प्रणाली के साथ–साथ मुख्यतः गल्फ कोऑपरेशन काउंसिल के सदस्य देशों के पूर्व हार्वर्ड छात्रों ने मेरी और मेरे सहकर्मियों की सहायता की, और हमने दो बार (2017 और 2018 में) इस कार्यक्रम का सफल आयोजन किया। गत वर्ष इस कार्यक्रम के लिए हमें इतने आवेदन प्राप्त हुए कि बहुत श्रमसाध्य चयन प्रक्रिया का परिपालन करते हुए हम 2 प्रतिशत से भी कम छात्रों को ही चुन पाये। चयनित होने वाले अधिकांश युवा पूर्वी यूरोप, मध्य और दक्षिण एशिया, एम.ई.एन.ए. (मध्यपूर्व और उत्तरी अफ्रीका) के 25 देशों से आये थे। यह मेरे समस्त प्राध्यापकीय जीवन का एक आश्चर्यजनक अनुभव था क्योंकि चयनित युवाओं को पहली बार अपने पेशेवर जीवन के बारे में सपने देखने और उनको हासिल करने का अवसर मिला था। वे हालात की बन्दिशों से मुक्त थे और जोश और यक़ीन से लबरेज़। ये वे लड़के–लड़कियाँ थे जो जीवन में वह हासिल करने की क्षमता रखते थे जो कुछ संजय ने ख़ुद अपनी ज़िन्दगी में हासिल किया। बल्कि, मुझे उम्मीद है कि वे उनसे भी आगे का मुक़ाम पाने में कामयाब होंगे!

मुझे उम्मीद है कि संजय की यह कहानी उसकी जैसी पृष्ठभूमि से आने वाले युवाओं को अपना सफ़र ख़ुद तय करने की प्रेरणा देगी क्योंकि यह आत्मान्वेषण के सफ़र की एक अनूठी कहानी है। मुझे यह भी उम्मीद है कि यह कहानी हममें से भी कई, संजय जैसों को और इस प्रस्तावना को पढ़ने वाले अन्य बहुत से लोगों को इस बात की प्रेरणा भी देगी कि दूसरों की यात्रा को आसान बनाने में कैसे भागीदार बना जा सकता है।

16 जनवरी, 2019

तरुण खन्ना
कैम्ब्रिज, मेसाचुसेट्स

आभारोक्ति

यह पुस्तक निश्चित रूप से मेरी शैक्षणिक यात्रा का एक उपहार है। मैं अपने हृदयतल से अपने सभी पूर्ववर्ती स्कूलों, कॉलेजों और विश्वविद्यालयों का कृतज्ञ हूँ क्योंकि इन्हीं संस्थानों ने मेरे भीतर आजीवन सीखते रहने का बीजारोपण किया। इन सभी संस्थानों ने एक छात्र के रूप में मुझे अपनी पहचान बनाने में महती योगदान दिया है, इसलिए मैं सदैव उनका ऋणी रहूँगा। छात्र–जीवन में मेरे अनेक शिक्षकों ने मेरी शिक्षा में अमूल्य योगदान किया। उनसे सीखी हुई बातें मेरे भविष्य के दिनों में भी मेरे लिए उतनी ही अर्थवान हैं। उनका मार्गदर्शन मेरे जीवन की एक अमूल्य धरोहर है।

मैं हरिशंकर नायक उच्च विद्यालय, सेमापुर उच्च विद्यालय और सेंट जेवियर्स स्कूल के अपने सभी शिक्षकों का बहुत आभारी हूँ। हिन्दू कॉलेज और सत्यवती कॉलेज के शिक्षकों का मेरे जीवन में विशिष्ट महत्त्व है क्योंकि मुझे राजनीतिशास्त्र का एक समर्थ छात्र बनाने में उन्होंने महत्त्वपूर्ण भूमिकाएँ निभायीं। मेरे विचारों को विस्तार देने में जेएनयू फैकल्टी ने निर्णायक भूमिका निभायी। एक छात्र के रूप में मेरा जो विकास हो पाया, उसकी बुनियाद उनकी शिक्षा और उनसे संवाद ही थी। उनसे मैंने जो कुछ भी सीखा, उनमें से कई बातें मुझे आज भी अक्षरशः याद हैं। मैं कोई बेहतर छात्र नहीं था, लेकिन मेरे प्रति उनका व्यवहार हमेशा ही उदार और सहयोगपूर्ण रहा।

प्रो. आई.एन. मुखर्जी जो मेरे एम.फिल और पीएच.डी. के मार्गदर्शक भी रहे, ने मुझे सबसे लम्बे समय तक पढ़ाया, और उन्होंने मुझे ज्ञान की अतल गहराइयों में डुबकियाँ लगाने और अनमोल डिग्रियाँ हासिल करने के अवसर सुलभ कराये।

हार्वर्ड विश्वविद्यालय के रोन हाइफेत्ज़, टीम मैकार्थी, टिम ओब्रायन, जेनी क्लुग्मैन, राहुल मेहरोत्रा, कस्तूरी रंगन, रोबर्ट लॉरेंस क्विंटन मेने और माइकल इग्नाटिफ सचमुच विस्मित कर देने वाली शख़्सियतें थीं। मार्था चेन, मार्तिबेन, जिनके साथ भारत में ज़मीनी स्तर पर काम करने के साथ ही मैंने हार्वर्ड ग्रेजुएट स्कूल ऑफ़ डिज़ाइन में पढ़ाई भी की, एक विलक्षण महिला हैं। उन सबके सान्निध्य में मैंने किताबों और परम्परागत शिक्षा के इतर कक्षाओं में पेशेवर ज़िन्दगी के शीर्ष कौशल सीखे। मैं उन सबके प्रति आजीवन कृतज्ञ रहूँगा। मैं अपने हार्वर्ड के दिनों में मेसन प्रोग्राम में सहयोग करने के लिए कार्यक्रम निदेशक सुजेन शेंदे को भी धन्यवाद ज्ञापित करना चाहूँगा।

मैं आई.एस.एस. दी हेग की फैकल्टी का भी शुक्रगुज़ार हूँ जिन्होंने मेरी जिज्ञासाओं के लिए अपने संस्थान के दरवाज़े खोल दिये।

मेरे परिवार के सहयोग और उनके सपनों के बिना मेरी इस लम्बी यात्रा का पूरा होना असम्भव था। उनके अपेक्षाहीन स्नेह और प्रोत्साहन ने ही मुझे जीवन में ऊँचा और बड़ा सपना देखने के लिए प्रेरित किया। चूँकि वे मेरी इस यात्रा में बराबर के शरीक रहे हैं इसीलिए इस किताब का भी वे अविभाज्य हिस्सा हैं। मेरे सबसे बड़े भाई अरुण भैया और अरबिन्द भैया ने हमेशा मेरे लिए अभिभावक की ज़िम्मेदारियाँ निभायीं। उनके प्यार और उनके भय के कारण ही मैं एक नम्र और शिष्ट माहौल में बड़ा हुआ और खुद को कटिहार और दिल्ली दोनों ही जगहों पर किसी भी तरह की आचरण–सम्बन्धी अव्यवस्था से बचाये रखने में सफल रहा। मेरी बहनों क्रमशः अनीता दीदी, रीता दीदी और संगीता ने मेरा ख़याल

ठीक उसी तरह रखा जैसे बहनें अपने प्यारे भाई का अमूमन रखती हैं। मेरे बहनोइयों और मेरी भाभियों ने भी हमेशा मेरा हौसला बढ़ाया। मैं अपने चाचा–चाचियों, मामा–मामियों और सभी चचेरे–ममेरे भाई–बहनों का दिल से आभारी हूँ। मेरे चचेरे भाई रमेश भैया मेरी तमाम मानसिक और भावनात्मक परेशानियों में मेरे साथ पूरी दृढ़ता से खड़े रहे। उन सबने अपने प्यार–दुलार से मेरे बचपन और कैशोर्य के दिनों को ख़ासतौर पर समृद्ध किया। उन सबसे मैंने जीवन में प्यार और करुणा का पाठ सीखा।

मेजर के.पी. सिंह मेरे प्रति अपने स्नेह, मार्गदर्शन और मदद के लिए विशेष उल्लेख के अधिकारी हैं। राजेश भैया और उनके पिताश्री आर.यू. सिंह, अवकाश प्राप्त आई.ए.एस. अधिकारी, ने मेरी बहुत सहायता की और उस समय मेरा आवश्यक मार्गदर्शन किया जब मैं अपने प्रोजेक्ट के सिलसिले में बिहार का भ्रमण कर रहा था। जामिया मिलिया इस्लामिया की फैकल्टी कुलविन्दर कौर और सागर प्रीत हुड्डा, आई.पी.एस., मेरे प्रयासों में एक सतत प्रेरणा और बहुमूल्य सहयोग का स्रोत बने रहे। वुडस्टॉक स्कूल, मसूरी के संजय और अजय मार्क उन समस्त सुविधाओं और साधनों के कारण मेरे अन्तरतम को छूने में कामयाब रहे जो उन्होंने मुझे उपलब्ध कराये क्योंकि इस किताब का एक बड़ा हिस्सा मसूरी में ही लिखा गया था। वे दोनों हमेशा हमारे पारिवारिक मित्र, दार्शनिक और मार्गदर्शक बने रहेंगे।

मैं एंडी और लिब्बी का भी आभारी हूँ जिन्होंने सहयोग देने के साथ–साथ इस किताब को जल्दी–से–जल्दी पूरा करने के लिए भी मुझ पर दबाव बनाये रखा। मेरे भतीजे–भतीजियों और भाँजे–भाँजियों ने मुझे अपनी बेपनाह मुहब्बतें दीं और मेरी ज़िन्दगी को अपार खुशियों से भर दिया। इस पुस्तक को उनके साथ साझा करते हुए मैं भावी पीढ़ीयों से बहुत उम्मीद करता हूँ। मैं सरकारी स्कूलों और कॉलेजों में पढ़ने वाले उन हज़ारों छात्रों के प्रति कृ तज्ञता अनुभव करता हूँ जिनके जीवन को मुझे बहुत निकट से

देखने का अवसर मिला। मेरी इस यात्रा को लिपिबद्ध करने की प्रेरणा के वास्तविक स्रोत वे छात्र ही हैं। मैं उनको बताना चाहता हूँ कि उनके लिए जीवन में कोई लक्ष्य अभेद्य नहीं है।

सीमा केवल मेरी पत्नी होने के कारण ही विशेष आभार की हक़दार नहीं है, अपितु मेरे जीवन को चुनौतियों के लिए तैयार करने वाली और मेरी कामों की सबसे बड़ी आलोचक भी वही रही है। वह मेरे युवाकाल में मेरी सबसे सच्ची दोस्त साबित हुई है और उसके अन्दर की ऊर्जा और उत्साह से मुझे आज भी ईर्ष्या होती है। सीमा के माता–पिता और भाई–बहनों ने मेरे संघर्ष के दिनों में मेरा यथासम्भव साथ दिया। मैं उन सबके प्रति सच्चे दिल से शुक्रिया अदा करना चाहता हूँ। चैतन्य और तथ्या मेरी पारिवारिक ज़िन्दगी में मेरी मौज–मस्ती, धमा–चौकड़ी और निष्कलुष बातचीत के सबसे बड़े भागीदार रहे हैं। मैं ईश्वर का ऋणी हूँ उन्होंने मुझे जीवन के इन दो सबसे ख़ूबसूरत तोहफ़ों से नवाज़ा।

जीवन की कोई भी यात्रा मित्रों के उत्साहपूर्ण साथ के बिना पूरी नहीं हो सकती है। वे अच्छे हों या बुरे, हम उनसे किसी–न–किसी रूप में कुछ सीखते ही हैं। अपने जेएनयू और दिल्ली यूनिवर्सिटी के दोस्तों के साथ मैंने जीवन को जीने के कुछ ऐसे गुर सीखे जो मैं किसी भी कक्षा में कभी नहीं सीख पाता। उन सभी साथियों के नामों का उल्लेख यहाँ कर पाना सम्भव नहीं है, लेकिन मैं हिन्दू कॉलेज और सत्यवती कॉलेज के अपने सभी साथियों, सहपाठियों तथा छात्रावास के अपने रूममेट्स और अन्य साथियों के प्रति अपना हार्दिक आभार प्रकट करता हूँ। वे सभी परिवार के बाहर मेरे लिए एक परिवार की तरह थे। जेएनयू में मेरे अनेक साथी मेरे लिए अनुजवत थे। वे मानो मेरे परिवार का ही विस्तार थे और मेरी स्मृतियों में सदैव बने रहेंगे। उनमें से कुछ ऐसे भी हैं जो मेरे प्रति स्नेह और सहयोग के कारण मेरे मन में विशिष्ट स्थान रखते हैं।

कटिहार के मेरे दोस्त तो मेरे जीवन में हमेशा ख़ास रहे हैं। उनमें से कइयों के नाम का ज़िक्र इस किताब में है और कई

नाम छूट भी गये हैं। अपनी बात रखने के क्रम में मैं हरिशंकर नायक और सेंट जेवियर्स स्कूल के अपने सभी सहपाठियों, सीनियरों और जूनियरों के प्रति उनके स्नेह के लिए कृतज्ञता व्यक्त करना चाहता हूँ।

मैं सौभाग्यशाली हूँ कि मुझे जीवन में आचार्य जगदीश और चाची का प्यार मिल पाया। मेरे लिए वे केवल आचार्य नहीं बल्कि पितातुल्य भी हैं।

'SEWA' के महिला सदस्यों और सबसे निचले स्तर पर नेतृत्व करने वाली कार्यकर्ताओं का मेरे जीवन पर गहरा असर पड़ा। उनके जीवन के संघर्ष और सफलताओं से मुझे बहुत कुछ सीखने का अवसर मिला। जहाँगीरपुरी, रघुबीर नगर, सुन्दरनगरी और दिल्ली के अन्य इलाक़ों तथा बिहार, राजस्थान, उत्तराखण्ड, मध्य प्रदेश, पश्चिम बंगाल और गुजरात के भिन्न–भिन्न हिस्सों में काम करने वाली इन कामगार महिलाओं ने अपने जीवन के असाधारण साहस, जिजीविषा और आशापूर्ण दृष्टिकोणों से मुझे आन्दोलित किया। कठोर श्रम से समाधान तलाशने की प्रवृत्ति मेरे भीतर विकसित करने में 'SEWA' आन्दोलन की अविस्मरणीय भूमिका रही है। उन्होंने मेरे भीतर के सक्रिय कार्यकर्ता को जगाने का काम किया और इस कारण मैं उन साथियों के प्रति अपना सच्चा आभार प्रकट करता हूँ। 'SEWA' की संस्थापिका इलाबेन मेरे जीवन की सबसे सरल और मज़बूत महिला हैं जिनसे मिलने का अवसर मुझे मिला। उनसे मुझे जीवन में बहुत कुछ सीखने का अवसर मिला। 'SEWA' के दिनों में मुझे रेनानाबेन का सान्निध्य भी मिला जिन्होंने मेरी सम्भावनाओं का भरपूर सदुपयोग करते हुए मुझे एक कार्यकर्ता, एक पेशेवर और एक ज़मीनी आदमी के रूप में खुद को विकसित करने के पर्याप्त मौक़े दिये। 'SEWA' की मनोरमाबेन का सहयोग भी अमूल्य है और वे मुझसे वैसा ही प्यार करती थीं जैसा प्यार कोई माँ अपने बेटे से करती है। 'SEWA' के सभी साथी मेरे पूरे जीवन की अनमोल थाती हैं।

हार्वर्ड के मेरे दोस्तों और सहपाठियों ने मेरे जीवन को नये आयाम और नये अर्थ दिये। उन सबका मेरे जीवन में हमेशा एक विशेष स्थान रहेगा। हार्वर्ड के मेरे पुराने सहपाठियों की बृहद् दुनिया मेरे पूरे जीवन की सबसे बड़ी पूँजी है। मुझे कैनेडी स्कूल में मेरी पढ़ाई पूरी करने के लिए आवश्यक छात्रवृत्ति देने के लिए मैं ऐश सेंटर का तहे–दिल से शुक्रगुज़ार हूँ। मैं सेंटर के टिम ब्रुक और दूसरे साथियों का भी कृतज्ञ हूँ क्योंकि उन्होंने हार्वर्ड के दिनों में मेरी हरसम्भव मदद की।

तरुण और मीना सहित लक्ष्मी मित्तल एंड फ़ैमिली साउथ एशिया इंस्टीट्यूट के अपने सभी सहकर्मियों का भी मैं आभारी हूँ क्योंकि उन्होंने पूरी आश्वस्ति के साथ मुझ पर दिल्ली में इंस्टीट्यूट की स्थापना और काम के विस्तार की ज़िम्मेदारी सौंपी। मैं उन दोनों के प्रति अपना विशेष आभार प्रकट करता हूँ। फरहाना उन गिने–चुने लोगों में हैं जिन पर अपने काम के लिए मैं विगत कई वर्षों से सबसे अधिक निर्भर हूँ। अपनी मौजूदा ज़िम्मेदारियों को पूरा करने के लिए मैं हार्वर्ड विश्वविद्यालय के अपने सभी सहकर्मियों का सच्चे दिल से शुक्रगुज़ार हूँ।

सबसे अन्त में मैं वाणी प्रकाशन के प्रति अपनी सच्ची कृतज्ञता ज्ञापित करना चाहता हूँ जिन्होंने मुझमें और मेरी इस कहानी में असाधारण रुचि दिखायी। यह उनकी उदारता और मेरे ऊपर उनका विश्वास ही है कि उन्होंने मेरी कहानी को अपने प्रकाशन से निकलने वाली अंग्रेज़ी की पहली किताब के रूप में चुनने का बेमिसाल साहस दिखाया। विशेष रूप से अदिति ने मेरे और मेरी कहानी के ऊपर अपना भरोसा जताया और हमारी इस सहभागिता का मार्ग प्रशस्त किया। उनके भीतर किसी के साथ भी संवाद स्थापित करने की अद्‌भुत प्रतिभा है जिसके कारण उनमें सम्भावनाओं को तलाशते रहने का एक नैसर्गिक अन्तर्निहित धैर्य विकसित हो पाया है। मुझे पूर्ण विश्वास है कि यह हमारे भावी दृढ़ सम्बन्धों की एक शुरुआत भर है। वस्तुतः वाणी प्रकाशन समूह के सम्पादकीय, विपणन और प्रशासकीय शाखाओं के सामूहिक प्रयासों के बिना इस पुस्तक के प्रकाशन की संकल्पना ही व्यर्थ थी।

अनुक्रम

अध्याय - एक

आरम्भ

मैं और आप, हम सभी समय के माध्यम से यात्राएँ करते हैं। स्वयं अपनी यात्रा में मैंने कई उतार–चढ़ाव से भरे परिवर्तन देखे हैं–उनमें अनेक ऐसी स्थितियाँ और परिणाम थे जिनका मुझे कोई पूर्वाभास भी नहीं था। अपनी इस यात्रा में मैंने जीवन्त सतरंगी सुबहों में बदलने वाले घटाटोप अन्धकार और वैभवशाली तथा अलौकिक दृश्यों में बदलने वाले गर्दोगुबार दोनों ही देखे हैं। अपनी निरन्तर बदलती और आजमाती प्रवृत्ति के कारण समय ने यह बार–बार सिद्ध किया है कि उसकी तरह चंचल और अप्रत्याशित वस्तु दुनिया में दूसरी कोई नहीं है।

जीवन के शुरुआती दिनों से ही समय ने मेरे इम्तिहान लेने शुरू कर दिये थे और शुरुआती नाकामियों ने ही मेरी आने वाली ज़िन्दगी में सफलताओं की नींव डाली। भारत की बेशतर आबादी की तरह मुझे भी अपनी शुरुआत में टटोलते हुए आगे बढ़ना था। मैं एक बेहद छोटे से शहर जिसकी कोई मुराद नहीं थी–कटिहार का बाशिन्दा था। यह कोलाहल और अव्यवस्था से भरी बिहार के सुदूर इलाक़े की एक छोटी–सी जगह थी जो आधुनिकता और प्रगतिशीलता से कोसों दूर थी। हम वैसे ही झोंपड़ीनुमा घरों में रहते थे जिनका ज़िक्र आमतौर पर क़िस्से–कहानियों की किताबों में उस सफल और होनहार नायक के घर के तौर पर मिलता है

जो ग़रीबी से बाहर निकलकर अकूत दौलत के मालिक बन जाते हैं। मेरी ज़िन्दगी उन महानायकों की तरह बिलकुल ग़रीब से रातोरात अमीर बनने जैसी तो नहीं है, अलबत्ता यह मेहनत और क़ाबिलियत से हासिल की गयी एक फंतासी की तरह ज़रूर है।

मेरी ज़िन्दगी को एक तरह से ख़ारिज कर दिया गया था। मेरे भीतर की सम्भावनाओं, मेरी योग्यता, कुशाग्रता और रुचियों को ठीक से समझे–परखे बिना केवल मेरी शैक्षणिक असफलताओं के आधार पर मेरे परिजनों ने मेरी क्षमताओं को एक तरह से अमान्य कर दिया था। मेरी कहानी असफलता को सफलता में परिणत करने की कहानी नहीं है। मेरी कहानी असफलता के भय पर जीत हासिल करने की कहानी है। यह किताब मेरी ज़िन्दगी के सफ़र के कई मोड़ों से गुज़रने का ब्योरा है। हर ब्योरे के हिस्से का अपना सुख, अपना सबक, अपना मोहभंग और अपनी संक्रमण–यात्रा है। ज़िन्दगी को विशाल आरियों से काटकर उसके भूतलक्षी रूपों को निर्लिप्त भाव से जाँचा जा सकता है, और मैं ठीक यही काम कर रहा हूँ। उन टुकड़ों को अलग–अलग करके देख रहा हूँ और उनको दोबारा जोड़ते हुए उनके अर्थ तलाशने की कोशिश कर रहा हूँ।

यह 2015 के वसन्त के दिन थे। मैं कैनेडी स्कूल लाइब्रेरी में बैठा खिड़कियों के पार देख रहा था। यह ग्रेजुएशन ख़त्म होने के पहले की बात है। स्कूल के लॉन में पीले–सुनहरे पत्तों के सम्मोहक संगीत को सुनते हुए मैं अपने ख़यालों की गहराई में खोया हुआ था। कुछ ही पलों में कैनेडी स्कूल का मनोरम और तरोताज़ा नज़ारा कटिहार की धूलभरी, अलसाई और तंग गलियों में तब्दील हो गया। गुज़रे दिनों की ही तो बात है जब मैं अपने पुरखों के शहर की इन गलियों में बेमक़सद भटकता रहता था? उन दिनों में वापस लौटते हुए मुझे आज का वक़्त कितना कल्पनातीत और सपनों की तरह लगता है जब मैं एक ऐसे विश्वप्रसिद्ध संस्थान में बैठा हूँ जहाँ मुझमें ऐब निकालने और

हतोत्साहित करने वाले रिश्तेदार मेरे आसपास उपस्थित नहीं थे। यहाँ तो बस असंख्य किताबों की क़तारें थीं जिनमें हमारे कई पूर्वजों के ज्ञान और जानकारियाँ समाहित थीं। कटिहार से कैनेडी–यह सफ़र कैसे मुमकिन हुआ? यह बॉलीवुड के किसी कथानक के एक प्लॉट की तरह प्रतीत होता है और अगर मैं मुड़कर देखता हूँ तो मुझे अपनी ज़िन्दगी कुछ ऐसी ही लगती है।

कटिहार बिहार का एक छोटा–सा उनींदा शहर है जो अधिकारिक रूप से भारत के 115 पिछड़े हुए ज़िलों में एक है। यह इतनी छोटी जगह है कि इसे बड़ी आसानी से पैदल घूमा जा सकता है; मुझे कटिहार की सड़कें, गली–मोहल्ले, घर–दरवाज़े, पेड़–झाड़ और हरेक छोटी–बड़ी चीज़ें बख़ूबी याद हैं। यूँ भी छोटे शहरों में सभी लोग आमतौर पर एक–दूसरे को जानते हैं। जब हम छोटे थे तो शहर की कुल आबादी 1,50,000 के आसपास हुआ करती थी। हम अपने आसपास के लोगों को न सिर्फ़ पहचानते थे बल्कि उनके सुख–दु:ख में भी शरीक थे।

यह आजकल की तथाकथित आधुनिक और सुविधाजनक बस्तियों की तरह क़तई नहीं थी; बल्कि कई अर्थों में उनके बिल्कुल उलटी थी। कैशोर्य के शुरुआती दिनों में अपनी रूढ़िवादी मानसिकता और स्थानीय लोक परम्पराओं के कारण मुझे अमूमन अधिकतर चीज़ें बहुत सामान्य लगतीं। उन क़स्बाई दिनों में मेरी व्यवहारिक सीमाओं और सपनों के दरमियान भी एक स्पष्ट विभाजन–रेखा हुआ करती थी, लेकिन जैसे–जैसे मेरे विवेक और समझ का विकास और विस्तार हुआ, वैसे–वैसे मेरे भीतर उन दमघोंटू सीमाओं से मुक्त होने की प्रवृत्ति भी बढ़ती गयी। इस प्रवृत्ति ने ही शायद मुझे मेरे सपनों का पीछा करने के लिए उकसाने का भी काम किया।

मैं अपने झोंपड़ीनुमा अभावग्रस्त घर में अपने परिवार के अन्य आठ लोगों के साथ रहता था। मेरे चाचा का परिवार उसी

तंग जगह में हमारे साथ ही रहता था लेकिन कुल मिलाकर हम किसी तरह उस घर में रहने के अभ्यस्त हो चुके थे।

हमारा घर रेलवे कॉलोनी के क़रीब ही था जिसके ज़्यादातर घरों में बंगाली परिवार रहा करते थे। अपने बचपन के दिनों में मैं बंगाली लड़कों के साथ खेला करता था जिसका नतीजा यह हुआ कि मुझे बांग्ला भाषा अच्छी तरह से बोलने आ गयी। आप यह भी समझ सकते हैं कि अपने कैशोर्य के दिनों में भिन्न–भिन्न संस्कृतियों को समझने और सीखने की सलाहियत हमारे भीतर स्वाभाविक रूप से विकसित हो जाती है। बचपन में आप्रवासियों की संस्कृतियों में घुलने–मिलने की यही प्रवृत्ति बाद के सालों में हमें दुनिया की अन्य और विविध संस्कृतियों के साथ सहज रूप में तालमेल स्थापित करने में सहायक साबित होती है।

बहरहाल हम बहुत लम्बे वक़्त तक उस झोंपड़ीनुमा घर में नहीं रहे। जल्दी ही मेरे पिता ने रेलवे कॉलोनी के पास ही ज़मीन का एक छोटा–सा टुकड़ा ख़रीद लिया और हमारे लिए पूरे मनोयोग से अपेक्षाकृत कुछ सुविधाजनक अधपक्के कमरे बना दिये। हालाँकि यह कोई आधुनिक घर नहीं था, लेकिन जिस घर में हमने जन्म लिया था उसके मुक़ाबले तो बहुत बेहतर था। बाद के सालों में हमने धीरे–धीरे उस घर को पूरी तरह से ईंट और सीमेंट का बनवा लिया और अब यह पूरी तरह से एक पक्का घर बन गया।

मेरे पिता की आमदनी बहुत कम थी इसके बावजूद झोंपड़ीनुमा घर से एक पक्के घर तक की कष्टप्रद यात्रा के दरमियान भी हमारी ज़िन्दगीयाँ छोटी–मोटी ख़ुशियों से भरपूर थी। मेरी परवरिश जिस मोहल्ले में हुई थी वहाँ सामाजिकता का बन्धन बहुत मज़बूत था। अक्सर शाम ढल जाने के बाद मोहल्ले के ज़्यादातर लोग अपने घरों से बाहर निकल आते थे और कई छोटे–बड़े समूहों में शामिल होकर गपशप में मशगूल हो जाते थे। लोग न केवल अलग–अलग मुद्दों पर बातचीत

करते थे बल्कि अपना सुख–दुःख भी एक–दूसरे से साझा किया करते थे। सर्दियों की रातें और ख़ुशनुमा होती थीं जब लोग आग जलाते और उसके चारों तरफ़ बैठकर डफली की धुन पर गाते–बजाते रहते थे। हमारा आपसी जुड़ाव बहुत जीवन्त और मज़बूत हुआ करता था। मेरा कोमल मन इन बातों को बड़ी गहराई से देखता–समझता था। आज भी वे सुर और धुनें मेरे ज़ेहन में गूँजती हैं और उन सालों में वापस ले जाती हैं जो मैंने अपने पिता, परिवार और टोले–मोहल्ले के लोगों के साथ गुज़ारे थे।

मेरे हीरो या मेरी ज़िन्दगी का आदर्श मेरे पिता थे। वे पाँच फीट आठ इंच के एक सुदर्शन व्यक्ति थे। आमतौर पर वे एक सामान्य जीवन जीने वाले आदमी थे, लेकिन उनको अच्छे भोजन, अच्छे कपड़ों और अच्छे संगीत से लगाव था। वे एक सरल लेकिन एक अच्छे आदमी थे। वे आदतन मेहनती थे और उनको अपनी चीज़ों से बहुत लगाव था। वे उनको बहुत सहेजकर रखते थे। हमारे पास आलमारी या वार्डरोब जैसी कोई चीज़ नहीं थी इसलिए उनके सभी कपड़े सफ़ाई के बाद रोज़ तह करके एक ब्रीफ़केस में रखे जाते थे। उनकी पूरी दुनिया एक तरह से उसी ब्रीफ़केस में थी।

हमारे पास जो गिनती के सामान थे उनमें एक हारमोनियम और एक रेडियो भी था। संगीत से मेरे पिता को बहुत प्रेम था। भारतीय संगीत से उनको बहुत शान्ति मिलती थी और फ़िल्मों के गाने सुनना उनको बहुत पसन्द था। हमारे पास एक ग्रामोफ़ोन भी था और बाद के दिनों में हमने एक टेपरिकॉर्डर भी ख़रीद लिया। आप यह समझ लें कि संगीत हमारे बचपन की सबसे बड़ी विलासिता थी। हमारा परिवार बुधवार की रात का बेसब्री से इन्तज़ार किया करता था क्योंकि उस रात रेडियो पर मशहूर अमीन सयानी बिनाका गीतमाला लेकर आते थे। आज उन दिनों के बारे में सोचकर अजीब लगता है कि कैसे हम सब एक धीमे

बजते इकलौते रेडियो को घेरकर बैठे रहते थे और हममें से कोई भी गानों के पायदान को सुनना मिस नहीं करना चाहता था। आज के अत्याधुनिक उपकरणों के बरअक्स उन दिनों के बारे में सोचना सचमुच हैरतअंगेज़ लगता है।

मेरे पिता बेहद मेहनती स्वभाव के थे। हमने कभी उनको आराम से बैठे नहीं देखा। वे शहर के एक बड़े मारवाड़ी कारोबारी के यहाँ मुंशी थे। मेहनती होने के साथ–साथ वे दूरंदेश भी थे। लिहाज़ा उन्होंने मेरे चाचा की साझेदारी में एक ढाबा शुरू किया। ढाबा शुरू में ठीकठाक चला लेकिन जल्दी ही मेरे पिता ने रेलवे हॉस्पिटल में खाना सप्लाई करने का काम भी शुरू कर दिया। अपनी साइकिल पर सवार होकर वे अपनी कारोबारी ज़िम्मेदारियों को पूरा करने के लिए पूरा दिन घूमते रहते थे। वे हमेशा अपनी आने वाली योजनाओं पर विचार करते रहते थे। उनके लिए परिवार का हित सर्वोपरि था।

हमारे पिता बेशक हमारे जीवन के आदर्श पुरुष थे, लेकिन हमारा अधिकतर समय तो हमारी माँ के साथ ही गुज़रता था। पूरे परिवार को एक सूत्र में बाँधे रखने में मेरी माँ की बहुत बड़ी भूमिका थी। वे सबका हमेशा बहुत ख़याल रखती थीं। बाबूजी की अनुपस्थिति में वे हमारे ऊपर कड़ी नज़र रखती थीं। वे मामूली साड़ी पहनी एक सामान्य गृहिणी थीं जिनको हमारी बेहतर परवरिश और पर्याप्त खानपान का ख़याल रखने में बहुत सुख का अनुभव होता था। मेरे माँ या बाबूजी दोनों में से किसी ने भी अपने स्कूल की पढ़ाई पूरी नहीं की थी, लेकिन दोनों को अपनी क्षमतानुसार हमारी अच्छी पढ़ाई की बहुत फ़िक्र थी। माँ हमारे लिए बहुत प्यार से टिफिन बनाकर हमें स्कूल के लिए तैयार करती थीं। जब हम अपने आगे की पढ़ाई के लिए कटिहार से बाहर रहने लगे तब भी माँ उतनी ही जतन से हमारे लिए सूखा नमकीन और मीठा बनाकर दे दिया करती थीं–यह सब करने के पीछे उनकी शायद यह भी मंशा छुपी होती थी कि अगर हमारे लिए घर से

भेजे गये पैसे ख़त्म हो भी जायें तो हमें भूखा न रहना पड़े। घर के बने खानों ने हमें कई बार मुश्किलों से बचाया था।

मेरी माँ घर की आमदनी और ख़र्च जैसे मामलों में बहुत सचेत रहती थीं। गाहे–बगाहे ज़रूरत पड़ने पर वह अपनी बचत से बाबूजी की आर्थिक मदद भी करती रहती थीं। बाबूजी उनसे अक्सर उधारी लिया करते थे। दोनों ही अपनी ज़िन्दगियाँ बहुत सीमित साधनों में गुज़ारते थे लेकिन हमारे पालन–पोषण में उन दोनों ने कोई कोर–कसर नहीं उठा रखी थी। वे हमारी पढ़ाई को बहुत गम्भीरता से लेते थे और हमेशा यही चाहते थे कि हम ज़िन्दगी में तरक़्क़ी करें। बहुत आगे जायें।

मेरे ख़याल से कटिहार में गुज़रे दिनों और कैनेडी के इस अहाते में गुज़रे दिनों में सबसे बड़ा फ़र्क़ यह था कि अपनी बेहद मामूली पारिवारिक पृष्ठभूमि जिसमें पढ़ने–लिखने पर विशेष ज़ोर दिये जाने के बावजूद मैं अपने शुरुआती दिनों में पढ़ने में औसत से भी बुरा था। पढ़ाई के क्षेत्र में मुझे शर्मिन्दगी, हतोत्साह और टूटे–बिखरे सपनों–इन तमाम अनुभूतियों से होकर गुज़रना पड़ा। इसके बाद भी मुझे अपनी मुश्किल ज़िन्दगी बहुत खटमिट्ठी लगती थी जिसने कई उतार–चढ़ाव के बावजूद मुझे पुनर्जीवन के अनेक मौक़े भी दिये। मुझे प्रचुरता में अवसर नहीं मिले होते तो आज मैं दुनिया के अग्रणी संस्थानों में से एक के भव्य अहाते में बैठा यह सब नहीं लिख रहा होता जिसमें पढ़ने का सपना आज की युवा पीढ़ी देखती है, और, बात महज़ इतनी भर ही नहीं थी। यहाँ तक पहुँचने के पीछे केवल मेरे माता–पिता की मुझसे अपेक्षा या अध्ययन के प्रति मेरा झुकाव नहीं था बल्कि मैं अपने अन्दर की दबी हुई इच्छाओं का अन्वेषण भी करना चाहता था। हालाँकि यह सुनने में कदाचित औपचारिक और रूढ़िपूर्ण लग सकता है लेकिन सच यही है कि इस उपक्रम में मैंने ख़ुद की तलाश भी की। कटिहार से कैनेडी की यात्रा केवल बाहर की यात्रा नहीं थी, यह मन के भीतर की भी यात्रा थी।

आज लाइब्रेरी का माहौल बहुत शान्त है। परीक्षाएँ ख़त्म हो चुकी हैं और ज़्यादातर छात्र विशाल कंपाउंड में बेवजह मँडरा रहे हैं। मैं साँस रोके सबकुछ देख रहा हूँ। शीशे की बनी खिड़कियों के इस पार खड़ा मैं अपने आपको बहुत ख़ुशक़िस्मत समझ रहा हूँ। मैं जानता हूँ कि मेरी इस ख़ुशनसीबी के पीछे सालोसाल की कड़ी और लगातार मेहनत का हाथ है।

यह एक ख़ुशनुमा दिन है। आसमान के हल्के नीले रंग ने गोया पूरी दुनिया को एक नयी उम्मीद के आवरण में ले लिया हो। इमारत में निर्माण का काम चल रहा है इसलिए कैम्पस को फ़िलहाल बन्द कर दिया गया है। कुछ दिन पहले ही निर्माण–कार्य आरम्भ होने के अवसर पर होने वाले आयोजन में प्रसिद्ध शिक्षाविदों ने कैम्पस की शैक्षणिक पारिस्थितिकी में कला की संसाधनात्मक महत्ता पर ख़ास ज़ोर दिया था। वे शिक्षा के मौलिक उद्देश्यों के प्रति भविष्यदर्शी थे और उनके व्याख्यानों में अपने छात्रों के प्रति गहरी चिन्तात्मक प्रतिबद्धता दिखलायी देती थी–ख़ासतौर पर छात्रों के पाठ्यक्रम, उनकी सुविधाएँ, किताबें शोध के अवसर और अन्य ज़रूरतें। उनकी दृष्टि में छात्रों के शारीरिक विकास के लिए उनके मानसिक विकास का अन्यतम महत्त्व था–*प्रकारान्तर में एक ऐसे मस्तिष्क का निर्माण जिससे बेहतर से बेहतर योग्यताओं और सम्भावनाओं की तलाश की जा सके।*

मेरे जीवन के प्रारम्भिक अनुभवों से यह सोच कितनी भिन्न और प्रतिकूल थी! मूलभूत सुविधाओं से भी वंचित एक जीवन से निकलकर विचारों, संसाधनों और सम्भावनाओं से परिपूर्ण यहाँ तक पहुँचने की एक अद्‌भुत यात्रा। इसमें कोई दो राय नहीं थी कि यहाँ आर्थिक रूप से अधिक समृद्ध होने की सम्भावनाएँ भी उपस्थित थीं, लेकिन (इसीलिए सामान्य तौर पर) अग्रणी शिक्षा विशेषज्ञों ने सम्भवतः विश्व के इसी क्षेत्र को दुनिया के नामी शैक्षणिक संस्थानों के निर्माण के लिए चुना। वे सभी बहुत

दूरदर्शी, मेहनती, प्रयोगधर्मी और सजग थे। सजगता और पहल के अभाव और दिशा–निर्देशों और कल्पनाशीलता की कमी के कारण अनगिनत युवाओं की सम्भावनाएँ और मन की जिज्ञासाएँ हमेशा के लिए नष्ट हो जाती हैं।

सीखने की प्रक्रिया जीवनभर चलती रहती है। औपचारिक शिक्षा के माध्यम भले ही शिक्षण संस्थान होते हैं, लेकिन अपने अनुभवों और सामाजिक व्यवस्थाओं से भी हम बहुत कुछ सीखते हैं। इसमें अच्छी और बुरी दोनों बातें शामिल हैं। मेरा मामला भी कमोबेश कुछ ऐसा ही था। मैंने भी परम्परागत शिक्षण संस्थानों में अपनी पढ़ाई की जहाँ मूलभूत सुविधाएँ भी नदारद थीं, लेकिन इसके बावजूद मेरे सोचने–समझने के नज़रिये में विस्तार करने में उन्होंने बड़ी भूमिकाएँ निभायीं–ख़ासतौर पर मेरे दिमाग़ की जिज्ञासाओं को विकसित करने में उनकी महती भूमिका रही। हालाँकि सामाजिक विमर्श, यात्राओं और प्रकृति, व्यक्ति और पशु–पक्षियों के व्यवहारों को समझने की चेष्टा से मैंने जीवन में बहुत कुछ सीखा। समाज की दबी–कुचली और वंचित आबादी, मध्यम वित्त और समृद्ध और साधन–सम्पन्न तबक़े से घुलने–मिलने के पर्याप्त अवसर भी मुझे मिले।

सच कहूँ तो अपना शहर छोड़ने से पहले मुझे 'संसाधन' का सही अर्थ भी ज्ञात नहीं था। सँकरी, धूलभरी सड़कें, टूटी–फूटी और अधबनी इमारतें, कचरा, गन्दगी और लोगों की दकियानूसी सोच–यही सब मेरे जीवन का स्वाभाविक सच था, लेकिन पहले दिल्ली और उसके बाद हार्वर्ड में मेरा परिचय एक अलग सच से हुआ। अन्तरराष्ट्रीय दुनिया ने लोगों, उनके भिन्न–भिन्न दृष्टिकोणों और उद्देश्यों ने विकास पर आधारित शिक्षा के विविध आयामों, संसाधनों के सदुपयोगों और उसके इर्द–गिर्द के सामाजिक–मनोवैज्ञानिक पहलुओं के बारे में विस्तार और स्पष्टता से समझने का अवसर दिया। मैं हार्वर्ड का विशेष रूप से कृतज्ञ इसलिए भी हूँ कि उसने मुझे सांस्कृतिक बहुलता

और उनको समझने के माध्यम से बहुत कुछ नया और अनोखा सीखने के मौक़े दिये।

अपने समस्त जीवन में मुझे लोगों विशेषकर महान लोगों की कहानियों ने बेहद प्रभावित किया है। जिन लोगों के बारे में मैंने पढ़ा है, जिनसे मैं मिला हूँ और जिनके साथ मैंने काम किया है उन सबसे मैंने कुछ–न–कुछ सीखा है। मेरे परिचय के हर आदमी ने जीवन और उसकी जटिलताओं के बारे में समझने में मेरी मदद की। किसी भी आदमी की कहानी संघर्ष, दृढ़ता, साहस और भावनात्मक द्वन्द्व से परिपूर्ण होती है और उनके माध्यम से हम जीवन में बहुत कुछ अनुकरणीय सीख सकते हैं। जब हम उनके सभी गुणों को एक–दूसरे के साथ जोड़कर देखते हैं तो हमारे सामने एक सशक्त उदहारण प्रस्तुत होता है–एक ऐसा अनोखा उदाहरण जो किसी को भी अपनी ऊर्जा और शक्ति से प्रभावित और प्रेरित कर सकता है। हम कुछ भी सबसे बेहतर तब सीखते हैं जब हम कहानियाँ पढ़कर सीखते हैं। इसीलिए मैंने भी अपनी आत्मकथा लिखने का फ़ैसला किया ताकि लोग उसे वैसे ही पढ़ सकें जैसे मैंने दूसरों की पढ़ी हैं। मुझे ऐसा लगता है कि जिन विशेष भौतिक, भावनात्मक और शैक्षणिक परिदृश्यों को मैंने यहाँ तय किया है, उन परिदृश्यों की अनुगूँज और असर युवाओं और बुज़ुर्गों दोनों को प्रभावित करने में सफल होगा। अभावों, असफलताओं और तिरस्कार से निकलकर एक दृढ़ और प्रतिबद्ध जीवन हासिल करने के पीछे एक लम्बा सफ़र रहा है। मेरे जीवन में उपस्थित उजालों में इस सफ़र का महत्त्वपूर्ण योगदान रहा है। मेरे लिए शिक्षा एक लगातार जारी रहने वाला काम है, और मेरी यह दृढ़ मान्यता है कि यह उपक्रम तब तक चलता रहता है जब तक हम अपनी अर्जित पूँजी भावी पीढ़ी के हाथों में न सौंप दें।

जिन आचार्य ने मुझे योग और ध्यान की शिक्षा दी थी उनका यह कहना था कि ध्यान का उद्देश्य "आत्म मोक्षात्म्" और "जगत हितायचा" होना चाहिए। अपने लिए मुक्ति तलाशने के पहले हमें

दूसरों के कल्याण के लिए काम अवश्य करना चाहिए। इस अर्थ में यह पुस्तक मेरे लिए व्यक्तिगत ध्यान और एक ऐसी उम्मीद है जो मुझे क़र्ज़ में मिली है।

मेरे स्कूल के संस्कृत शिक्षक कक्षा में यह कहते थे, "विद्यार्थी के जीवन में कभी सोमवार नहीं आता है और कोई पहली तारीख़ नहीं आती है।" उनके कहने का मतलब था कि छात्रों को कुछ भी नया सीखने के लिए किसी निर्धारित समय का इन्तज़ार नहीं करना चाहिए और अपना काम तत्काल शुरू कर देना चाहिए। उस वक़्त जो बात समझने में मैं नाकाम रहा था; वह मैं अब समझ सकता हूँ।

कटिहार से कैनेडी—यह मुहावरा सुनने में एक शब्दाडम्बर प्रतीत हो सकता है, लेकिन यह किताब सच में उस सबक का वृत्तान्त है जो मैंने सीखा—असफलताओं के साथ—साथ विजेता होने के पलों से। वे सबक जो मैंने कठोर सामाजिक—आर्थिक वास्तविकताओं के बरअक्स उस चमकीली दुनिया से सीखे जो मैंने शहर—दर—शहर घूमते हुए, प्रतिष्ठित संस्थानों में पढ़ते हुए और भिन्न—भिन्न ओहदों पर अपनी ज़िम्मेदारियाँ निबाहते हुए सीखे। इसके अतिरिक्त यह किताब मेरे निजी अभिमान और गर्वानुभूतियों से जुड़े ईमानदार अन्तर्द्वन्द्वों का भी लेखा—जोखा है। कैनेडी स्कूल के मेसन प्रोग्राम के समापन समोरह में इक्वाडोर के पूर्व—राष्ट्रपति जमील माहुद ने अपने व्याख्यान में कहा था, "पैरों के पंजों का कोई महत्त्व नहीं है, महत्त्व उन क़दमों का है जो हमारे पैर उठाते हैं।" इस कथन का अर्थ मैं बख़ूबी समझ सकता हूँ क्योंकि मैंने अपनी असफलताओं के कारणों को जानने के लिए अपना आत्म—निरीक्षण किया है। मैं अपनी सफलता का सम्मान इसलिए भी करता हूँ कि मैंने हमेशा अपनी नाकामियों से तुलना करके उसे देखा। और चूँकि जीवन परिवर्तनशील है समय—चक्र इसी तरह से गतिमान रहता है, मैं भी अपनी सफलताओं पर आत्ममुग्ध होने, अपनी पीठ ख़ुद ही थपथपाने या

फिर एक वैराग्य–बोध में जीने की बजाय हमेशा जीवन में आने वाली चुनौतियों के बारे में सोचता रहता हूँ।

यह मेरी कहानी है जिसे मैंने वास्तविकता और ईमानदारी के साथ लिखने की यथासम्भव कोशिश की है। मुझे यक़ीन है कि आप में से कुछ लोगों के दिलों को छूने में यह ज़रूर कामयाब होगी। मुझे यह भी उम्मीद है कि यह आपको स्मृतियों में वापस ले जायेगी, इसे पढ़कर आपको एक लगाव अनुभव होगा और घोर अँधेरे और अनिश्चितता की स्थिति में यह आपके लिए टिमटिमाती रौशनी बन सकेगी।

अध्याय - दो

छोटे शहर का लड़का

एक दोपहर मैं बेहद ख़ुश होकर चहकता हुआ स्कूल से घर लौटा। यह 1983 की गर्मियों की बात है। मैंने अपना स्कूल बैग बिस्तर पर फेंक और घर के एक कोने से दूसरे कोने के चक्कर लगाने लगा। मुझे बेसब्री से बाबूजी के लौटने की प्रतीक्षा थी। आज का दिन एक ख़ास दिन था। आज बाबूजी घर लौटने के बाद मुझे बाज़ार ले जाने वाले थे और मेरे बचपन के दिनों का सबसे बड़ा उपहार मेरे लिए ख़रीदने वाले थे–एक साइकिल! यह मेरे जीवन की पहली इकलौती चीज़ थी जिस पर केवल मेरा मालिकाना हक़ होने वाला था। एक साइकिल, जो कोई छोटा–मोटा खिलौना नहीं था। मेरे दस साल के छोटे से जीवन में यह सबसे बड़ा और अविस्मरणीय पल था। मुझे उस दिन की हर छोटी–बड़ी बात आज भी बारीक़ी से याद है।

माँ और मेरी तीनों बहनों ने मेरी ख़ुशी को उसी तरह साझा किया जैसे यह उनकी भी निजी ख़ुशी थी। ऐसा वे हमेशा करती थीं–अनिवार्यतः। आख़िरकार मैं अपने आप को अधिक देर तक घर में नहीं रख पाया–जैसे ही बाबूजी मुझे आते हुए दिखे, मैं दौड़कर उनसे लिपट गया। वह भी अपना वायदा पूरा करने के लिए पहले से ही तैयार थे! उन्होंने मुझे अपनी साइकिल की सीट और हैंडल के बीच वाली पाइप पर बिठा लिया और पैडल

घुमाते हुए मुझे मंगल बाज़ार ले गये। बाज़ार की भूलभुलैया में थोड़ी देर तक भटकने के बाद हम दौलत राम चौक के अग्रवाल साइकिल पहुँचे जो शहर में हीरो साइकिल की सबसे बड़ी दुकान थी। वहाँ जाने के बाद हमने जाना कि हीरो की साइकिलें बहुत महँगी थीं। फिर हम एवन साइकिल की दुकान पर गये जो बाबूजी के बजट के मुताबिक़ थोड़ी कम महँगी थीं। मुझे याद है, मैंने एक के बाद एक कई साइकिलें देखीं, उनको चलाकर आज़माया। आख़िरकार मैंने अपने लिए एक नीली साइकिल पसन्द की। वह एक एवन साइकिल थी–यह कोई चलताऊ ब्रांड नहीं था, उस ज़माने में यह एक स्थापित और लोकप्रिय ब्रांड था।

हालाँकि बाबूजी फ़िज़ूलख़र्च नहीं थे और अनुशासनप्रिय थे लेकिन बढ़ते हुए बच्चों की ज़रूरतों के मामले में वे आमतौर पर कोई समझौता नहीं करते थे। बहरहाल नयी साइकिल मेरी सबसे प्रिय दोस्त बन गयी थी। मैं उस पर सवार होकर स्कूल जाता था और अपनी उस नीली साइकिल के कारण दोस्तों का चहेता बन गया था। मैं अपनी कक्षा के उन गिने–चुने लड़कों में एक था जिनके पास अपनी ख़ुद की साइकिल थी। और, मुझे इस बात का अभिमान भी था।

बाबूजी का वह उपहार मेरी स्मृतियों में हमेशा विशेष और अनमोल बना रहेगा। वे स्वयं ऐसे व्यक्ति थे जिनके पास बस उनकी ज़रूरत भर चीज़ें थीं। कुछ जोड़ी कपड़े, एक हारमोनियम और शहर में कहीं आने–जाने के लिए एक साइकिल। उन्होंने अपने लिए कभी एक कार ख़रीदने का सपना देखा था, लेकिन एक मोटरसाइकिल तक रह गये, उनकी जैसे शहर में असंख्य लोग थे। लेकिन उनके दस साल के बेटे के पास अब अपनी ख़ुद की एक नयी नीली साइकिल थी जिसको चलाते हुए उसके भीतर यह अधिकार–बोध था कि यह 'मेरी' साइकिल है।

अपने बेटे चैतन्य के सन्दर्भ में मुझे इस घटना की अचानक याद आ गयी, तब मैं कैम्ब्रिज में था। मैंने ग़ौर किया था कि

उसकी गहरी रुचि कम्प्यूटर साइंस में थी और उसके तकनीकी प्रयोगों में वह बहुत निपुण भी था। मैं उसकी इस अभिरुचि में यथासम्भव मददगार बनना चाहता था। वह कोड्स को स्क्रैच में करना भी सीखने लगा था। पाँचवीं ग्रेड के छात्र के लिए यह लगभग एक असम्भव काम था। मेरे दिमाग़ में एक विचार आया। जब मैंने अपनी पत्नी सीमा से अपने विचार को साझा किया तो उसे थोड़ी हैरत ज़रूर हुई, लेकिन वह मान गयी। मैकबुक बेशक एक ख़र्चीला निवेश था लेकिन मैंने उसके लिए यह ख़रीदने का फ़ैसला किया। मैं अपने बेटे की इस कुशलता को प्रोत्साहित करना चाहता था, उसे वेब के क्षेत्र में दक्ष बनाना चाहता था, और साउंड रिकॉर्डिंग के क्षेत्र में उसकी मदद करना चाहता था। धीरे–धीरे चैतन्य ने संगीत में गहरी दिलचस्पी लेनी शुरू कर दी।

जब मैं मैकबुक प्रो ख़रीदकर घर लाया और उसे तोहफ़े में दिया तो वह अवाक् रह गया। उसे सहसा विश्वास नहीं हुआ कि यह मैंने उसके लिए ख़रीदा था। बेशक उसकी खुशी का ठिकाना नहीं था, लेकिन उसे इस बात का भी अहसास था कि अभी वह इस तोहफ़े के क़ाबिल नहीं था। मैंने और सीमा ने उसे बस इतना ही कहा कि वह इसका बेहतर–से–बेहतर इस्तेमाल करे, इसे अपने प्रयोगों का एक सशक्त माध्यम बनाये। जल्दी ही चैतन्य अपने स्कूल में अपने जूनियर छात्रों को स्क्रैच सिखाने लगा।

मेरे बाबूजी ने हमारे स्कूल जाने की औपचारिकता में हमारा हौसला बढ़ाने और अन्य सक्रियताओं के ज़रिये निरन्तर आत्म–अन्वेषण करने का महत्त्वपूर्ण काम किया था। मैंने भी उन्हीं के आज़माये तरीक़ों पर चैतन्य के मस्तिष्क और कल्पना के फलक के विकास का प्रयास किया। अभिभावक होने के नाते यह हमारा दायित्व है कि हम बच्चों की रुचियों और योग्यता को समझें और उनको ऐसा माहौल दें जो उनकी क़ाबिलियत और तरक़्क़ी के लिए ज़रूरी है। मैंने भी अपने बाबूजी के रास्तों पर ही चलना तय किया।

बाबूजी से तोहफ़े में मिली वह साइकिल और अपने बेटे को तोहफ़े में एक लैपटॉप देने की ख़ुशी बिल्कुल एक जैसी थी। दोनों के बीच सिर्फ़ इतना ही फ़र्क़ था कि मैं अपनी ज़रूरी ज़िम्मेदारियों से वाक़िफ़ था और उनको पूरा करने में अधिक सक्षम। मुझे पक्का यक़ीन है कि मेरा बेटा भी इन ज़िम्मेदारियों को मेरी ही तरह समझ सकेगा और विवाहोपरान्त इस दायित्व को अगली पीढ़ियों में हस्तान्तरित कर सकेगा। अन्ततः हम जो कुछ भी पाते हैं, वे सभी चीज़ें हमें दूसरों को सौंप देनी होती हैं। मैंने अपने बाबूजी से शिक्षा में निवेश करना, आत्म–निर्भर होना और आत्मान्वेषी होना यही सब गुण तो पाये। मुझे विश्वास है कि चैतन्य भी इन चीज़ों को सीख रहा है और इसे आगे भी बढ़ायेगा।

बचपन हमारे जीवन का सबसे सुन्दर समय होता है, अथवा होना चाहिए। तब हम अपनी मुश्किलों को न केवल दूसरों के साथ बाँट सकते बल्कि उनसे आसानी से निबट भी सकते हैं। जवानी के दिन हमें ऐसा कुछ करने की इजाज़त नहीं देते। मेरा बचपन भी चिन्ताओं से मुक्त था, और दुनिया में ऐसी कोई बात नहीं थी जिसकी मुझे कोई चिन्ता करने की ज़रूरत थी। मेरा शुरुआती बचपन एक कच्चे घर में बीता था जो ईंट और गारे का बना था और जिसमें नींव नाम की कोई चीज़ नहीं थी। आम बोलचाल की भाषा में यह ऐसा घर था जिसमें रहने वाले लोग अमूमन निचले तबक़े के और साधनहीन समझे जाते थे, लेकिन उस घर में भी हमने केवल ख़ुशियाँ महसूस की थीं। हमारे टोले के लोग बेहद मिलनसार थे और हमारे बीच एक मज़बूत रिश्ता था। मेरे पास ऐसे संगी–साथी थे जिनके साथ मैं पूरे दिन खेल सकता था। हम सभी तरह के स्थानीय और आमतौर पर प्रचलित खेल खेलते थे–पिट्ठो, कंचा, गिल्ली–डण्डा, छुपम–छुपाई हमारे पसन्दीदा खेल होते थे।

मुझे फुटबॉल और क्रिकेट जैसे खेल भी अच्छे लगते थे–लेकिन मुझे इनमें से किसी भी खेल की औपचारिक ट्रेनिंग का कोई मौक़ा नहीं मिल पाया। मैंने गाहे–बगाहे बैडमिंटन में

भी अपना हाथ आज़माया, लेकिन यह भी मेरे लिए कमोबेश एक शगल ही था। मेरे बचपन के दिनों में खेलकूद को करियर की दृष्टि से एक उपयुक्त विकल्प के तौर पर स्वीकृति नहीं मिली थी। खेलकूद का अर्थ सिर्फ़ 'खेलना और मौजमस्ती करना' था; और कुछ नहीं।

खेलकूद को प्रोत्साहित करने का माहौल भी हमारे बचपन में नहीं के बराबर था–समाज अथवा स्कूल दोनों में। हमारे प्राथमिक विद्यालय में सालभर में केवल एक 'क्रीड़ा वार्षिकोत्सव' होता था; इसे 'खेल प्रतियोगिता' का नाम देना भी शायद उचित नहीं होगा। मैं हमेशा 100 मीटर की दौड़ का विजेता रहता था, लेकिन यह कोई उपलब्धि नहीं थी। हाई स्कूल के दौरान हमारे जीवविज्ञान के शिक्षक ही हमारी खेलकूद की क्लास भी लिया करते थे। आज जब मैं सोचता हूँ तो देखता हूँ कि पाठ्यक्रम के अतिरिक्त अन्य रचनात्मक सक्रियताओं का हमारे जीवन में कितना अधिक महत्त्व होता है। हमारे दिनों में खेलकूद स्कूल से बाहर की गतिविधियाँ थीं जिन्हें हम गली–मोहल्ले में अपने अड़ोस–पड़ोस के दोस्तों के साथ अंजाम दिया करते थे। वहीं हमने एक टीम के रूप में आपस में संगठित होना, नियमों का पालन करना और प्रतियोगिताओं का आयोजन करना सीखा।

घण्टों तक खेलना हमारे रोज़ के कामों में शामिल था, लेकिन हमें खेल की बारीकियाँ सिखाने वाला कोई भी नहीं था। पेशेवर खिलाड़ी बनने की हमारी कोई मंशा थी भी नहीं, इसलिए इस दिशा में सोचने की ज़रूरत भी हमें महसूस नहीं हुई। यह कितना बड़ा नुक़सान था! खेलकूद और अन्य रचनात्मक सक्रियताएँ हमारे पाठ्यक्रम को समग्र और सम्पूर्ण बनाती हैं।

मेरी औपचारिक पढ़ाई एक हिन्दी माध्यम स्कूल में हुई थी। हालाँकि हमारी प्राथमिक पाठशाला कहने को 'अंग्रेज़ी मीडियम' थी, लेकिन अंग्रेज़ी को छोड़कर सभी विषयों की पढ़ाई हिन्दी

माध्यम में ही होती थी। पूरे भारत में हज़ारों स्कूलों की यही वास्तविकता है। ये स्कूल उन अभिभावकों के सपनों को पूरा करने के लिए खोले गये थे जो अपने बच्चों को अच्छी शिक्षा तो देना चाहते थे, लेकिन उनको महँगे प्राइवेट और बोर्डिंग स्कूलों में पढ़ाने में आर्थिक रूप से असमर्थ थे। अंग्रेज़ी का सहारा लेना उनकी विवशता थी, जो देश में सफलता प्राप्त करने की एक स्वाभाविक शर्त और अनिवार्यता थी।

मेरा प्राथमिक विद्यालय इस अर्थ में बिल्कुल आदर्श विद्यालय था। इसका नाम अंग्रेज़ी में था (सेंट जेवियर्स स्कूल–हालाँकि इसका कोई सम्बन्ध किसी भी मिशनरी और उसके स्कूलों से नहीं था), उसके प्रिंसिपल भी पाश्चात्य नाम वाले एक ईसाई थे। कुछ इने–गिने शिक्षक भी थे जिनको अंग्रेज़ी आती थी। बहरहाल मेरे बाबूजी और उनके जैसे लोगों के लिए यही स्कूल ठीक था।

हमारे प्रिंसिपल रॉबर्ट सर बहुत सख़्त स्वभाव के थे। वे अगर हमें कॉरिडोर में भी आते दिख जाते थे तो हम उनके डर से छिप जाते थे। शिक्षक ईमानदारी से पढ़ाते थे और हमसे भी लगन से पढ़ने की उम्मीद रखते थे। हमारे दिनों में अच्छे शिक्षक और प्रिंसिपल अपने सख़्त व्यवहार की वजह से जाने जाते थे, और अपने छात्रों के साथ वे कितनी सख़्ती से पेश आते, यही उनकी प्रसिद्धि का भी पैमाना था। दूसरे शब्दों में कहूँ तो हमारे दिनों में तानाशाही का बाज़ार भाव बहुत ऊँचा था।

हमारा प्राथमिक विद्यालय किसी भी औपचारिक बोर्ड से सम्बद्ध नहीं था, किन्तु यह बहुत ढंग का बना हुआ था। मेरी पढ़ाई की आधारशिला यहीं रखी गयी; यहीं हमारे 'आरम्भिक विचारों' ने आकार पाया। मुझे एक तेज़, विनम्र और गम्भीर छात्र माना जाता था। जब मैं प्राथमिक विद्यालय से पास होकर निकला तो मेरी लिखावट बहुत सुन्दर हो चुकी थी, अंग्रेज़ी भाषा पर मेरा अच्छा–ख़ासा अधिकार हो चुका था और अपनी उम्र के अन्य बच्चों की तुलना में मेरा गणित और विज्ञान का ज्ञान भी ठीकठाक था।

हमारा पाठ्यक्रम राज्य सरकार के बोर्ड से भिन्न था जिसके कारण माध्यमिक विद्यालय में दाख़िले के बाद मुझे समझौतों के एक लम्बे दौर से गुज़रना पड़ा। साथ ही मेरा नया माध्यमिक विद्यालय एक 'हिन्दी मीडियम' स्कूल था : अंग्रेज़ी विषय पढ़ाने का भी माध्यम हैरतअंगेज़ तरीक़े से हिन्दी थी!

प्रारम्भिक पढ़ाई पूरी करने के बाद बाबूजी मुझे बेहतर पढ़ाई के लिए शहर से बाहर के किसी स्कूल में भेजने के इच्छुक थे, लेकिन उस बोर्डिंग स्कूल में जिसमें मेरे बड़े भाई को पढ़ने के लिए भेजा गया था, को छोड़कर उनको स्कूलों के बारे में बहुत अधिक जानकारी नहीं थी। मेरे भाई के अनुसार उसके स्कूल में पढ़ाई का स्तर अच्छी नहीं था और मुझे कहीं और पढ़ने भेजना यानी संजय को चाहिए।

झारखण्ड जो पहले बिहार का ही एक हिस्सा था, में कई अच्छे सरकारी स्कूल ज़रूर थे, लेकिन उनमें मेरा दाख़िला मुश्किल था। मेरी जो पढ़ाई–लिखाई हुई थी और उन स्कूलों ने अपने यहाँ दाख़िले के लिए जो मानदण्ड रखे थे, उन दोनों में भारी अन्तर था। पूरे बिहार में स्कूली पाठ्यक्रमों में एकरूपता का अभाव मेरे लिए बहुत नुक़सानदेह साबित हो रहा था। उन दिनों हमारे शहर में सी.बी.एस.ई. (सेंट्रल बोर्ड ऑफ़ सेकेंडरी एजुकेशन) के पाठ्यक्रम पर आधारित एक भी निजी माध्यमिक उच्च विद्यालय नहीं था, और निजी स्कूलों से पढ़कर निकले छात्रों के लिए सरकारी स्कूलों के पाठ्यक्रम बिल्कुल भिन्न थे।

बिहार ही नहीं बल्कि देशभर में ऐसे प्राथमिक स्कूल कुकुरमुत्तों की तरह फल–फूल रहे थे। राज्य की सरकार भी निजी स्कूलों और सरकारी स्कूलों की पढ़ाई में समरूपता स्थापित करने की दिशा में कोई रुचि नहीं ले रही थी। सी.बी.एस.ई. से असम्बद्ध निजी प्राथमिक विद्यालय सरकार के अन्तर्गत नहीं आते थे, और पाठ्यक्रम बदलने की स्थिति में छात्रों के सामने कोई स्पष्ट प्रक्रिया या दिशा–निर्देश नहीं होने की सूरत में उनमें एक असमंजस और दुविधा की स्थिति थी।

दूसरे छात्रों की तरह मैं भी इस अराजक व्यवस्था से प्रभावित हो रहा था। शुरुआती परिवर्तन अधिक चुनौतीपूर्ण होता है; एक छोटी उम्र का लड़का व्यवस्था से अकेला नहीं लड़ सकता है और न ही शिक्षा सम्बन्धी अपने संवैधानिक अधिकारों के लिए लड़ सकता है। वह चाहे भी तो इन मुश्किलों का कोई हल नहीं निकाल सकता, चीज़ों को दुरुस्त नहीं कर सकता और न ही बाधाओं को पार कर नया रास्ता बना सकता है। बल्कि वह इन अव्यवस्थाओं को बमुश्किल समझ पाता है। ख़ैर, मैंने कटिहार में ही हरिशंकर नायक उच्च विद्यालय में दाख़िला ले लिया, लेकिन बाबूजी मेरे इस निर्णय से बहुत सन्तुष्ट नहीं थे। मेरे भाई की तरह मुझे भी वह कहीं बाहर भेजना चाहते थे, लिहाज़ा दाख़िले का यह झमेला तब तक जारी रहा जब तक मुझे नज़दीक के ही गाँव सेमापुर के झक्सू नारायण चौधरी बोर्डिंग हाई स्कूल में नहीं भेज दिया गया।

मेरे नये स्कूल में को–एजुकेशन था, लेकिन छात्रावास की सुविधा केवल लड़कों के लिए थी। यहाँ भी प्रिंसिपल बहुत सख़्त मिज़ाज थे और कैम्पस के अन्दर ही रहते थे। हालाँकि स्कूल का रुटीन दूसरे सरकारी स्कूलों की तरह था लेकिन छात्रावास के नियम–क़ायदे बहुत कड़े थे। हम सुबह पाँच बजे जागते और अहाते में प्रार्थना के लिए क़तारों में खड़े हो जाते और उनींदी, बहकी और थकी हुई आवाज़ में गाने लगते, "उठ जाग मुसाफ़िर भोर भई/अब रैन कहाँ जो सोवत है; जो सोवत है सो खोवत है/जो जागत है सो पावत है" (मुसाफ़िरो, उठो और जागो, सुबह हो गयी है/जब रात गुज़र चुकी है तब तुम क्यों सो रहे हो; जो अभी भी सोते हैं उनको जीवन में बहुत कुछ खोना पड़ेगा/जो जाग जायेगा वही अपने लक्ष्य को प्राप्त कर सकेगा)।

प्रार्थना के बाद हमारी पढ़ाई का समय होता था और अपने–अपने बिस्तर पर बैठकर हम पढ़ाई करते थे। खुली किताबें सामने रखकर नींद में हिलते–डुलते और ऊँघते हुए

छात्रों को देखना एक सामान्य नज़ारा था। ये वे घण्टे होते थे जिनमें हम या तो अपनी नींद से लड़ते रहते थे या फिर चोरी से झपकी लेकर समय काटा करते थे।

सुबह के स्नान के बाद हम सबको अहाते की पीछे के खेतों में भेज दिया जाता था। खुले में शौच करना आज भी भारत में ख़ासकर ग्रामीण इलाक़ों में एक सामान्य बात है। यहीं हमें शिक्षकों की उपस्थिति, टोकाटाकी और हस्तक्षेप के बिना आपस में बातचीत करने का पहला मौक़ा मिलता था। जब हम वापस लौटते थे उसके बाद हमें टॉयलेट, ब्लैकबोर्ड और क्लासरूम की सफ़ाई जैसे कामों में लगा दिया जाता था। सीनियर छात्रों की एक टीम को हमें काम देने की ज़िम्मेदारियाँ सौंपी गयी थीं लिहाज़ा अपने प्रिय पात्रों को वे अपेक्षाकृत आसान काम देते थे। इन कामों में सुबह–सुबह प्रिंसिपल के कमरे में जाकर उन्हें उनकी आयुर्वेदिक दवा की ख़ुराक देने का काम भी शामिल था।

स्कूल और छात्रावास की पूरी दिनचर्या ऐसी बनाई गयी थी कि छात्रों के सभी समूहों, उनकी दैनन्दिनी और परिवेश के अनुरूप उनकी अनुक्रमिक संरचना पर पूर्ण नियन्त्रण स्थापित किया जा सके।

सभी शिक्षक सामान्यतः शैक्षणिक स्तर पर सक्षम थे, लेकिन छात्रावास की अपर्याप्त सुविधाएँ उनके लिए भी असन्तोष का बड़ा कारण थीं। छात्रों के बीच संगठनात्मक एकता का अभाव था। अनुशासन की कमी और छात्रों के प्रति संवेदनात्मक शुष्कता स्पष्ट दिखलाई देती थी। सीनियर छात्रों और रेजिडेंट शिक्षकों को मिले विशेष अधिकारों ने उनको कमोबेश निरंकुश बना दिया था। सीनियर छात्र अपने अधिकारों का दुरुपयोग कर जूनियर छात्रों को आतंकित करने के अतिरिक्त उनकी वफ़ादारियों की सौदेबाज़ी भी करते थे। उनको ख़ुश रखने के लिए जूनियर छात्र उनको बतौर रिश्वत घर से आये हुए सूखे नाश्ते देते रहते थे।

मैं भी जब हर सप्ताहान्त में घर जाता था तो उनके लिए घर के बने पकवान लेकर लौटता था। मेरी इस दरियादिली से न केवल सीनियर छात्र बल्कि कुछ शिक्षक भी मुझसे बहुत प्रसन्न रहते थे।

छात्रावास में हमें बस दो वक़्त का खाना मिलता था–दोपहर का भोजन और रात का खाना और उनमें कोई विविधता नहीं होती थी। आमतौर पर हमें सब्ज़ी–चावल मिलता था; रविवार के दिन हमें चावल के साथ आलू–दम परोसा जाता था। खानों की इस एकरसता के कारण हम अपने घरों में मिलने वाले खानों को बेतरह याद करते थे। कभी–कभार तो स्वाद बदलने के लिए हम बाज़ार से समोसा और जलेबी ख़रीदने भाग जाते। शुरू–शुरू में समोसा–जलेबी ख़रीदने के लिए वार्डन की अनुमति मिलने में बहुत मुश्किलें पेश आयीं; हमें अक्सर किसी बहाने का सहारा लेना पड़ता था। बाद में हम उनके साथ अच्छे सम्बन्ध बनाने में कामयाब रहे। तब हम अपनी मनमर्ज़ी से कभी भी कहीं जा सकते थे।

शाम में भी हमारी पढ़ाई का वक़्त निर्धारित होता था। शाम में हम सभी छात्रावास की खुली छत पर पढ़ते थे। छात्रावास जाते हुए हम अपने साथ घर के बने नाश्तों के अलावा अपनी किताबें और केरोसीन तेल से जलने वाली एक लालटेन भी ले जाते थे। दूसरे लड़कों के बारे में तो मैं कुछ नहीं बता सकता लेकिन शाम की यह पूरी क़वायद मुझे सिवा बकवास के और कुछ नहीं लगती थी। आमतौर पर छात्रों का मन पढ़ाई में नहीं लगता था। कुछ तो उस वक़्त ही झपकियाँ लेने लगते थे। हालाँकि हम पर शिक्षकों द्वारा नज़र रखी जाती थी, लेकिन लड़कों ने नज़र रखने वाली आँखों से छुपने के बहाने ईजाद कर लिए थे। कुछ लड़के शिक्षकों से दूर एकदम आख़िर की क़तारों में बैठते थे और अपनी पाठ्यपुस्तकों के बीच छुपाकर कहानी की किताबें या कॉमिक्स पढ़ते रहते थे। उस ज़माने में *अमर चित्र* कथा बहुत लोकप्रिय हुआ करती थी, लेकिन मेरी पसन्दीदा किताबों में *विक्रम और बेताल, चम्पक, पराग, नन्दन* और *चाचा चौधरी* आदि शामिल थीं।

मेरे बचपन में बच्चों को अनुशासित रखने के लिए छड़ी और तमाचों के इस्तेमाल का प्रचलन आम था। दूसरों की तरह मेरे माँ–बाबूजी को भी शिक्षकों द्वारा आज़माये जाने वाले इन नुस्ख़ों में कुछ भी आपत्तिजनक नहीं लगता था। छात्रों को अनुशासन में रखने की दृष्टि से ये गुण शिक्षकों के स्वीकृत और असरदार कौशल माने जाते थे।

मेरी अपनी पहचान और आज़ादी इन क़ायदों और दिनचर्या में कहीं गुम हो गयी थी। मैं ख़ुद को एक भटकाव और सम्भ्रम की स्थिति में पाने लगा था। व्यक्तिगत रुचियों और निजी ज्ञान की अनुपस्थिति में सामूहिक अध्ययन की प्रणाली औचित्यहीन सिद्ध हो रही थी। यह मुझे हतोत्साहित करने के साथ–साथ बुनियादों से भी काट रही थी। मुझे ऐसा प्रतीत हो रहा था गोया मैं शिक्षा की चोटी से ढलान में फिसल रहा हूँ। छात्रों को अनुप्राणित करने और नयी चीज़ें सीखने का जज़्बा पैदा करने की कोई तरक़ीब तब नहीं के बराबर थी।

आख़िरी दिन तो हद हो गयी और हमें इसकी ज़रा भी उम्मीद नहीं थी। टेस्ट में अच्छे अंक नहीं लाने के कारण एक स्थानीय लड़के को दाख़िला देने से मना कर दिया गया था। नतीजा यह हुआ कि जातिगत आधार पर प्रिंसिपल और स्थानीय लोगों में टकराव शुरू हो गया। इसका बुरा असर स्कूल के विद्यार्थियों और कर्मचारियों दोनों पर पड़ा। स्कूल दो खेमों में बँट गया। स्कूल–प्रबन्धन के बीच भी इस मामले को लेकर 'तू–तू मैं–मैं' हुई। यह टकराव रोज़ बढ़ता ही जा रहा था और आख़िरकार एक दिन कुछ स्थानीय लोगों ने छात्रावास पर हमला बोल दिया। हम अभी भी बहुत कच्ची उम्र और कोमल मन के थे, इसलिए ज़ाहिरन हम सभी इस लड़ाई से डरे हुए और अवाक् थे।

अपने बचपन में ही इस जातिगत भेदभाव का अनुभव करना मेरे लिए बहुत पीड़ादायक था। मुझे लगता है कि सातवीं कक्षा

से पहले मैंने यह जातीय विद्वेष और कटुता कभी नहीं देखी थी। अब तक मैंने केवल आर्थिक वर्ग का ही अस्तित्व महसूस किया था; सम्पन्नता के आधार पर हमारे अनेक सहपाठी ख़ुद को विशिष्ट समझते थे। अपने पिछले स्कूल में भी कई छात्रों के माँ–बाप मेरी तुलना में अधिक साधन–सम्पन्न थे, लेकिन जाति? यह क्या बला थी?

लेकिन जे.एन.सी.बी.एच.एस. में धीरे–धीरे इस सवाल का उत्तर मिल गया। हमारे सीनियर छात्र खोजबीन कर हमारी जातियाँ न सिर्फ़ पता कर लेते थे बल्कि हमारे शिक्षकों को भी इसकी जानकारी दे देते थे। उसके बाद जातिगत आधार पर ही अध्यापकों द्वारा दण्ड–प्रणाली और सामान्य व्यवहार का निर्धारण किया जाता था। हमारे प्रिंसिपल भी इसके अपवाद नहीं थे। इस बात की जानकारी ने मुझे सबसे पूरी तरह से अलग–थलग कर दिया।

सेमापुर आये हुए मुझे तक़रीबन छह महीने हो गये थे और सर्दियाँ आ चुकी थीं। एक रात हम सभी अपने बिस्तरों में दुबके हुए थे कि अचानक हमें कुछ लोगों के चिल्लाने की आवाज़ें सुनाई पड़ीं। पहले तो हमें लगा कि आसपास के लोग आपस में झगड़ रहे हैं। लेकिन जल्दी ही हमें महसूस हुआ कि चिल्लाने की आवाज़ें हमारे कमरे के बहुत निकट से आ रही थीं। हालाँकि हम भीतर से बहुत भयभीत थे फिर भी हम हिम्मत जुटाकर यह देखने बाहर निकले कि दरअसल हो क्या रहा था, लेकिन सामने जो कुछ भी घटित हो रहा थ्ज्ञा वह देखकर मानो हमारा ख़ून जम गया। बाहर दस–बारह लोग हाथ में पिस्तौल और चाक़ू लिए दिखायी पड़े। उनमें से कुछ लोगों ने शराब पी रखी थी। वे न केवल प्रिंसिपल के साथ गाली–गलौज कर रहे थे, बल्कि उन्हें अपने कमरे से बाहर निकलने के लिए ललकार भी रहे थे। कुछ शिक्षकों और सीनियर छात्रों ने उनको समझा–बुझाकर शान्त करने की कोशिश की और उनसे कैम्पस से बाहर निकल

जाने का अनुरोध किया। जवाब में उनकी पिटाई शुरू हो गयी। बदमाशों में से एक ने हवा में गोली चला दी, और हम डर से इधर–उधर भागने लगे। अपने–अपने कमरों में जहाँ–तहाँ दुबककर हमने जागते हुए रात काटी। बाद में हमें पता चला कि प्रिंसिपल ने पुलिस को बुलाने की भी कोशिश की थी, लेकिन कोई नहीं आया। कुछ देर के हंगामे के बाद मामला स्वतः शान्त हो गया। वे लोग वापस लौट गये, लेकिन यह धमकाते हुए गये कि वे दोबारा लौटकर आयेंगे और अधिक उत्पात मचायेंगे, "हम भी देखते हैं जातिवादियों! कि तुम यहाँ कैसे ज़िन्दा रहते हो। तुमने हमारे बच्चे को दाख़िला देने से इनकार कर दिया? अब नतीजा भुगतने के लिए भी तैयार रहो। तुमको ग़लतफ़हमी है कि तुम यहाँ सुरक्षित हो? अगली बार हम आयेंगे तो किसी–न–किसी की जान लेकर ही जायेंगे!"

अपार शारीरिक तकलीफ़ उठाकर हमने सुबह होने और प्रिंसिपल की जवाबी कार्रवाई का इन्तज़ार किया। हमें सचमुच उनकी चिन्ता थी। स्कूल को लेकर उनकी कर्तव्यनिष्ठा और ईमानदारी को सभी जानते थे। वे अपनी ग्रामीण पृष्ठभूमि के बावजूद अपने प्रशासकीय कौशल के कारण भी प्रसिद्ध थे। इसीलिए आसपास के जनपदों के बच्चे भी उस गाँव में पढ़ने के लिए आते थे। इत्तेफ़ाक़न वे जाति के भूमिहार थे और जिस लड़के के दाख़िले के लिए उन पर दवाब डाला जा रहा था वह पिछड़ी जाति का था, और प्रवेश–प्रक्रिया के लिए होने वाले टेस्ट में उसने बहुत बुरा प्रदर्शन किया था। टेस्ट की प्रणाली में कोई धाँधली नहीं हुई थी और यह बिल्कुल पारदर्शी थी। प्रिंसिपल ने बाध्य होकर शिक्षकों की मीटिंग बुलायी और उसके बाद एसेंबली में छात्रों और आसपास के वरिष्ठ लोगों को बुलाकर स्कूल को कुछ समय के लिए बन्द करने के अपने निर्णय से अवगत कराया। साथ ही उन्होंने लड़कों को छात्रावास ख़ाली करने में मदद करने की भी अपील की। हमारे लिए यह एक

तरह से ईश्वर–प्रदत्त विपत्ति थी। मैं भीतर–भीतर ही ख़ुश था। मैंने अपना सामान समेटा और स्कूल खुलने के बाद भी वापस नहीं लौटने का फ़ैसला किया। मुझे बस इतना करना था कि वहाँ से निकलने के बाद उस भयानक और बर्बर कहानी को माँ और बाबूजी को सच–सच बता देना था।

एच.एन.एच.एस. (हरिशंकर नायक हाई स्कूल) में दुबारा जाने का अर्थ यह था कि मैं अपने पूर्व परिचित संगी–साथियों के साथ ख़ुद को अधिक सुरक्षित महसूस कर सकता था। बहरहाल मैं अपने पुराने स्कूल और पुरानी कक्षा में फिर से लौट गया और अपेक्षाकृत ख़ुश भी था। उस स्कूल में कोई चारदीवारी नहीं थी और न किसी तरह की बन्दिशें ही थीं। शिक्षक नियमित रूप से कक्षाओं में आते थे इसके बावजूद छात्र किसी–न–किसी बहाने मौजमस्ती के तरीक़े ढूँढ़ ही लेते थे।

एच.एन.एच.एस. के प्रिंसिपल भी अनुशासनप्रिय थे और घड़ी की सूईयों की नोक पर स्कूल को चलाते थे। वे निजी तौर पर स्कूल के राउंड्स लगाते रहते थे ताकि कक्षाएँ बिल्कुल तय समय पर चलें और बच्चे बेवजह कैम्पस में इधर–उधर न मँडराते रहें। यह उनकी मेहनत और कुछ योग्य शिक्षकों के श्रम का ही प्रतिफल था कि एच.एन.एच.एस. प्रतिवर्ष राज्य सरकार की बोर्ड परीक्षाओं में बेहतर रिजल्ट देने में कामयाब होता। इस स्कूल को ज़िले के पाँच शीर्ष स्कूलों में गिना जाता था।

स्कूल के कुछ शिक्षक सही अर्थों में विद्वान थे और हम छात्रों की जमात में उनका बहुत सम्मान भी था। हमारे प्रिंसिपल भी कक्षाएँ लेते थे, यद्यपि वे बहुत गम्भीरता से नहीं पढ़ाया करते थे। वे जितने अच्छे प्रशासक थे उतने ज़िम्मेदार शिक्षक नहीं थे। वे अर्थशास्त्र पढ़ाते थे। उनकी कक्षा सबसे आख़िर में होती थी और आमतौर पर थोड़ी देर पढ़ाने के बाद ही वे क्लास डिसमिस कर दिया करते थे। "भूखे भजन न होय गोपाला," वे कहा करते थे,

"जिसके पेट में अन्न न हो वह भजन कैसे गायेगा।" हैरत की बात नहीं है कि मेरी शायद इसीलिए अर्थशास्त्र में कभी अधिक रुचि नहीं जग पायी!

एच.एन.एच.एस. ऑफ़िसर्स कॉलोनी के क़रीब बना था, इसलिए सीनियर सरकारी अफ़सरों के अधिकतर बच्चे हमारे स्कूल में ही पढ़ते थे। उनमें ज़िलाधिकारी और ज़िला शिक्षा पदाधिकारी के बच्चे भी थे। दरअसल डी.एम. का बेटा और डी.ओ.ई. की बेटी दोनों मेरे सहपाठी थे। उनको अपनी कक्षा में देखकर हम सबको गौरव और तनाव दोनों महसूस होता था। शिक्षक भी बढ़िया पढ़ाने को लेकर दबाव में रहते थे। हमें यह सुनने में एक सुखद अनुभव होता था कि हम वीआईपी के बच्चों के साथ पढ़ते हैं। मिसाल के तौर पर डीएम के बेटे का दोस्त होने के नाते मुझे कलेक्टर का बँगला देखने का भी अवसर मिला–इतने विशाल सरकारी आवास को देखने का मेरा यह पहला अनुभव था। बँगले को देखकर मैं अवाक् था–उसका आकार, उससे जुड़ी हुई गरिमा और ताक़त, इन सबसे अधिक उसमें रहने वालों की जीवन–शैली जिसकी कल्पना भी मैं अपने जीवन में नहीं कर सकता था।

मेरा एक ख़ास दोस्त हमेशा हमारे लिए सिनेमा के मुफ़्त पास की व्यवस्था करता था क्योंकि उसके पिताजी एक सरकारी अधिकारी थे। हिन्दी सिनेमा के प्रति मेरी दीवानगी अद्भुत थी। हम अक्सर कक्षाओं से भागकर सिनेमा देखने चले जाते थे। पर्दे पर हीरो के चमत्कृत करने वाले कारनामे देखकर हम अवाक् रह जाते थे।

चूँकि एच.एन.एच.एस. एक सरकारी स्कूल था इसलिए उसमें सभी तरह के छात्र पढ़ते थे। सभी सामाजिक वर्ग के बच्चे इनमें शरीक थे–धोबी और साइकिल मिस्त्री के बच्चों से लेकर छोटे–मोटे व्यापरियों और निम्न और उच्च सरकारी कर्मचारियों के बेटे और बेटियाँ तक। इस समानुपातिक सम्मिश्रण से हमें

बहुत लाभ हुआ। मेरे संगी–साथी समाज के सभी तबक़ों से आते थे और उन सबके साथ मेरे आपसी सहज सम्बन्धों ने बाद के सालों में मेरी बहुत मदद की। मैं अपनी कम्पनी में सभी के साथ बड़ी आसानी से घुलमिल जाता था।

उस समय मेरे शहर में एक भी निजी स्कूल नहीं था। इसलिए शहर के सभी मशहूर और प्रभावशाली लोगों के बच्चे सरकारी स्कूलों में ही पढ़ते थे। उन स्कूलों में पढ़ाई का स्तर उतना बुरा भी नहीं था। मेरे ख़याल में निजी ट्यूशन के बढ़ते प्रचलन के कारण ही बिहार में 1990 के दशक में निजी हाई स्कूलों में बहुत तेज़ी से बढ़ोतरी हुई। बेशक उन स्कूलों में शिक्षा का स्तर और गुणवत्ता बढ़िया थी क्योंकि वे अधिक साधन–सम्पन्न थे और उनमें पढ़ाने वाले शिक्षक भी अनुभवी थे। इसीलिए जिनके माँ–बाप ख़र्च उठाने में सक्षम थे वे अपने बच्चों का निजी स्कूलों में दाख़िला कराने लगे। अब सरकारी स्कूलों में वे बच्चे ही आने लगे जो आर्थिक रूप से बहुत समर्थ नहीं थे। ताक़त और पूँजी के गठजोड़ ने पढ़ने और पढ़ाने की प्रवृत्तियों पर गहरा कुठाराघात किया। एक बार अपनी धुरी से स्थानापन्न होने के बाद सरकारी स्कूलों के बुरे दिन शुरू हो गये और आज भी वे अपने दुर्दिनों से उबर नहीं पाये हैं।

सातवीं कक्षा के उत्तरार्द्ध में स्कूल में दोबारा दाख़िले के बाद मैं अपने अधिकतर शिक्षकों को अपनी मेधा से प्रभावित कर पाने में सफल रहा। उनमें अंग्रेज़ी के शिक्षक भी थे। अधिकतर शिक्षक अपने घर में प्राइवेट ट्यूशन पढ़ाते थे और उनके यहाँ पढ़ने जाने वाले छात्र उनके ख़ास कृपापात्र थे। मैं भी गणित, जीव विज्ञान और अंग्रेज़ी के लिए प्राइवेट ट्यूशन लेने लगा था। मैं अपने अंग्रेज़ी शिक्षक का इतना चहेता था कि दो साल बाद ही उन्होंने मुझ पर भरोसा जताते हुए सातवीं कक्षा की फ़ाइनल परीक्षा की कॉपियाँ जाँचने का काम मुझे सौंप दिया था। उनका यह निर्णय नैतिक रूप से कितना सही था,

अगर इस पचड़े में न पडूँ तो मैंने अपने इस नये अधिकार का बहुत मज़ा लिया। मुझे अपने ख़ुद के ज़िम्मेदार और ताक़तवर होने का अहसास हुआ।

एक सच्चा छात्र केवल अपनी कक्षा में शिक्षक और किताबों की उपस्थिति से ही नहीं बल्कि अपनी कक्षा के बाहर खेलते–कूदते और दोस्तों से बोलते–बतियाते भी सीखता है। मैं भी अपवाद नहीं था। सच तो यही था कि कई दूसरे लड़कों की तरह मैंने भी कक्षा के बाहर दोस्तों की संगति और अनुभवों से बहुत कुछ सीखा था जिनमें अच्छी और बुरी दोनों बातें शामिल थीं। हमारी कक्षाओं के कमरे बहुत उबाऊ और ख़राब थे।

एक दूसरी ग़ौरतलब बात और भी थी : हमारे स्कूल में को–एजुकेशन था, इसके वावजूद लड़कों को लड़कियों से बातचीत करने की इजाज़त नहीं थी। ऐसा कोई ख़ासतौर पर उल्लिखित नियम नहीं था बल्कि यह एक सामान्य रूप से प्रचलित सामाजिक मान्यता थी और हमसे यह उम्मीद रखी जाती थी कि हम भी इसका अनुपालन करें। यही कारण था कि हमारे मन में लड़के और लड़कियों की शारीरिक संरचनाओं की विशिष्टताओं और भेदों को लेकर एक सामान्य और स्वाभाविक सामाजिक–शारीरिक जिज्ञासाएँ थीं। उदाहरण के तौर पर, मुझे यह बात कभी नहीं समझ में आयी कि लड़का–लड़की एक साथ बैठकर बात क्यों नहीं कर सकते। दुर्भाग्य की बात थी कि हमें न तो स्कूल में और न ही परिवार में इस बारे में ख़ासतौर पर कुछ समझाया गया था। अपने हॉर्मोन सम्बन्धी निष्कर्ष पर पहुँचने के लिए किशोर उम्र के लड़के–लड़कियों को अकेला छोड़ दिया जाता था। लैंगिकता सम्बन्धी हमारी इन्हीं पारम्परिक मान्यताओं का दुष्प्रभाव हमारी शिक्षा के क्षेत्र में स्पष्ट रूप से अभिव्यक्त होता है। लड़के और लड़कियों की सीटें अलग–अलग क़तारों में थीं। दोस्ती तो दूर की बात थी हमें एक–दूसरे से बात भी नहीं करने दिया जाता था। इस आरम्भिक विभाजन के कारण ही हम

लड़कियों की देह के बारे में एक ऐसी ख़तरनाक कल्पनाशीलता के शिकार हो गये थे जिसे तुष्ट करने का स्वस्थ तरीक़ा समाज के पास उपलब्ध नहीं था।

मैं पढ़ाई में बहुत प्रखर नहीं था। खेलकूद में मेरा मन बहुत रमता था, लेकिन मेरे जीवन का कोई स्पष्ट उद्देश्य नहीं था। मुझे याद है कि मैं अपने क्रीड़ा शिक्षक की क्रिकेट और फुटबॉल किट्स ख़रीदने के लिए बहुत ख़ुशामद करता था और अपनी कक्षा के लड़कों को भी बाज़ार से सामान ख़रीदकर मँगवाने के लिए एकजुट करता था। इन कोशिशों का नतीजा अच्छा निकला—लड़कों में खेलकूद को लेकर एक जागरूकता नज़र आने लगी। हमें सिखलाने वाला भी कोई नहीं था; हम बड़ों को खेलता देखकर और रेलवे मैदान में हमउम्र लड़कों के साथ खेलते हुए इन खेलों की बारीक़ियाँ सीखने लगे। उस मैदान में क्रिकेट और फुटबॉल के टूर्नामेंट्स आयोजित होते रहते थे। हमारे शहर के कुछ नामीगिरामी क्रिकेट खिलाड़ियों में बोस दा, भीम, जावेद, फ़हीम और सुजीत सिंह शामिल थे। हमारे ज़माने में टी.वी. बहुत प्रचलित नहीं हुआ था, इसलिए हम स्थानीय खिलाड़ियों को वास्तव में मैदान में मेहनत से खेलता देखते थे।

हमारे पास खेलने के लिए अपना निजी सामान नहीं था। चूँकि हममें से किसी के भी पास स्नीकर्स और स्पोर्ट्स के जूते नहीं थे इसलिए हम नंगे पैर ही खेला करते थे। बल्कि हम तो यह भी ठीक से नहीं जानते थे कि किसी भी खेल के लिए सही जूतों के इस्तेमाल का बहुत महत्त्व होता है। ऐसा भी नहीं था कि हम आर्थिक रूप से एकदम अक्षम थे, लेकिन हमारे लिए यह कोई मसला ही नहीं था। हम इन बारीक़ बातों को जानते भी नहीं थे।

क्रिकेट खेलने में हमें बहुत मज़ा आता था। हमारे ज़्यादातर मैच अकस्मात होते थे जिनकी कोई पूर्व योजना नहीं होती थी। ऐसा ही एक मैच मुझे आज भी याद है जिसके कारण मैं अपने

दोस्तों के बीच कुछ समय के लिए स्टार भी बन गया था। हमेशा की तरह हमने एक अकस्मात मैच खेला हमारे मैदान सामान्य खेल–मैदान में पास की ही एक उजाड़–सी ज़मीन। पहले बल्लेबाज़ी करते हुए हमारी प्रतिद्वन्द्वी टीम ने एक बड़ा स्कोर बना दिया था। हमारा पहला बल्लेबाज दस रन बनाने से पहले ही आउट हो गया था। ज़ाहिरन हमारी टीम का भरोसा अब मुझ पर था जिसके बोझ में दबे हुए मैंने क्रीज सँभाल ली थी। मेरे हौसला बुलन्द था और मेरा एक ही मक़सद था : अपनी टीम की जीत को सुनिश्चित करना। क्रिकेट के मैदान में यह मेरे जीवन का पहला और आख़िरी गौरवशाली क्षण था। उसके बाद मेरे खेल में लगातार गिरावट आती गयी।

मैं बैडमिंटन भी बहुत बढ़िया खेलता था। मैं ज़िला स्तर पर होने वाले टूर्नामेंट के फ़ाइनल तक भी पहुँचा, लेकिन मेरे प्रतिपक्षी खिलाड़ी की शारीरिक क्षमता मुझसे बेहतर थी और उसने मुझे हरा दिया। अब अधिक–से–अधिक मैं दौड़ में अपनी क़िस्मत आज़मा सकता था, लेकिन मेरी उम्र के कई एथलीट मुझसे बेहतर थे। कुल मिलाकर क्रिकेट हो या फिर बैडमिंटन या एथलेटिक्स–ये सारे खेल हमारे कैशोर्य के दिनों के शगल से ज़्यादा और कुछ नहीं थे। कोई भी–चाहे मेरे माँ–बाबूजी हों या मेरे शिक्षक या ख़ुद मैं भी इन्हें पेशेवर तरीक़े से या करियर के रूप में देखने की मूर्खता नहीं कर सकते थे। उस ज़माने में खेलकूद को एक पेशे की दृष्टि से देखने की आम प्रवृत्ति का अभाव था।

आज भी जब मैं भारत के गाँवों या छोटे शहरों से होकर गुज़रता हुआ बच्चों को क्रिकेट, फुटबॉल या कोई अन्य खेल खेलता हुआ देखता हूँ तो मुझे मेरे पुराने दिन बेसाख़्ता याद आते हैं। मैं यह सोचकर भीतर–ही–भीतर बहुत दुखी हो जाता हूँ कि इन धूल भरे मैदानों में कितने ऐसे प्रतिभाशाली बच्चे खेलते हैं जिनकी क़ाबिलियत को पहचाने जाने से पहले ही

वे नष्ट हो जाती हैं। भारत जैसी घनी आबादी वाले देश की सबसे आधारभूत पूँजी इसका मानव संसाधन है, इसके बावजूद हम अभी तक ऐसा तन्त्र विकसित कर पाने में नाकाम रहे हैं जो हमारे गाँवों और क़स्बों से प्रतिभाशाली युवाओं का चयन कर उनको अच्छा प्रदर्शन करने का सफल अवसर मुहैया करा सके। कोई भी खेल आज भी केवल सुविधा–सम्पन्न वर्ग की विलासिता है।

दसवीं कक्षा में मेरी मुलाक़ात मनीष से हुई जो ज़िला स्तर के मशहूर खिलाड़ियों में गिना जाता था। कटिहार के एक बड़े डॉक्टर का बेटा होने के कारण उसके पास खेल के सभी ज़रूरी सामान थे। वह सब कुछ जिसकी ख़्वाहिश उसकी उम्र के लड़कों को हो सकती है, लेकिन उसकी तरह आर्थिक रूप से सुरक्षित और क़ाबिल लड़के ने भी क्रिकेट को अपना करियर नहीं बनाया। हमारे शहर में खेल को एक आजीविका बनाने के बारे में कोई सोच भी नहीं सकता था। अलबत्ता हमने कुछ ऐसे लड़कों के बारे में ज़रूर सुन रखा था जो बेहतर खिलाड़ी होने के नाते स्पोर्ट्स कोटा के ज़रिये रेलवे में नौकरी पाने में कामयाब रहे थे। बस इससे अधिक खेलकूद का कोई अन्य महत्त्व नहीं था।

मैं चौकी पर टेबल टेनिस भी खेलता था–जो साधारण, लकड़ी के चार पायों की एक आयताकार और अपेक्षाकृत थोड़ी नीचे बनी होती थी तथा मुख्य रूप से सोने के काम आती थी। टेबल टेनिस खेलने की सही टेबल सिर्फ़ ऑफ़िसर्स क्लब में उपलब्ध थी जहाँ ज़ाहिरन हमें घुसने की इजाज़त नहीं थी। इसीलिए हमने अपने मनोरंजन के लिए यह तरीक़ा ईजाद किया था : हमने बिट्टू के घर की चौकी का टेबल टेनिस खेलने के लिए इस्तेमाल किया। वैसे भी हमारा जमावड़ा ज़्यादातर उसी के घर पर जमता था।

जवानी के दिनों की सबसे ख़ूबसूरत बात मुझे यही लगती है कि हमें कोई काम असम्भव नहीं लगता। हमारी सीमाएँ अनन्त

होती हैं और हम अधिक बन्दिशों से बँधे भी नहीं होते हैं। सीखने, मनोरंजन करने और स्थितियों को समझने का हमारा अपना नज़रिया होता है। हमारे शहर में साधनों और सुविधाओं की कमी थी। इसके बावजूद भी हम सभी अपनी मौजमस्ती के तरीक़े खोज ही लेते थे। टेलीविज़न हमारी ज़िन्दगियों में 1984 में इन्दिरा गाँधी की हत्या के आसपास ही दाख़िल हुआ था। उसके बाद तो घर–घर में उसका विस्तार बहुत तीव्रता के साथ हुआ। जो सम्पन्न परिवार थे उनके घरों में रंगीन टेलीविज़न था और छोटी आमदनी वाले लोगों को ब्लैक एंड व्हाइट टेलीविज़न से अपना काम चलाना होता था, लेकिन पर्याप्त जानकारी के अभाव में भी हम अपनी पसन्द की चीज़ें ईजाद कर ही लेते थे। चौकी पर टेबल टेनिस खेलना इस बात की एक मिसाल था–जिसे आज की शब्दावली में हम वैश्विक कहते हैं–तो यह एक ऐसा वैश्विक खेल था जिसे हम स्थानीय शैली में खेला करते थे।

नौवीं में पढ़ाई करते हुए मेरे कुछ नये 'दोस्त' बने जबकि उस वक़्त मुझे सबसे ज़्यादा अपनी पढ़ाई पर ध्यान देने की ज़रूरत थी। कुछ कॉमन दोस्तों के ज़रिये हमारे दोस्तों का समूह भी सामान्यतः बढ़ता जा रहा था। उस उम्र में आमतौर पर हमारे भीतर किसी की संगति से पड़ने वाले प्रभावों को समझने की अन्तर्दृष्टि नहीं होती है, और छोटी–बड़ी बहस भी कब मारपीट में बदल जायेगी इस पर भी हमारा कोई नियन्त्रण नहीं होता है। मेरे भीतर अकेलेपन का यह भय इतना बढ़ गया कि मुझे अपनी सुरक्षा के लिए हर वक़्त एक सीनियर लड़के की ज़रूरत महसूस होती थी। जैसा कि आमतौर पर होता है : मैं भी कुछ समय के लिए लगातार एक स्थानीय गुटबन्दी में फँसता गया। अपनी सुरक्षा की क़ीमत पर मुझे उन्हें कुछ खिलाते–पिलाते रहना पड़ता था। मसलन कोई भी लड़का मुझे एक मिठाई की दुकान की तरफ़ इशारा करता था और मुझे उसे समोसा

खिलाना पड़ता था। यह एक तरह की रंगदारी और वसूली ही थी जिससे मैं ने बड़ी मुश्किल से अपना पीछा छुड़ाया। मेरे अनेक दोस्त बरसोबरस अपने सीनियर के इस दोहन का शिकार होते रहे जो हमारी उम्र के लड़कों के लिए कोई आसान काम नहीं था। इस बुरी संगति के कारण कई लड़के बाद में पढ़ाई में ख़राब साबित हुए जिन्हें मैं तेजस्वी और योग्य समझता। कुछ स्कूल से निकाल दिये गये तो कुछ ने स्वतः पढ़ाई से किनाराकशी कर ली।

लेकिन मेरे मामले में उस रंगदार दोस्त को अगर जाने दें तो मेरे पास कई शानदार दोस्त भी थे जिनके सम्पर्क में मैं आज भी हूँ। दुर्भाग्य की बात है कि उन दिनों हम इतने समझदार नहीं थे कि अपने लिए महत्त्व और ज़रूरत की बातों पर आपस में विचार–विमर्श कर सके। जिस बात ने हमें एक–दूसरे से जोड़े रखा वह साझेदारी की भावना थी। हम जो कुछ भी अनुभव करते अथवा सीखते थे वह सब आपस में बाँटते थे। क्रान्ति से रोज़ मिलना–जुलना नहीं हो पाता था जिसने मुझे नौवीं में मोटरसाइकिल चलाना सिखाया था। मेरे पास ख़ुद की मोटरसाइकिल नहीं थी, लेकिन क्रान्ति ने हम सबको अपनी मोटरसाइकिल चलाने की सुविधा दी थी। कभी–कभार हम उसकी बाइक में तेल ज़रूर भरा दिया करते थे ताकि उसको अपने परिवार से ताना सुनने का मौक़ा नही मिले। हमारी सामूहिक सक्रियताओं का आधार हमारी मैत्रीपूर्ण आर्थिक सहभागिता होती थी। हम दोस्तों की ज़िन्दगी इसी सहभागिता से राज़ीख़ुशी कट रही थी।

एच.एन.एच.एस. में मेरे दोस्तों का पसन्दीदा शगल मटरगश्ती के अलावा खोमचों पर बिकने वाली चाट–पकौड़ी का ज़ायका लेना भी था। उनमें सबसे प्रिय जगह पोद्दारजी भूँजावाला की दुकान थी जहाँ जाना हमारी दिनचर्या में शामिल था। पोद्दार जी भले आदमी थे और हमारे चहेते भी थे। वे अक्सर हमें उधारी

में भी प्याज़–मिर्च और मसालों से बना भूँजा खिलाते थे क्योंकि हमारे पास कई बार पैसे नहीं होते थे। उनको यह भी पता था कि हमें कैसा भूँजा पसन्द था–किसको अधिक मिर्च–मसाले वाला, किसको कम तीखा और मसालेदार और किसको सामान्य। भूँजा इसलिए भी अच्छा नाश्ता था क्योंकि यह लम्बी अवधि की भूख में भी हमारा पेट भरने में मददगार होता था।

हमारी दूसरी पसन्दीदा जगह कुल्फीवाला थी। अलग–अलग स्वाद वाली ठण्डी कुल्फी छात्रों के बीच बहुत लोकप्रिय थी। हम पैसे चुकाने के लिए एक–दूसरे से झगड़ते थे, और इस बात की याद आज भी मेरे चहरे पर हँसी ले आती है। ये तमाम अनुभव–साझेदारी और एक–दूसरे के पैसे चुकाने की ज़िद–उस संस्कृति का हिस्सा थे जिनमें मैं पला–बढ़ा था। अलबत्ता जीवन में बाद में जब मैं दिल्ली गया और उसके बाद हॉलैंड और यूनाइटेड स्टेट्स गया, तब मैंने 'गोइंग डच' की तर्ज पर बिल को बाँटने का हुनर सीखा। इस शब्द की उत्पत्ति इंग्लैंड और हॉलैंड के बीच सीमा–सम्बन्धी विवाद के समय हुई थी। मैं बारी–बारी से बिल चुकाने या फिर ईमानदारी से अपना बिल ख़ुद चुकाने दोनों ही तरीक़ों में बहुत सहज हो गया–लेकिन आज भी मैं बचपन में सीखे सहभागिता और साझेदारी के पाठ और उसके मूल्यों को ख़ारिज नहीं कर सकता।

उच्च विद्यालय के दिनों में मैं बहुत अव्यवस्थित जीवन जीने का आदी हो गया था। किसी भी काम में लम्बे समय तक मेरी तबीयत नहीं लगती थी–न पढ़ाई में और न खेलकूद में ही। बल्कि दोस्तों के साथ भी नहीं। मेरे भीतर किसी ऐसी चीज़ की तलाश की छटपटाहट थी जो कटिहार में नहीं मिल सकती थी। जिस सरकारी स्कूल में मैं जाता था, जिसमें मैं सप्ताह के तक़रीबन चालीस घण्टे गुज़ारता था वह भी मेरी तलाश में मेरा मददगार नहीं था। शायद मैं अपने आपको ही इतना नहीं दे पा रहा था जो मेरे

दिमाग़ को सन्तुष्टि और विस्तार सके। मैं नियमित रूप से अपनी कक्षा में अनुपस्थित रहने लगा, ख़ासतौर पर मध्यावकाश के बाद मैं किसी दोस्त के घर जाकर वहीं वक़्त बिताने या खेलने लगा था। इन बातों की जानकारी मेरे घरवालों को भी तब हुई जब मेरे बड़े भाई ने फ़ीस की रसीद दिखाने के लिए कहा और यह पाया कि ज़्यादातर फ़ीसें पलायन दण्ड (अनुपस्थिति का जुर्माना) के साथ अदा की गयी थीं। मुझे इस बारे में सवाल पूछे गये जिनका जवाब मैंने लड़खड़ाती ज़ुबान में दिया था।

हम सभी दोस्त उन दिनों शाम को शहर के रेस्टोरेंट 'आदर्श' में कुछ खाने–ख़ासकर समोसे खाने के बहाने इकट्ठे होने लगे। यह रेस्टोरेंट अपनी मिठाइयों और नमकीन के लिए पूरे शहर में मशहूर था। हम वहाँ सप्ताह में अमूमन चार या पाँच दिन जाने लगे थे लिहाज़ा रेस्टोरेंट के मालिक और उसके दोनों भाइयों से हमारे सम्बन्ध अच्छे बन गये थे। हमें गाहे–बगाहे उधारी खिलाने की शुरुआत भी उन्होंने ही की थी। इसका फ़ायदा उठाते हुए हमने कुछ शातिराना चालाकियाँ भी करनी शुरू कर दीं। हम अक्सर किसी भाई को झूठ कहने लगे कि हमने पिछला बकाया दूसरे भाई को चुका दिया है। चूँकि वे हमारी उधारी को लिखते नहीं थे इसलिए हमारी बात को सच मान लेने के सिवा उनके पास और कोई विकल्प नहीं था। हमें अपनी इस करतूत पर मज़ा आने लगा–अब हम कमोबेश मुफ़्त के समोसे खा रहे थे।

हम तब ऐसे नादान लड़के थे जो सीमित जेब ख़र्च में अपने दिन बसर करने की जद्दोजहद में थे–हम अपने आप को आदतन गुनहगार नहीं मानते थे और न ही ख़ुद के भीतर एक ग़ैर–ज़िम्मेदारी या आपराधिक मानसिकता को विकसित होने देना चाहते थे। सच तो यह है कि मैंने अभी कुछ साल पहले उनके सबसे बड़े भाई के सामने यह राज़ खोला। फिर खुलकर हम इस बात पर हँसे।

1986 के मानसून का समय था। नौवीं में हम सभी छात्रों से यह पूछा गया कि क्या कोई अपने नाम में कोई तब्दीली करना चाहता है। यह आख़िरी अवसर था। उसके बाद अपने चयनित नामों के साथ ही हमें बोर्ड परीक्षाओं के प्रमाण–पत्र मिलने वाले थे। मुझे अपना नाम कभी पसन्द नहीं रहा। यह इतना चलताऊ नाम था जिससे मेरी अपनी कोई विशिष्ट पहचान बनने की कोई उम्मीद नहीं थी। यह इतना प्रचलित नाम था कि कई बार जब मैं किसी से मिलता था लोग पूछ बैठते थे–"कौन–सा संजय?" ऐसी स्थिति में अपनी पहचान को स्पष्ट करने के लिए मुझे अतिरिक्त शब्दों का सहारा लेना पड़ता था। मुझे तो इसका भी आभास नहीं था कि आने वाले सालों में मेरे नाम और पहचान से जुड़ा यह संकट और गम्भीर होने वाला था।

मैंने अपने नाम को बदलने के बारे में लम्बे वक़्त तक और गम्भीरतापूर्वक सोचा, लेकिन इस बारे में माँ–बाबूजी से कोई मशविरा नहीं किया। मुझे फ़िक्र थी कि मेरी बात से उनको तकलीफ़ हो सकती थी। अलबत्ता मैंने यह बात अपनी बड़ी बहनों को ज़रूर बतलायी–जिनके साथ अपने बड़े भाइयों के मुक़ाबले मैं अधिक सहज अनुभव करता था, लेकिन उन्होंने भी मेरे नाम बदलने की बात को बहुत गम्भीरता से नहीं लिया। अन्ततः इस अन्तर्द्वन्द्व से मुझे ख़ुद अकेले ही जूझना पड़ा। क्या मुझे सचमुच अपना नाम बदल देना चाहिए था? अगर हाँ, तो मेरा नया नाम क्या होता?

मैंने दर्जनों नामों पर विचार किया। उनमें अधिकतर नाम बॉलीवुड से जुड़े थे। मैं अपना नाम कुमार गौरव रखना चाहता था–1981 की मेगाहिट 'लव स्टोरी' से मशहूर हुये नये नौजवान और ख़ूबसूरत सितारे के नाम पर। मैंने मन ही मन में यह नाम तक़रीबन तय कर लिया था, लेकिन मैं माँ–बाबूजी से यह बताने का साहस नहीं जुटा पा रहा था और यह बात आख़िरकार मेरी कल्पना तक ही रह गयी।

मैं अपने आप से बहुत निराश था : "अपने नये नाम व उससे जुड़ी छवियों के बारे में सोचने में मैंने जो ऊर्जा लगायी थी वह सब व्यर्थ गयी थी। मेरी कक्षा के कई लड़कों ने अपना नाम बदल लिया था जिसके कारण मैं और मायूस था। आज भी मुझे यह बात शिद्दत से महसूस होती है; मुझे अपना नाम बदल लेना चाहिए था। मैंने यह अवसर गँवा दिया था। इस बात की अनुभूति तब और घनीभूत हो जाती है जब आज भी मैं किसी को यह कहते सुनता हूँ, "कौन–सा संजय?"

बहरहाल किसी भी परिस्थिति के हमेशा दो पक्ष होते हैं। संजय का अर्थ 'निरन्तर विजय' होता है। मैं उस नाम का धारक था जो महाभारत का एक महत्त्वपूर्ण पात्र था : जिसके पास एक अलौकिक दृष्टि थी जिसके माध्यम से वह वृद्ध और दृष्टिहीन राजा धृतराष्ट्र को कुरुक्षेत्र में होने वाले युद्ध का सूक्ष्मतम वृत्तान्त सुनाने में सक्षम था। मुझे ऐसा लगता है कि ऐसा ही कोई वरदान शायद मुझे भी मिला है ताकि मैं वास्तविकताओं के पार जाकर देख सकूँ और अपने देश की आर्थिक–सामाजिक अव्यवस्था को दूर करने में अपना योगदान दे सकूँ।

जिस साल मेरी अपनी पहचान का संकट अपने उत्कर्ष पर था, उस साल मेरे लिए मेरे कपड़ों की समस्या भी उतनी ही महत्त्वपूर्ण थी। क्या पहनूँ और क्या नहीं पहनूँ! ज़ाहिर–सी बात थी, यह भी बॉलीवुड के असर की वजह से हुआ था। आज उन दिनों को याद करते हुए मुझे यह बात भी याद आती है। मैंने अपने आपको जबरन बड़ों के सामने अपनी किशोरावस्था से जुड़ी तब्दीलियों पर बात करने से रोके रखा था, और उन्होंने भी उस नाज़ुक उम्र में मुझे कोई मशविरा देने की ज़रूरत कभी महसूस नहीं की। यह शायद मेरी पसन्द–नापसन्द का नतीजा था। मैं बॉलीवुड के सितारों से बहुत गहरे रूप में प्रभावित था, लेकिन दो कारणों से मैं चाहकर भी उनकी नक़ल नहीं कर सकता

था–उनकी तरह के कपड़े पहनने की मेरी हैसियत नहीं थी और न मेरे पास उनकी तरह सफल होने की 'नैसर्गिक प्रतिभा' और हिम्मत ही थी। इसके बावजूद हम कभी–कभार फैंसी लेकिन सस्ते कपड़े ख़रीदने के लिए नेपाल के विराटनगर दो–चार दिनों के लिए चले जाते थे।

मेरी बातों का मतलब यह है कि कटिहार में हमारी ज़िन्दगी के कैशोर्य के साल कुल मिलाकर सुखद थे। हालाँकि औपचारिक शिक्षा से मुझे कुछ ख़ास हासिल नहीं हुआ, लेकिन मुझे कुछ ठोस और ज़रूरी सामाजिक और व्यावहारिक तजुर्बे ज़रूर मिले। मैंने कुछ सच्चे दोस्त बनाये और कुछ दोस्तों को खो भी दिया। मैंने ख़ूब जमकर मौजमस्ती और खेलकूद किया। मैंने जीवन से जुड़े कई महत्त्वपूर्ण तौर–तरीक़े सीखे–अलग–अलग लोगों के साथ अलग–अलग तरह से कैसे व्यवहार किया जाता है और मुश्किल हालातों से कैसे निबटा जाता है। मैंने अपनी पहचान के लिए संघर्ष किया और इस क्रम में बहुत कुछ नया सीखा। दूसरों की तरह मेरे बचपन के दिनों का मेरे भावी जीवन पर गहरा असर पड़ा था। तमाम संशयों के बावजूद मेरे भविष्य की आधारशिला रखी जा चुकी थी। अब यह देखना था कि उस बुनियाद पर मैं कैसी इमारत बनाने वाला था।

अध्याय - तीन

असफलता

एक सामान्य रविवार की दोपहर थी और मैं अपने बेटे चैतन्य के साथ बैठा यह तयकर रहा था कि अगली छुट्टियों में हम क्या करेंगे। उसने मुझसे पूछा, "पापा, जब आप छोटे थे तो छुट्टियों में आप सब कहाँ जाते थे?" इस सवाल ने मुझे निरुत्तर कर दिया। कुछ क्षण तक सोचने के बाद मैंने कहा, "हम अपने गाँव जाते थे।" मेरे जवाब से वह थोड़ी दुविधा में पड़ गया। क्या वह छुट्टियों में पहाड़ों या समुद्र के किनारों पर जाने की बात सोच रहा था?

"क्या आप छुट्टियों में कभी बिहार के बाहर गये थे?" मैंने इनकार में सर हिलाया। कुछ समय तक वह चुपचाप रहा।

"फिर, आप बिहार से बाहर पहली बार कब गये?" इस सवाल ने मुझे बहुत पुरानी यादों में धकेल दिया। मुझे उन दिनों की याद आ गयी जब वक़्त ने अवसर की तलाश के लिए मुझे बिहार से बाहर निकलने को विवश कर दिया था। मुझे अपनी दुनिया को ख़ुद खोजना–बनाना था। स्मृतियाँ एक साथ सहज और संश्लिष्ट दोनों होती हैं। कुछ मीठी होती हैं और कुछ तकलीफ़ देने वाली।

मैं अपने शहर और बिहार से पहली बार 1987 में निकला था जब मेरी उम्र सिर्फ़ पन्द्रह साल थी।

बाबूजी ने नॉर्थ–ईस्ट एक्सप्रेस के सेकेंड क्लास में मेरे लिए

एक सीट रिजर्व कर दी थी और जुलाई की एक उमस भरी दोपहर में मैं उस पर सवार हो गया था। इस सफ़र में मैं एकदम अकेला था और मेरी मनःस्थिति अजीब थी। मैं एक साथ चिन्तित और उत्साहित दोनों था। दिल्ली कैसी है, मुझे इस बात की कोई जानकारी नहीं थी। एक संक्षिप्त और निराशाजनक समय तक उस आवासीय विद्यालय में रहने के बाद कटिहार से बाहर निकलने का यह मेरा पहला अनुभव था। इस बार मैं अपने शहर से ही नहीं बल्कि अपने राज्य से भी बाहर जा रहा था! यह बात इस सफ़र का सबसे दुखद पहलू थी।

दिल्ली स्टेशन पर अरविन्द भैया मेरे इन्तज़ार में खड़े थे। दिल्ली लोगों की भीड़ से बेतरह भरी हुई थी। इतने भयावह जनसैलाब को देखकर मैं आतंकित था। लोग आगे बढ़ने के लिए एक–दूसरे के साथ धक्का–मुक्की कर रहे थे। बहरहाल उस भीड़ को पारकर हम बाहर निकलने में सफल रहे और ऑटो रिक्शा में बैठकर दिल्ली यूनिवर्सिटी के हॉस्टल में अपने भाई के कमरे में आ गये। मैं एक अनजान जगह पर था, इसके बावजूद मेरे भाई के दोस्तों ने मेरा इतना अधिक ख़याल रखा कि मुझे नहीं लगा कि मैं किसी नयी जगह में हूँ।

मैं नॉर्थ कैम्पस में था। कुछ दिन तक अपने भाई के साथ हिन्दू कॉलेज के हॉस्टल में रहा। दिल्ली 'अवसरों का शहर' है, मेरे भाई ने यह बात मेरे ज़ेहन में डालने की भरसक कोशिश की। उसने मुझे वहाँ होने के महत्त्व के बारे में बताया और मेरे दिलोदिमाग़ में यह बात भर दी कि मुझे यहाँ अपने समय का बेहतर–से–बेहतर इस्तेमाल करना चाहिए। मैं भी निजी तौर पर इस चुनौती के लिए तैयार था, लेकिन मैं मानसिक तौर पर दिल्ली के परिवेश में उपयुक्त साबित नहीं हो पा रहा था। इस शहर ने मुझे अनेक अवसर मुहैया किये, लेकिन मैं बुनियादी तौर पर खरा नहीं उतर पाने के कारण उनको खोता चला गया। शिक्षा मेरे लिए एक निरन्तर नीचे की तरफ़ फिसलने वाली ढलान बनी रही।

अपने हाई स्कूल के दिनों में मैं कोई तेजस्वी छात्र क़तई नहीं था। मुझे इस लापरवाही की ज़िन्दगी में बड़ी क़ीमत चुकानी थी। मेरे संगी–साथी और साथ के छात्रों की प्राथमिकता में पढ़ाई और उनसे जुड़ी बातें बहुत बाद में आती थीं। मैं पूरी तरह से दिशाविहीन स्थिति में था।

मेरी जैसी आर्थिक स्थिति से सम्बन्ध रखने वाले ज़्यादातर परिवार चिकित्सा के क्षेत्र में अपना भविष्य बनाना चाहते थे। मेरे बाबूजी के पास न तो ऐसा कोई अवसर था, न साधन थे और न ही सपने थे। उनको अपने बच्चों से बस उम्मीदें थीं। उनकी कुल छह सन्तानें थीं–तीन बेटे और तीन बेटियाँ। मैं अपने माता–पिता की पाँचवीं सन्तान था। अरविन्द भैया से भी मेडिकल की पढ़ाई की उम्मीदें की गयी थीं, लेकिन यूनिवर्सिटी में उन्होंने समाजशास्त्र पढ़ने का फ़ैसला किया था। अरुण भैया मेरे सबसे बड़े भाई थे। वे जे.पी. आन्दोलन से इतने प्रेरित हुए कि उनके लिए पारिवारिक सम्बन्धों और अपेक्षाओं से अधिक सामाजिक उत्तरदायित्वों का महत्त्व था। इस तरह उनके प्रति कोई भी अनुमान और उम्मीद के दरवाज़े हमेशा के लिए बन्द हो चुके थे। अनीता दीदी ने भी साफ़तौर पर कह दिया था कि वह भी समाजशास्त्र ही पढ़ेंगी। मेरे माँ–बाबूजी की उम्मीदों को केवल रीता दीदी ही पूरा कर सकती थीं। वे मेधावी थीं और विज्ञान में शुरू से ही तेज़ थीं।

मेडिकल की प्रवेश परीक्षा की तैयारी की कोचिंग के लिए उनको पटना भेजा गया था। हालाँकि उन्होंने बहुत कड़ी मेहनत की, लेकिन अन्ततः वह मेडिकल कॉलेज में दाख़िला पा सकने में नाकाम रहीं। यह उनके लिए एक मुश्किल दौर था, लेकिन मुझे अपने ऊपर ज़्यादा ध्यान देने की ज़रूरत थी! क्योंकि उनसे जो उम्मीदें थीं वह पूरी न हो पाने के कारण अब सभी भाई–बहनों से की गयी उम्मीदों का बोझ मेरे ऊपर आ गया था।

आज हम अपने बच्चों की ऐसी परवरिश करते हैं कि वे सजग, आत्म–निर्भर और अपनी इच्छाओं के बारे में अधिक मुखर

हो सकें। हम उनसे यह उम्मीद करते हैं कि वे अपने भविष्य के बारे में ख़ुद फ़ैसले लें और अपनी मंज़िल पाने के रास्ते में हमें केवल मदद देने वाले और सलाहकार समझें। कुछ साल पहले तक यह स्थिति नहीं थी। बच्चों की मर्ज़ी के विरुद्ध परिवार अपनी सामूहिक अपेक्षाओं का बोझ उन पर थोप दिया करता था, भले ही उस बोझ को उठा पाने की क्षमता उनमें न हो। बच्चे से उसकी पसन्द या विचार पूछने का कोई रिवाज ही नहीं था। यह परिपाटी कुछ हद तक आज भी जारी है। अनेक परिवार हैं जो बच्चों की अपनी इच्छाओं और निजी या पेशेवर ज़िन्दगी के बारे में उनकी पसन्द–नापसन्द को ख़ारिज कर देते हैं। यह बात मुझे बहुत खटकती है। हम बच्चों की स्वाभाविक योग्यता को समझने और उसको निखारने में कितना कम ध्यान देते हैं : निश्चय ही यदि ध्यान तो हम उनके भीतर की क्षमता का अधिकतम उपयोग कर सकें! उदाहरण के तौर पर मेरे कन्धों पर पारिवारिक अपेक्षाओं का बोझ मेरे लिए बहुत घातक साबित हुआ। मैं प्राथमिक और माध्यमिक विद्यालय तक एक तेज़ छात्र था, लेकिन उच्च विद्यालय में दाख़िले के बाद मैं अपनी ही राह से भटक गया। हालाँकि मैं किसी भी कक्षा में फ़ेल नहीं हुआ, लेकिन विज्ञान पर मेरी पकड़ निरन्तर ढीली होती गयी। इसके बावजूद मुझ पर उच्च विद्यालय में इस विषय को पढ़ते रहने के लिए न केवल दवाब डाला गया बल्कि विज्ञान सम्बन्धित क्षेत्र में ही अपना करियर बनाने के लिए भी कहा गया।

औसत अंकों के कारण मैं दिल्ली के किसी भी अच्छे स्कूल में ग्यारहवीं में दाख़िला पाने में नाकाम रहा। आत्मविश्वास को ध्वस्त कर देने वाली लगातार कोशिशों के बाद आख़िरकार मैंने उत्तरी दिल्ली के राणा प्रताप बाग़ में एक सरकारी स्कूल में दाख़िला ले लिया। पास का इलाक़ा सी.सी. कॉलोनी कहलाता था और कुल मिलाकर फिसड्डी छात्रों की पनाहगाह था।

दिल्ली जैसे शहर के मुताबिक़ यह एक पिछड़ा हुआ, निराशाजनक और बे–रौनक स्कूल था जिसमें पढ़ने वाले बच्चों से आमतौर पर कोई उम्मीद नहीं की जा सकती थी, लेकिन मेरे पास उपाय भी क्या था? घर वापस मैं जा नहीं सकता था। इस स्कूल की फ़ीस कम थी और मेरे घरवाले इसे चुकाने में समर्थ थे। मेरे माँ–बाबूजी ने आस–पड़ोस के लोगों को बड़े गर्व से यह बताया कि उनका बेटा दिल्ली में पढ़ाई करने गया है; उनके लिए यह महत्त्वहीन बात थी कि जहाँ मैं पढ़ रहा था वहाँ योग्यता की कोई पूछ नहीं थी। बहरहाल, एक नये शहर, एक नये स्कूल और एक नये पाठ्यक्रम (सी.बी.एस.ई.) जो मेरे पूर्ववर्ती स्कूल से बिल्कुल भिन्न था, का सफ़र बहुत आसान नहीं था। मुझे हरेक दिन एक नयी चुनौती से जूझना पड़ रहा था।

राष्ट्रीय राजधानी क्षेत्र (एनसीआर) में मेरा यह नया स्कूल केवल औसत ही नहीं बल्कि कई संस्थागत ख़ामियों से भी भरा हुआ था। शिक्षा के क्रम में कुछ भी सीखने की प्रक्रिया के केन्द्र में सबसे महत्त्वपूर्ण भूमिका एक शिक्षक की होती है। कहा जाता है शिक्षक जितने अच्छे होंगे, स्कूल भी उतना ही अच्छा होगा–पेशेवर शिक्षकों का समूह आने वाली पीढ़ियों को सँवारने में चामत्कारिक भूमिका निभाती है, लेकिन कड़वी सच्चाई यही है कि इस पेशे और इसके विकास में हर वैकल्पिक सरकार ने उत्तरोत्तर नकारात्मक भूमिकाएँ निभायीं। निजी शैक्षणिक संस्थानों को बहुत हद तक अपने शिक्षकों का शोषण करने की अनुमति दी गयी जिसके कारण समाज में 'शिक्षा' और 'शिक्षकों' दोनों के स्तर में गिरावट आने लगी। सक्षम और महत्त्वाकांक्षी नागरिक शायद ही इसे पेशे के रूप में अपनाते थे–जो यह साहस दिखाते थे उनको भी समाज में बहुत सम्मान की दृष्टि से नहीं देखा जाता था। इसीलिए हैरत की बात नहीं कि देश के अधिकतर सरकारी स्कूलों में अच्छे शिक्षकों की कमी है। छात्रों की प्रतिभा को सींचने की बजाय, अधिकतर शिक्षक छात्रों के प्रति एक तरह की असंवेदनशीलता दिखाने के

साथ–साथ शिक्षाशास्त्र के बुनियादी उसूलों की भी अनदेखी करते हैं। यह एक प्रकार से शिक्षा की अवधारणा को नुक़सान पहुँचाना है। ऐसे शिक्षक महान व्यक्तित्वों का निर्माण नहीं कर सकते जो भविष्य की दुनिया की ज़िम्मेदारी अपने कन्धों पर उठा सकें।

मेरा स्कूल इसकी उपयुक्त मिसाल था। शिक्षक अनुपस्थित रहते थे। वे छात्रों को अनुप्राणित करने में अक्षम थे। उनको अपने पढ़ाये जाने वाले विषयों से कोई आत्मीय लगाव नहीं था, परिणामतः वे उन विषयों में पारंगत नहीं थे। उनकी नज़र में अपने छात्रों को प्रोत्साहित करने और उनकी मदद करने का कोई महत्त्व नहीं था, साथ ही वे हमारे मन में उठने वाले संशय या सवालों पर कोई ध्यान नहीं देते थे। कक्षा में तो उनकी भूमिका नगण्य थी ही, कक्षा के बाहर भी वे हमारे साथ कोई सम्बन्ध नहीं रखते थे। मुझे आज भी ऐसे किसी शिक्षक की याद नहीं है जिन्होंने हमें ज़रूरी दिशा–निर्देश दिये हों। इसका दुष्परिणाम? ग़ैर–ज़िम्मेदार और दिशाविहीन छात्र आत्मघाती प्रवृत्तियों की बलि चढ़ गये। स्कूल का माहौल दम घोंटने की हद तक उबाऊ था और छात्रों ने मन बहलाने के गलत रास्ते ढूँढ़ लिए थे। उन दुर्गुणों में पोर्न फ़िल्में देखना भी शामिल था।

कक्षा के भीतर का माहौल तो सुस्त और उबाऊ था ही, बच्चों के व्यक्तित्व को विकसित करने वाले पाठ्यक्रम से जुड़ी सक्रियताओं का भी कोई अस्तित्व नहीं था। प्रतिदिन स्कूल में वक़्त गुज़ारकर भी दरअसल हम कुछ भी हासिल नहीं कर रहे थे। मैं स्कूल नहीं जाना चाहता था। मैं अपने सहपाठियों से भी नहीं मिलना चाहता था; उनकी घृणापूर्ण हरकतों से मेरा हौसला और टूट रहा था। ऐसा एक भी शिक्षक नहीं था जिससे मैं कुछ सीखने की उम्मीद करता। मुझे यह अनुभव हो रहा था कि मुझे अच्छे स्कूल में जाने की ज़रूरत थी, लेकिन अपने बुरे अंकों के कारण मैं यह दण्ड भुगतने को बाध्य था।

मैं मन–ही–मन घुट रहा था और किसी को इसकी भनक तक नहीं थी।

एक बच्चे का दिमाग़ मिट्टी की तरह होता है जिसे ज़रूरी खाद–पानी के इस्तेमाल से ही उर्वर बनाया जा सकता है। अच्छी तरह से सम्पोषित–सम्वर्द्धित बालमन ही आने वाले कल के लिए प्रगतिशील और कल्पनाशील विचारों को विकसित करने में सक्षम है। दिमाग़ की इस मिट्टी को अगर पर्याप्त पोषण और रौशनी नहीं मिलेगी तो उसका बंजर और सूखा हो जाना तय है। ऐसे दिमाग़ का कोई लक्ष्य भी नहीं हो सकता है।

मैं गहरी निराशा में डूबा हुआ था। एक व्यक्ति और एक छात्र दोनों ही रूप में। मैंने खुद को किसी चुनौती के लायक समझना छोड़ दिया था। मेरे भीतर कोई उत्साह और उम्मीद शेष नहीं रही थी और मैंने अपने जीवन में कुछ भी सकारात्मक होने की आशा छोड़ दी थी। मैं अपनी पारिवारिक अपेक्षाओं और अपने स्कूली परिवेश के बीच किंकर्तव्यविमूढ खड़ा था। नये शहर और उसकी जीवन–शैली के दबाव ने मेरे उत्साह को नष्ट करने में कोई कसर नहीं छोड़ी।

दिल्ली रहने के लिए एक महँगा शहर था। अपनी औसत पृष्ठभूमि के कारण केवल अत्यन्त ज़रूरी चीज़ों के सहारे ज़िन्दगी गुज़ारने के सिवा मेरे पास कोई रास्ता नहीं था। मेरे ख़र्चे हिस्सों में बँटे थे–एक साझा कमरे का किराया, मामूली भोजन और ज़रूरत के अनुसार कहीं आने–जाने के लिए किराया। उस वक़्त तक मैं कमला नगर के क़रीब जवाहर नगर में रहता था। वह इलाक़ा नॉर्थ कैम्पस के पास ही था। पावरोटी और जैम दो सालों तक मेरा मुख्य नाश्ता था और दिन में मैं शक्ति नगर के एक नुक्कड़ पर छोले–चावल खाता था। रात का खाना खाने मैं मलकागंज के ढाबे पर जाता था और अमूमन किसी सब्ज़ी के साथ चार तन्दूरी रोटियाँ खाता था। किसी तरह से बस ज़िन्दगी कट रही थी। नया कुछ भी नहीं था। कुछ भी बदला नहीं था। मुझे कभी यह महसूस नहीं हुआ कि ज़िन्दगी आगे जा रही है बल्कि कई अर्थों में वह पीछे की तरफ़ ज़रूर जा रही थी।

किशोरावस्था हमारे जीवन का एक महत्त्वपूर्ण पड़ाव होती है।

इस उम्र में ही हमारा सामाजिक, शारीरिक और भावनात्मक व्यक्तित्व निर्मित होता है और हम अपने भविष्य के रास्तों को चुनते हैं। और, यहाँ तो मैं अपना वक़्त और सपने लगातार तेज़ी से गँवाता जा रहा था। मेरे हाथों से नये अवसर भी निकलते जा रहे थे। कटिहार में गुज़रे मेरे अन्तिम सालों में जो सुस्ती आयी थी उसमें अभी तक कोई रफ़्तार नहीं दिखी, जबकि महानगरों की ज़िन्दगी बहुत पुर–रफ़्तार होती है।

मेरे माता–पिता और मेरे बड़े भाई अरविन्द भैया जो मेरी ज़िन्दगी का सपोर्ट सिस्टम थे, इनको मेरी इन मुश्किलों का आभास तक नहीं था। हमारे बीच स्थान और उम्र का फ़ासला तो था ही, हमारे संस्कार भावनात्मक साझेदारी और ज़रूरी राय–मशविरे से भी हमें रोकते थे। हम एक–दूसरे के बहुत निकट थे और हमारे रिश्ते आपस में प्रगाढ़ भी थे, इसके बावजूद मुझे याद नहीं कि हमने कभी किसी ज़रूरी मसले पर आपस में बातचीत की हो। बल्कि कुछ हद तक इसे वर्जित माना जाता था। परिवार में आपसी संवाद आज भी एक दुर्लभ प्रवृत्ति है और यह एक तरह की मर्यादाहीनता भी मानी जाती है।

परीक्षा में मेरे परिणाम निराशाजनक थे। इसके बावजूद मैं आत्म सजग नहीं हो पाया। बारहवीं की बोर्ड परीक्षा के लिए मेरी तैयारी अच्छी नहीं थी इसलिए हैरत की बात नहीं थी कि मैं फेल हो गया। फेल का मतलब, सचमुच फेल।

मेरी दुनिया बिल्कुल उलट–पलट गयी थी। मुझे यक़ीन नहीं हो पा रहा था कि मैं फेल हो गया हूँ। मेरा मन यह स्वीकार नहीं कर पा रहा था। मैं सिर्फ़ अपने लिए नहीं बल्कि अपने पूरे परिवार के लिए शर्मिन्दा महसूस कर रहा था। मैं अपने माता–पिता और भाई का सामना करने से घबरा रहा था। यह भय मानसिक और शारीरिक दोनों था और मैं अगले कई दिनों तक इसकी गिरफ़्त में रहा। अब मैं क्या करूँगा? इसके बाद मेरी ज़िन्दगी किस रास्ते जायेगी? मैं बुरी तरह से बिखर गया था। अब मैं केवल अपने टूटे–बिखरे आत्म–विश्वास का अवशेष रह गया था।

अध्याय - चार

परिवर्तन का मोड़

रिजल्ट निकलने के बाद मैं अपने घरवालों से मिलने के लिए गया। मेरे माथे पर पराजित होने का कलंक लगा हुआ था। मैं नहीं जानता था कि मैं उनको क्या मुँह दिखाऊँगा। उनके सवालों का मेरे पास क्या जवाब होगा? छोटे शहरों में कोई भी बात कानोंकान बड़ी तेज़ी से फैलती है। मेरी नाकामी की कहानी भी लोगों तक पहुँच चुकी थी, और मैं उनकी चुप्पी के बावजूद उनकी आँखों में यह बात पढ़ सकता था।

नाकामी, ख़ासतौर पर निजी नाकामी के कारण मेरे सभी दोस्तों और रिश्तेदारों को मुझसे सवाल पूछने का जैसे स्वाभाविक अधिकार मिल गया था, "आपने इसे कोलकाता क्यों नहीं भेज देते? मैं अपने एक जान–पहचान वाले से कहकर इसे सिक्योरिटी गार्ड की नौकरी दिलवा दूँगा।" हमारे एक शुभचिन्तक ने सलाह दी थी। उनके लिए पैसा ज़रूरी चीज़ थी और आने वाले दिनों में सुरक्षाकर्मियों की माँग बहुत तेज़ी से बढ़ने वाली थी। "आप संजय को रेलवे में क्लर्क की नौकरी के लिए अप्लाई करने को क्यों नहीं कहते हैं? मुझसे जो बन पड़ेगा, मैं वह मदद करूँगा।" एक दूसरे शुभैषी ने चहकते हुए कहा था। उन दोनों, बल्कि और दूसरे लोगों ने मेरे भले के लिए ही कहा था। बिल्कुल नेकनीयत से, लेकिन मेरी भलाई की उनकी यह चिन्ता मेरी सम्भावनाओं

को सीमित कर रही थी और इस बात ने मुझे अपनी क्षमताओं को गम्भीरता से लेने के लिए मजबूर कर दिया था।

मेरे लिए चुपचाप उनकी बात सुन लेना मुमकिन नहीं था। मैंने तय किया कि इस बारे में बाबूजी से बात करूँगा। मैंने हालाँकि उनको निराश किया था और मुझे नहीं पता था कि उनका क्या जवाब होगा। मैं उन तक पहुँचने और उनके सवालों का सामना करने के लिए व्यग्र था– उनकी आँखों के भावों को देखकर मेरी रुलाई फूटने को थी। उनके चेहरे पर कोई क्रोध नहीं था। उनके लिए यह सब झेलना बेशक बहुत कष्टप्रद था, लेकिन उन्होंने अपने चेहरे पर क्रोध के भाव नहीं आने दिये थे। यह देखकर मुझे थोड़ी राहत महसूस हुई थी।

मैंने तय किया कि मैं कटिहार में ही रहकर बाबूजी की मदद करूँगा। मैं आगे पढ़ना नहीं चाहता था और अब अपने शहर में ही रहना चाहता था। यह कोई त्याग करने जैसी पहल नहीं थी बल्कि मुझे अपने लिए यही उचित लग रहा था। मेरी छवि एक भगोड़े की बन गयी थी–मुझे अपनी नाकामियों का सामना करना था और स्थितियों को दोबारा पटरी पर वापस लाना था। मैंने तय किया कि भागने की बजाय आँखें बन्द करके और सर को झुकाये हुए अपनी हार की स्मृतियों को आत्मसात कर मुझे खुद को फिर से साबित करना है। कटिहार में रहकर छोटे–मोटे काम करते हुए मैं अपने आप को विज्ञान पढ़ने से भी बचा सकता था। सच तो यही था कि मैं एक कायर था और इसी नाम से पुकारे जाने के लायक भी था। उन दिनों अरविन्द भैया ने मेरे जीवन में एक मसीहा की भूमिका निभायी और मुझे इस मनःस्थिति से बाहर निकालने का काम किया।

जब उन्होंने मुझसे यह पूछा कि आगे मेरा क्या इरादा है तब जवाब में मैंने कहा कि मैं घर पर रहकर ही बाबूजी का हाथ बँटाना चाहता हूँ। "संजय, एक बात याद रखो कि तुम अगर सचमुच बाबूजी की मदद करना चाहते हो तो तुम्हें अपनी

पढ़ाई पूरी करनी होगी।'' उन्होंने मुझे आगाह किया। संक्षेप में यह उनका अन्तिम निर्णय था और आगे बातचीत की अब कोई गुंजाइश नहीं बची थी। मेरे भाई को अच्छी तरह पता था कि मैं भीतर से बहुत डरा हुआ था, इसीलिए उन्होंने मेरी हिम्मत बँधायी। उन्होंने मुझे हँसकर झकझोरते हुए समझाया कि ज़िन्दगी में कोई भी रास्ता आसान नहीं होता है।

मुझे अब सब कुछ नये सिरे से शुरू करना था। सबसे पहले मुझे हायर सेकेंडरी की परीक्षा फिर से देनी थी ताकि मैं आगे अपनी पढ़ाई जारी रख सकूँ। अब मैं कोई भी जोखिम उठाने के बारे में सोच भी नहीं सकता था। जैसा कि अधिकतर मामलों में होता है, मेरे मामले में भी मेरी सबसे बड़ी नाकामी मेरे शिक्षक थे।

मैंने कड़ी मेहनत करके तैयारी की। मेरा आत्मविश्वास पूरी तरह से खण्डित हो चुका था और दिल्ली को लेकर मेरे मन में कोई आकर्षण नहीं बचा था। मेरे लिए कटिहार वापस लौटकर अपनी पढ़ाई में डूब जाना एक बुद्धिमानी भरा निर्णय था। मेरे इस निर्णय से मेरे घरवाले भी ख़ुश थे। जीवन के इस नाजुक मोड़ पर वे मुझे अकेला छोड़ना नहीं चाहते थे। सी.बी.एस.ई. पाठ्यक्रम से मैं फिर बिहार इंटरमीडिएट एजुकेशन काउंसिल में लौट गया था और मैंने पढ़ाई में ख़ुद को झोंक दिया था।

मुझे मेरी लगन का पुरस्कार मिला। 1991 में मैंने पूरे सम्मान के साथ परीक्षाएँ पास कीं। मुझे 60 प्रतिशत से अधिक अंक मिले थे और मैं प्रथम श्रेणी लाने में सफल रहा था। मेरे लिए विशेष ख़ुशी की बात यह थी कि विज्ञान के विषयों में भी मुझे अच्छे अंक मिले थे! ये और बात थी कि उसके बाद मैंने कभी विज्ञान और गणित नहीं पढ़ा, लेकिन इसके लिए भी मैं संस्थागत कारणों को सामूहिक रूप से ज़िम्मेदार मानता हूँ। मैं अनिवार्यतः यह मानता हूँ कि भविष्य निर्माण की दृष्टि से स्कूल, समाज और परिवार को युवाओं के साथ खुला परामर्श करना चाहिए क्योंकि

सफलता का श्रेय लेने के लिए कई लोग तत्पर रहते हैं जबकि असफलता का ठीकरा अकेले बच्चे के माथे फोड़ दिया जाता है। अपने बुरे प्रदर्शन के लिए मुझे भी अकेले ज़िम्मेदार ठहराया गया था। सफलता हासिल करने के लिए संघर्ष करने वाले चार वर्षों में दो वर्ष मैंने व्यर्थ गँवा दिये थे। अपने जीवन की असफलताओं के लिए मुझे अकेले ज़िम्मेदार ठहराया गया और अब मुझे अपने जीवन के इस धब्बे को साफ़ करना था। हालाँकि अन्ततः मैं इस काम में सफल सिद्ध हुआ और अपने जीवन में आगे भी बढ़ता गया, लेकिन मैं उन लोगों के बारे में निरन्तर सोचता रहा जो ऐसा नहीं कर पाये। असफलताओं को जीवन के दुर्बलतम पक्ष के रूप में देखना बन्द करना चाहिए।

दिल्ली ने मुझे जो सबसे बड़ी बात सिखलायी वह यह थी कि कटिहार के बाहर भी जीवन था। बेशक वह जीवन हमसे बेहद कठोर परिश्रम की अपेक्षा करता था, लेकिन यह परिश्रम ही हमें एक निजी सुरक्षाकर्मी या एक रेलवे क्लर्क बनने की नियति से बचा सकता था। मेरे मन में इन पेशों के प्रति कोई असम्मानजनक भावना नहीं है कि ये कोई महत्त्वहीन अथवा मर्यादाहीन काम हैं, लेकिन ये सामान्य काम थे। मेरे भीतर जिस कौतुक का अंकुरण हो रहा था वह मुझे कुछ अलग हटकर करने को प्रेरित कर रहा था।

प्रायः प्रतिकूलताएँ हमें बड़े लक्ष्यों के लिए तैयार करती हैं। मैं दिल्ली के किसी भी रेस्टोरेंट में दाख़िल नहीं हुआ था। बाबूजी की भेजी हुई सीमित आर्थिक मदद मुझे ऐसी फ़िज़ूलख़र्ची की इजाज़त नहीं देती थी। एक बार मेरे चचेरे भाई रमेश भैया और फ्लैट में मेरे ही साथ रहने वाले गोकुल दा, बिट्टू और विघ्नेश मुझे इन्द्रा विहार में नये खुले मिगलानी रेस्टोरेंट में जबरन ले गये। इच्छा नहीं होने के बाद भी मुझे जाना पड़ा। पानी का गिलास भरने के बाद वेटर ने हमे मेनू कार्ड दिया। मेनू को एक नज़र

देखने के बाद ही हम समझ गये थे कि यहाँ एक वक़्त खाने का मतलब था कि हमें पूरा महीना भूखा रहना पड़ता। हमने तुरन्त रेस्टोरेंट से बाहर निकलना ही बेहतर समझा। जैसे ही हम बाहर निकले वैसे ही मुझे महसूस हुआ कि मेरे मन पर किसी ने एक बोझ रख दिया हो। यह एक शर्मिन्दा करने वाला एहसास था। मैं आज भी यह ठीक से नहीं समझ सका कि इसमें शर्मिन्दगी जैसी कौन–सी बात थी, लेकिन मैंने ख़ुद से यह वादा किया कि मैं दोबारा ऐसी स्थिति अपने जीवन में नहीं आने दूँगा। मुझे पैसे कमाने की सख़्त ज़रूरत थी, मुझे जीवन में कुछ बेहतर करना था और इसके लिए मुझे कड़ी मेहनत करने की ज़रूरत थी।

हायर सेकेंडरी की परीक्षाओं में 60 प्रतिशत प्राप्तांक लाने के बाद मुझे सत्यवती इवनिंग कॉलेज में दाख़िला मिल गया। ऐसा भी नहीं था ज़िन्दगी रातोरात परी कथाओं की तरह ख़ूबसूरत बन गयी थी, लेकिन अब यह में धीरे–धीरे ही सही, सही दिशा लेकिन आगे बढ़ने लगी थी। सत्यवती दिल्ली के शीर्ष कॉलेजों में शामिल नहीं था, लेकिन निरन्तर निराशाओं और असफलताओं के बाद दिल्ली यूनिवर्सिटी में दाख़िला मिल जाना मेरे लिए किसी सान्त्वना से कम नहीं था।

मैंने राजनीतिशास्त्र को अपने विषय के रूप में चुना। भौतिक विज्ञान से सम्बन्धित कोई भी विषय मेरे दिमाग़ में दूर–दूर तक नहीं था। मेरा भाई और उसके मित्र इतिहास, राजनीतिशास्त्र और समाज विज्ञान की पढ़ाई कर रहे थे। लोक सेवा की परीक्षाओं में सफलता पाने का सपना लिए बिहार से आये अधिकांश छात्रों में ये विषय बहुत लोकप्रिय थे, लेकिन मेरे लिए महत्त्वपूर्ण घटनाओं और तारीख़ों को याद रखना बहुत आसान काम नहीं था। समाज विज्ञान और मानव विज्ञान की पढ़ाई केवल गिने–चुने कॉलेजों में ही होती थी। इस दृष्टि से मेरा विषय–चयन सही था। नियति मेरे लिए आगे के रास्ते बन्द कर सकती थी, लेकिन यहाँ मुझे

उसने भविष्य–निर्माण का नया अवसर दिया था और मुझे इस अवसर का अधिक–से–अधिक लाभ उठाना था। इस बार मेरे सामने अपने आप को साबित करने की चुनौती थी।

मैं एक नये उत्साह के साथ पढ़ाई में जुट गया था जो मेरे जीवन में पहले कभी नहीं जगी थी। अब ज्ञान ही मेरे जीवन का लक्ष्य और साधन दोनों था। मेरे बड़े भाई ने हिन्दू कॉलेज के प्रोफ़ेसरों से अनुनय–विनय करके मुझे हिन्दू कॉलेज के क्लासेज़ अटेंड करने देने के लिए राज़ी कर लिया। मैं पूरे साल हिन्दू कॉलेज जाता रहा और उसकी पढ़ाई का लगातार फ़ायदा उठाता रहा। वहाँ के शिक्षक व्यवहार में अच्छे तो थे ही अपने–अपने विषयों के माने हुए जानकार भी थे। मैंने पहली बार यह महसूस किया कि एक ईमानदार और जानकार शिक्षक का उसके छात्रों के जीवन पर कितना गहरा असर पड़ता है। मैं अपने शिक्षक के व्याख्यानों को बड़े ध्यान से सुनता–समझता था; मुझे महसूस हुआ कि यूनिवर्सिटी का एक छात्र होने का अनुभव मुझे कितना पसन्द था। शायद इसकी वजह राजनीतिशास्त्र में मेरी गहरी रुचि थी। मैं ख़ुद ही अनुशंसित किताबों को पढ़ने लगा था। नयी अवधारणाओं को समझने और उन पर दूसरों के साथ गहन और गम्भीर विमर्श करने की आदत का सूत्रपात भी यहीं से हुआ। उन सिद्धान्तों को वास्तविक दुनिया में आज़माते हुए देखना भी बहुत दिलचस्प अनुभव था। मैं न्यायपालिका और प्रशासन की बारीक़ियों को ध्यान से समझने की कोशिशें करता था और इस परिप्रेक्ष्य में अपनी सरकार और दुनिया की दूसरी सरकारों का तुलनात्मक विश्लेषण करता था। सिद्धान्त और व्यवहार दो भिन्न स्थितियों में राजनीति को समझना सचमुच एक दिलचस्प अनुभव था। हम इस क्रम में उन त्रुटियों पर भी बहस करते थे जो व्यावहारिक राजनीति को सिद्धान्तों से अलग करती थीं। यह हमारे शैक्षणिक आनन्द का एक बड़ा कारण था और आख़िरकार मेरा मन पढ़ाई–लिखाई में बहुत रमने लगा।

मेरी असफलता ने मुझे अपने प्रति अधिक गम्भीर बना दिया था। मैं अपने समय का सदुपयोग करने लगा था। अब मैं ऐसे किसी भी काम अथवा मेलजोल में कोई रुचि नहीं लेता था जिससे मेरा समय नष्ट हो सकता था। मैं प्रतिबद्ध था कि अब ऐसे किसी भी जाल में नहीं फँसूँगा जो मुझे मेरे लक्ष्य से भटका सकता था।

मैं एक साथ दो कॉलेजों–सत्यवती और हिन्दू में पढ़ रहा था लेकिन समय को लेकर मुझे किसी तरह की कोई परेशानी नहीं थी क्योंकि सत्यवती कॉलेज में मुझे क्लासेज़ अटेंड करने के लिए शाम के वक़्त जाना होता था। दोनों ही कॉलेजों में मेरे सहपाठी मेरी बहुत मदद करते थे। सच तो यह था कि हिन्दू कॉलेज में मैं इतना अधिक घुल–मिल गया था कि तक़रीबन हर परिचर्चा में भाग लेने के साथ–साथ क्लास की अन्य गतिविधियों की योजनाएँ बनाने में भी शामिल रहता था। चूँकि पढ़ाई पर अधिकतम ध्यान देना मेरी सबसे बड़ी प्राथमिकता थी इसलिए मैं यथासम्भव अपने आप को अन्य क्रियाकलापों से बचाये रखने का प्रयास करता था। मुझे इस बात का भी गर्व है अनेक किताबें और शोध प्रबन्ध लिखने वाले कई श्रेष्ठतम शिक्षकों में कुछ मेरे गुरु हैं। सर्वप्रसिद्ध और सर्वसम्मानित के. के. मिश्र और सत्या राय जैसे अनेक विलक्षण शिक्षकों ने मुझे पढ़ाया है। मेरे लिए यह कल्पनातीत गौरव का कारण है और यह मुझे निरन्तर प्रेरणा भी देता है।

नॉर्थ कैम्पस दिल्ली महानगर की एक अनोखी जगह है। जिसने वहाँ वक़्त बिताया है, वही यहाँ की अलहदा संस्कृति और देश के सुदूर इलाक़ों से यहाँ पढ़ने आये छात्रों पर इसके प्रभाव के बारे में जान सकता है। पूरा परिवेश शिक्षा, बौद्धिकता और सादगी से परिपूर्ण है। दूसरी तरफ़ विचारों और संस्कृति की बहुलता भी जो माहौल को वैविध्यपूर्ण बनाती है। ऐसे परिवेश में समय बिताना कितना रोमांचक रहा होगा!

ऐसा नहीं कि यह सब मैं दिल्ली यूनिवर्सिटी की श्रेष्ठता सिद्ध करने के लिए कह रहा हूँ। कॉलेजों का वातावरण अपेक्षाकृत स्वतन्त्र था जो किशोरावस्था से अभी–अभी निकले छात्रों के जीवन के ख़ूबसूरत दौर के अनुकूल था। उनका झुकाव नयी–नयी चीज़ों की तरफ़ था जिसमें अच्छी और बुरी दोनों चीज़ें शामिल थीं। उनमें से कई छात्र ऐसे भी थे जो उस आज़ादी का इस्तेमाल अपेक्षित ज़िम्मेदारियों के लिए नहीं करते थे। ऐसे छात्रों की भी कमी नहीं थी जो यह भी नहीं समझते थे कि वे अपने जीवन के सबसे निर्णायक समय से गुज़र रहे हैं और उनका वर्तमान ही उनका भविष्य तय करेगा। कॉलेज के जीवन को आमतौर पर मौजमस्ती के दिनों की तरह देखा जाता है–हम इसे तड़क–भड़क की संस्कृति का पर्याय भी मानते हैं। लेकिन मेरे पास समय नहीं था बर्बाद करने के लिए।

सालभर तक कड़ी मेहनत एवं पढ़ाई के बाद परीक्षाओं का वक़्त आ गया था। मुझे मेरे विषय से लगाव था और मैंने ईमानदारी से अपने नोट्स बनाये थे और गहन अध्ययन किया था। कॉलेज में मेरे सीनियर्स बड़े उदार थे और उन्होंने भी मेरी बहुत मदद की। वे परीक्षाओं के समय मुझे महत्त्वपूर्ण सलाह दिया करते थे। मुझे अपनी मेहनत पर विश्वास था, लेकिन साथ ही मेरे भीतर एक घबराहट भी थी। मैंने उन परीक्षाओं में अपना श्रेष्ठ प्रदर्शन करने की कोशिश की, लेकिन अपने अतीत के भूत को नष्ट कर पाना मेरे लिए आसान काम नहीं था। बहरहाल, अपनी पूरी हिम्मत जुटाते हुए, अपनी योग्यता का सर्वश्रेष्ठ प्रदर्शन करते हुए और पूरी लगन से एक चैप्टर को बारीक़ी से याद करते हुए मैंने अपने पेपर्स दिये और बाक़ी सब ऊपरवाले पर छोड़ दिया।

अन्ततः रिजल्ट का दिन आ गया। उस दिन मेरा दिल ज़ोर–ज़ोर से धड़क रहा था और हथेलियों से पसीना बह रहा था। क्या मेरे अतीत की पुनरावृत्ति होने वाली थी? मेरे ज़ेहन में यही चिन्ता

उमड़–घुमड़ रही थी। किसी तरह से हिम्मत जुटाकर मैंने आँखें खोलीं।

मैं अपनी क्लास में फ़र्स्ट आया था!

मेरी समझ में तो यह भी नहीं आ रहा था कि प्रतिक्रिया में मुझे क्या करना चाहिए। यह सर्वथा एक नयी अनुभूति थी, मेरे लिए एक अलग अनुभव, एक आश्चर्यजनक घटना। मैं बेतहाशा ख़ुश था, सिर्फ़ यह कहना नाकाफ़ी था, लेकिन अब मैं अपनी नज़रों में ही एक स्टार था। मेरे मन में अपनी लिए इज़्ज़त बढ़ गयी थी।

मुझे 58.5 प्रतिशत अंक मिले थे जो प्रथम श्रेणी पाने के लिए थोड़े ही कम थे, लेकिन उच्च श्रेणी की बढ़ती प्रतिस्पर्द्धा के दिनों से पहले वह उच्चतम अंक थे जो मेरी कक्षा में किसी ने अर्जित किये थे। हर कोई मुझे बधाइयाँ दे रहा था। मुझे दर्जनों शुभकामनाएँ मिलीं। मैं सातवें आसमान पर था, लेकिन अपने परिवार और खासकर अपने बड़े भाई के बारे में सोचकर मैंने अपने को नियन्त्रित किया। यह उनके लिए भी गौरव की बात थी, लेकिन अब मुझे अपनी रास्ते से नहीं भटकना था। मैं एक छुपा रुस्तम निकला था जिसने अपने योग्यता को साबित कर दिखाया था, और अब मैं पीछे मुड़कर देखने के लिए क़तई तैयार नहीं था।

एक साल पूरा होते–होते मेरी ज़िन्दगी पूरी बदल गयी थी। इस सफलता ने मुझे और ऊँचा सोचने के लिए उत्प्रेरित किया। बल्कि अब मैं जीवन के उच्चतम शिखर को प्राप्त करना चाहता था।

परम्परा के अनुसार मुझे कॉलेज के वार्षिकोत्सव में केन्द्रीय मानव संसाधन मन्त्री मुरली मनोहर जोशी के हाथों एक पदक और प्रमाण–पत्र पुरस्कार के रूप में दिया गया। यह पहला अवसर था जब मुझे सार्वजनिक पहचान मिली थी। राजनीति शास्त्र में उच्चतम अंक प्राप्त करने वाले छात्र के रूप में जब मेरे नाम की घोषणा की गयी तो वह क्षण मेरी स्मृति में सदा लिए

में दर्ज हो गया। मेरे लिए वह पल आज भी अविश्वसनीय है, लेकिन उसने मुझे जीवन के भावी और कठिन सफ़र में हमेशा हौसला दिया।

यूनिवर्सिटी के प्रावधानों के अनुसार अच्छा रिजल्ट प्राप्त करने के कारण मैं किसी अन्य बेहतर कॉलेज में स्थानान्तरित होने की पात्रता पा चुका था। मैंने अपनी इस शैक्षणिक उपलब्धि का इस्तेमाल हिन्दू कॉलेज के विधिवत छात्र के रूप में करने के अवसर के रूप में देखा। इसलिए मैंने वहाँ स्वयं को स्थानान्तरित किये जाने का आवेदन भी कर दिया। हालाँकि, दुर्भाग्यवश पहले से ही छात्रों की अधिक संख्या होने के कारण हिन्दू कॉलेज ने किसी नये छात्र को प्रवेश देने से मना कर दिया। जब सत्यवती कॉलेज के प्रिंसिपल ने मेरे हिन्दू कॉलेज में स्थानान्तरण के आवेदन और उस आवेदन को अस्वीकृत किये जाने की बात सुनी तो मुझे अपने दफ़्तर में बुलाया और कहा, "यहीं रहो। कॉलेज नहीं बदलो स्वर्ग की गुलामी से बेहतर नरक की बादशाहत होती है।" सुनने में अजीब लगने के बावजूद उनकी बातों ने मेरा ढाढस बँधाया। ज़िन्दगी अपनी गति में चलती रही और हम आगे पढ़ने के लिए द्वितीय वर्ष में प्रवेश कर चुके थे।

प्रथम वर्ष में मेरे प्रदर्शन के कारण हिन्दू कॉलेज के मेरे बैच में पढ़ने वाले विद्यार्थियों के बीच भी मेरी अच्छी साख बन चुकी थी। हिन्दू कॉलेज के पिचयासी छात्रों में से तक़रीबन दस ने ही मुझसे अच्छे अंक पाये थे। अब मैं भी उन छात्रों के साथ बुलन्दी पर खड़ा था जो पहले वर्ष में मेरे आगे चल रहे थे।

हमारे पास अब समान अवसर, शिक्षकों का समान स्नेह और निकटता और एक जैसी अध्ययन सामग्री थी। एकमात्र जो अलग चीज़ थी वह निजी श्रम और आत्म–प्रेरणा थी। कइयों के लिए केवल हिन्दू कॉलेज में दाख़िला पा लेना ही उनका एकमात्र लक्ष्य था।

लिहाज़ा उनके लिए अब आगे मेहनत करने और पढ़ाई पर ध्यान देने का कोई अर्थ नहीं था, लेकिन मेरे लिए सफलता का अर्थ भिन्न था यदि कॉलेज की लोकप्रियता को छोड़ दिया जाये तो वह पूर्णतः अच्छी शिक्षा का एक माध्यम, उच्च प्राप्तांक का ज़रिया और ज्ञान का केन्द्र था। कई छात्र सुविधाओं और आज़ादी की चकाचौंध के शिकार थे; मुझे इन दोनों की क़ीमत मालूम थी। मैं अच्छे से अच्छा करने की राह पर चलने के लिए प्रतिबद्ध था–शिक्षा और जीवन दोनों में ही।

बहरहाल मेरी इस छोटी–सी शैक्षणिक जीत ने मेरी लोकप्रियता को विस्तार दिया था। सत्यवती और हिन्दू ही नहीं–दूसरे कॉलेजों के छात्र भी मुझे पहचानने लगे थे। मेरे बनाये नोट्स को बहुत महत्त्व दिया जाने लगा और कई छात्र मुझसे परामर्श लेने लगे। मेरी सलाहों को गम्भीरता से लिया जाने लगा और परस्पर विचार–विमर्श से मेरे भीतर एक नया आत्मविश्वास विकसित हुआ।

हिन्दू कॉलेज में कई ऐसे भी छात्र थे जो सत्यवती कॉलेज का छात्र होने के कारण मुझे हेय दृष्टि से देखते थे और मेरा उपहास उड़ाते थे। उनमें से अधिकांश मेरे गृह राज्य बिहार के ही लड़के थे। उनमें से अनेक को यह बात हज़म नहीं हो पा रही थी कि मुझे उनसे अधिक अंक मिले थे। वे यह भी कहते रहते थे कि पिछले रिजल्ट्स से आगे भी जीत हासिल करने की गारंटी नहीं थी। अब चूँकि मैं प्रतियोगिता का हिस्सा बन चुका था लिहाज़ा मैंने मौक़े का बेहतर इस्तेमाल करने की ठानी। मेरे पास पर्याप्त अवसर था कि मैं उनके मन में नव अंकुरित शालीनता और ईर्ष्या दोनों का सम्मान या दोनों की उपेक्षा कर सकूँ। सफलता हासिल करने का कोई छोटा और आसान रास्ता नहीं होता। किसी भी छात्र के जीवन में इन तीन चीज़ों का स्थायी महत्त्व होता है : कठोर श्रम, निरन्तरता और प्रतिबद्धता।

मैंने पढ़ाई में अच्छा करना जारी रखा। मेरे लिए दूसरा साल अधिक मज़ेदार रहा, क्योंकि अब मेरा राजनीतिशास्त्र पर पूर्ण 'एकाधिकार' था। हम प्रायः तुलनात्मक राजनीतिक विमर्श करने लगे। भिन्न–भिन्न प्रशासनिक मॉडलों का अध्ययन करते हुए हम अपने ख़ुद के प्रशासनिक तन्त्र के साथ उनकी तुलना करते थे। यह बात मुझे बहुत आनन्द देती थी। मेरे मस्तिष्क में राजनीतिक सिद्धान्तों और विचारों का एक विपुल भण्डार था जो मुझे बौद्धिक बहसों में भागीदारी के लिए उकसाता था और सचेत भी करता रहता था कि बहस की जीवन्तता के लिए प्रतिदिन पर्याप्त तैयारी की ज़रूरत है। हमारी कक्षाओं में भी बहस और परिचर्चा हमेशा होती रहती थी।

मैंने पढ़ाई का अपना पुराना तरीक़ा ही जारी रखा–मैं कक्षा में शिक्षकों के व्याख्यान बड़े ग़ौर से सुनता था, किताबों के साथ कुछ अन्य सामग्रियों को भी बड़े ध्यान से पढ़ता था और फिर अपने सीनियर्स के नोट्स का सहारा लेते हुए अपनी समझ को अधिक–से–अधिक समृद्ध करने की कोशिश करता था। तक़रीबन उसी वक़्त मैंने नियमित रूप से अख़बार पढ़ने की भी आदत डाली जो कि राजनीतिशास्त्र के छात्र के लिए बहुत मददगार सिद्ध होती है। इन सभी पैटर्न का सन्तुलित मिश्रण मेरे नोट्स में परिलक्षित होता था, जिन्हें मैं बड़े जतन से सिलसिलेवार रूप में बनाता था। चूँकि अब मुझे एक लय मिल चुकी थी इसलिए दूसरे वर्ष की पढ़ाई मेरे लिए अधिक आसान थी। अपनी बुनियादी तैयारियों पर चलकर मैंने परीक्षाओं में बेहतर करने का हुनर भी हासिल कर लिया था। और द्वितीय वर्ष में मुझे और अच्छे अंक हासिल हुए–मुझे 61.5 प्रतिशत अंक मिले।

उस साल मुझे इसकी उम्मीद भी थी। मैंने अपने भीतर ऐसी तार्किक समझ विकसित कर ली थी कि भगवान या क़िस्मत भी मुझे मेरे इस अधिकार से वंचित नहीं कर सकते। प्रथम वर्ष में मैं एक द्वन्द्व से जूझ रहा था, वहीं इस बार मैं पूरी तरह से

आश्वस्त था। मुझे मेरे अनुमान के ही अनुसार अंक मिले थे। द्वितीय वर्ष के रिजल्ट ने मुझे अपने ही बारे में कुछ आवश्यक संकेत किये–पहला, कि मेरे विकास की दिशा सही थी। दूसरा, कि मेरे भीतर मुझसे अच्छे या अच्छे प्रतीत होते छात्रों से बेहतर करने के तत्त्व मौजूद हैं। तीसरा, कि असफलता कभी बेकार नहीं जाती। और आख़िरकार, कि जीवन में कुछ भी स्थायी नहीं होता–न सुख और न ही दुःख। समय बदलता रहता है और समय के साथ हम भी बदलते रहते हैं।

दो वर्षों की कथित लड़ाई में जीत हासिल करने के बाद अब मुझे थोड़ा आराम और मन बहलाव की ज़रूरत थी। अब चूँकि मेरा खोया हुआ आत्मबल लौट चुका था इसलिए तृतीय वर्ष में मुझे अपने साथियों के साथ कुछ अच्छी फ़िल्में देखने का वक़्त निकालना था। परीक्षा के वक़्त फ़िल्मों ने तनाव दूर करने में बड़ी मदद की। मेरे मन बहलाव का एक बड़ा जरिया मुद्रिका बस में बैठकर रिंग रोड का एक पूरा चक्कर लगाना था। कॉलेज स्टूडेंट के तौर पर हमें एक विशेष सुविधा प्राप्त थी : हमें सिर्फ़ 12.50 रुपये चुकाने पर एक स्टूडेंट बस पास मिलता था और हमने उस पास का अच्छा–से–अच्छा इस्तेमाल करने का फ़ैसला किया था। अकेले या दोस्तों के साथ रिंग रोड का एक चक्कर हमें एक नयी ताज़गी से भर देता था, और हम दिल्ली के विविध रंगों को अपने सामने से गुज़रता हुआ देखते थे।

तृतीय वर्ष में मुझे 59.5 प्रतिशत अंक हासिल हुए जो प्रथम श्रेणी से थोड़ा ही कम था। मैं अपने रिजल्ट से ख़ुश नहीं था क्योंकि तीनों सालों को मिलाकर मुझे औसतन 60 प्रतिशत से कम अंक हासिल हुए थे। पूरी यूनिवर्सिटी में राजनीतिशास्त्र में केवल पन्द्रह छात्रों को ही प्रथम श्रेणी मिली थी और मैं उनमें शामिल नहीं था। मैंने अपने रिजल्ट को चुनौती दी। तीन महीने की आतुर और तकलीफ़देह प्रतीक्षा के बाद मुझे 0.5 प्रतिशत अंक

और दिये गये क्योंकि पॉलिटिकल थॉट के पेपर के अंकों को जोड़ने में चूक हुई थी। अब मैं भी प्रथम श्रेणी लाने वालों के विशिष्ट क्लब में शामिल हो चुका था और मेरी ख़ुशी का कोई पारावार नहीं था।

यूनिवर्सिटी में तीन सालों ने मेरे पिछले सभी नुक़सानों की भरपायी कर दी थी। यह मेरे जीवन का वास्तविक बदलाव था। मेरे रिजल्ट्स में इस बदलाव को साफ़ देखा जा सकता था। मेरे व्यक्तित्व में इस बदलाव को महसूस किया जा सकता था। इस बदलाव को मेरे भविष्य सम्बन्धी फ़ैसलों में भी देखा जा सकता था। अपने अन्धकारमय अतीत को पीछे छोड़कर आगे बढ़ निकलने ने मुझे एक ख़ास ख़ुशी अनुभव करने का अवसर दिया था। मैं अपने पूरे परिवार को शर्मिन्दा करने की पीड़ा से अब मुक्त हो चुका था। बल्कि एक पिता होने के नाते अब मैं यह बेहतर समझ सकता हूँ कि उस वक़्त मेरे परिवार के लोगों पर क्या गुज़री होगी।

तीन सालों की निरन्तर सफलता ने मुझे बहुत मज़बूत बना दिया था, जो लोग मेरी निन्दा करते थे अब वे चुप हो गये थे। उनमें से कई तो अब मेरी तारीफ़ भी करने लगे थे। उनके पास सिवा यह कहने को कुछ और बात नहीं थी कि वे जानते थे कि मेरे भीतर यह योग्यता है और मैं एक नैसर्गिक प्रतिभासम्पन्न लड़का हूँ। आज जब मैं उनकी बातों को याद करता हूँ तो मुझे बरबस हँसी आती है।

अब मैं दोबारा सबसे मिलने–जुलने लगा था और अपने आत्म–निर्वासन से बाहर निकल चुका था। अब मैंने असफलता और उससे सम्बन्धित ग्लानि की केंचुल को उतार फेंका था। मैं ख़ुश था। अब मैं एक मिलनसार लड़का था। मेरी वापसी हो चुकी थी!

अध्याय - पाँच

मोहभंग और पुनरावलोकन

1982 में, जब मैं नौ साल का होने जा रहा था, तब मेरी इच्छा थी कि मैं अपने सभी दोस्तों को घर पर बुलाकर उनको एक दावत दूँ। मेरे घर में ऐसी कोई परम्परा नहीं थी, लेकिन मेरे कई ऐसे दोस्त थे जो अपना जन्मदिन बड़ी धूमधाम से मनाते थे। मुझे भी यह बहुत अच्छा लगता था।

बहुत संकोच के बाद मैंने यह इच्छा अपने बड़े परिवार की सामूहिक कर्ता–धर्ता–अपनी माँ और तीनों बहनों के सामने रखी। वे राज़ी तो हो गयीं, लेकिन उन्होंने एक बात साफ़ कह दी कि वे मेरे दोस्तों के लिए बढ़िया खाना तो पका सकती हैं, लेकिन मेरे लिए केक नहीं ख़रीद सकतीं। मैं थोड़ा उदास हो गया, केक काटे बिना जन्मदिन कैसे मनाया जा सकता था? इसलिए उन्होंने मेरे लिए 'हलवा केक' बनाया! इस तरह मेरे जन्मदिन पर काटने के लिए केक के इस 'देशी अवतार' का इन्तज़ाम हुआ। सीमित साधनों में जीने की आदतें आपको जीवन में नये विकल्प तलाशने में मदद करती हैं, और आप उन चीज़ों की अधिक चिन्ता नहीं करते जो आपकी क्षमता के परे हों।

अपनी पारिवारिक पृष्ठभूमि और वास्तविकता के बीच सन्तुलन बनाने का यह अभ्यास मैंने अपने शुरुआती सालों में ही जान लिया था। अपनी उम्र में बढ़ोतरी के साथ–साथ मैंने इस अभ्यास

को और माँजा। दिल्ली यूनिवर्सिटी में मैं उन छात्रों से घिरा हुआ था जो सुविधासम्पन्न थे, लेकिन मेरे ऊपर उनका कोई असर नहीं पड़ा। मुझे अपने दोस्तों के साथ रहना बहुत पसन्द था, लेकिन मुझे यह भी मालूम था कि कब किसे किस बात के लिए 'न' बोलना है। मैंने अपने चारों ओर एक दायरा बना रखा था और किसी का भी उसमें प्रवेश निषिद्ध था।

दिल्ली यूनिवर्सिटी एक समानान्तर दुनिया थी। नॉर्थ कैम्पस एक ऐसा ख़ुशनुमा द्वीप था जहाँ देखने–समझने के लिए बहुत–सी चीज़ें थीं। गम्भीर व्याख्यानों को सुनने से लेकर कक्षाओं से फ़रार होने, एक मामूली–सी चाय की गुमटी पर बातचीत से लेकर महँगे कैफ़े का सुख, खेलकूद की कठोर दुनिया या थियेटर, नृत्य और संगीत की कलात्मक अभिव्यक्ति से लेकर दोस्तों के साथ मटरगश्ती और किसी एकान्त कोने में रोमांस–सबके लिए कुछ–न–कुछ अवश्य था। दस किलोमीटर तक फैली परिधि में फलती–फूलती जीवन्त विविधताएँ।

ऐसी बहुत–सी चीज़ें थीं जो मैंने जीवन में 'पहली बार' दिल्ली यूनिवर्सिटी के दिनों में की थीं। पहली बार मैंने उन्हीं दिनों क्वालिटी आइसक्रीम का स्वाद चखा। पहली बार मैंने कमला नगर से ब्रांडेड पुलोवर ख़रीदा जो दूधिया सफ़ेद रंग का था। पहली बार मैंने अपनी क्लास में टॉप किया था। पहली बार मैंने अपना नाश्ता खुद बनाना शुरू किया था। पहली बार मैंने अपनी पॉकेट मनी के लिए ट्यूशन देना शुरू किया था। यूनिवर्सिटी के दिन मुझे दिनोदिन स्वतन्त्र, ज़िम्मेदार और आत्म–निर्भर बना रहे थे।

यहीं मैंने अपने जीवन की कुछ नयी बातें सीखीं जिनसे मैं पहले अनजान था। छात्र राजनीति, पार्टी, समारोहों, व्यंजन कौशल की प्रतियोगिता और उत्सवों का आयोजन–ये सब मेरे अनुभवों की सूची में पहली बार शामिल हुए थे। इस दौरान मैंने कुछ अच्छे दोस्त बनाये जिनमें से कई जीवन के हर सुख–दुःख में मेरे साथ मज़बूती से खड़े रहे।

दोस्तों का अपना एक अलग महत्त्व होता है। जो रिश्ते मौजमस्ती से शुरू होते हैं वे कई बार मज़बूत बन्धन का रूप ले लेते हैं। दोस्त हमारे सामने नयी चुनौतियाँ रखते हैं, हमारी सहायता करते हैं और दुनिया के प्रति हमारे दृष्टिकोण का विस्तार करते हैं। उनके सन्दर्भ हमारे स्वयं के परिप्रेक्ष्यों को समृद्ध करते हैं। हम उनके घर को अपना घर समझने लगते हैं सुब्रत मेरा ऐसा ही एक दोस्त था। वह ग़ाज़ियाबाद के सूर्य नगर में रहता था और उसके घर को हम अपना दूसरा घर ही समझते थे। उसकी माँ और बड़ी बहन अलका दीदी हमारा ऐसा ख़याल रखती थीं जैसे हम उनके सगे थे। हम वहाँ खाना–पीना और मौजमस्ती करते थे और कई बार रात भी वहीं बिताते थे। दरअसल सुब्रत की मारुति 800 पहली कार थी जिस पर मैं चढ़ा था और उसके घर आने–जाने के लिए हम उसी का इस्तेमाल करते थे। मेरे जैसे एक छोटे शहर से आये बच्चे के लिए यह सब एक दुर्लभ अनुभव था।

हमारे वक़्त में कैम्पस का जीवन बिल्कुल भिन्न था। यह छात्रों के सामाजिक, आर्थिक और शैक्षणिक पृष्ठभूमि के आधार पर बँटा था। इन सीमाओं के बावजूद अवसरों के सन्दर्भ में एक लोकतन्त्र था और उसमें सबकी समान भागीदारी थी। मेरे बड़े भाई के दोस्तों में एक अक्सर अंडरग्रेजुएशन सालों को छात्र जीवन का 'हनीमून पीरियड' कहते थे। यह सच भी है। अंडरग्रेजुएशन सालों की मौजमस्ती मास्टर प्रोग्राम आते–आते एक गम्भीरता और संयम में बदल जाया करती थी।

दरअसल कॉलेज के बाद के दिनों में हमारे अन्दर एक स्वाभाविक प्रौढ़ता आ जाती है। भविष्य और करियर के प्रति स्वाभाविक चिन्ताएँ हमारी आँखों के सामने लहराने लगती हैं। हममें से सभी के अपने–अपने लक्ष्य और उनको हासिल करने के अपने–अपने रास्ते थे। कइयों ने प्रबन्धन के क्षेत्र में जाने का फ़ैसला किया तो कइयों

ने आगे पढ़ाई जारी रखना मुनासिब समझा। उस समय मेरा उद्देश्य लोक सेवा में जाना था, और इसके लिए मुझे और गहरी और कड़ी पढ़ाई करने की ज़रूरत थी।

लेकिन मेरी तैयारी में मास्टर्स की पढ़ाई एक बड़ी बाधा थी। चूँकि मैं राजनीतिशास्त्र में स्नातकोत्तर करना चाहता था, इसलिए मैंने फिर से डीयू में ही दाख़िला लेने का फ़ैसला किया। मैंने सोचा कि अगले दो साल तक मैं बहुत कुछ नया सीखने के एक सुखद रोमांच से गुज़रूँगा, लेकिन आगे एक निराशाजनक आश्चर्य मेरी प्रतीक्षा में था। मास्टर्स की पढ़ाई मेरे लिए एक व्यर्थ और असन्तोषजनक अनुभव साबित हुई। मिसाल के तौर पर हमारा पाठ्यक्रम बेहद बेतुका था और इसका कोई भी सम्बन्ध हमारे समय के बदलते दौर से नहीं था। हमारे शिक्षक भी बहुत विद्वान थे और वे अपने क्षेत्र के ख्याति प्राप्त नाम थे, लेकिन हमारी कक्षाएँ बहुत अनियमित थीं और हमारे अन्वेषी मस्तिष्कों की ख़ुराक के लिए नाकाफ़ी थीं। छात्र इसलिए अनियमित थे क्योंकि उनकी प्रतिबद्धताएँ अलग–अलग थीं। उदाहरण के तौर पर वे प्रतियोगीता परीक्षाओं की तैयारी में लग गये थे। मनमर्ज़ी उनके लिए अधिक मुफ़ीद चीज़ थी। मुझे यह नहीं पता कि अभी भी इन सलवटों को दूर किया गया है कि नहीं। मेरा समय अलबत्ता शैक्षणिक दृष्टि से बहुत व्यर्थ सिद्ध हो रहा था।

इस अवधि ने मेरे मन में कैम्पस के जीवन के प्रति श्रद्धा के साथ–साथ मन को भी आघात भी पहुँचाया। मैं नॉर्थ कैम्पस के मानसरोवर हॉस्टल में रहता था और यहीं मैंने जीवन में पहली बार जातिगत आधार पर विभाजित समाज का विकृत रूप देखा। स्नातकोत्तर के छात्र ख़ासतौर पर उत्तर भारतीय छात्र जाति के आधार पर न केवल दृढ़ता से बँटे हुए थे बल्कि उन्होंने जातिगत पद–सोपान और वर्ण–व्यवस्था को छात्रों में कठोरता से लागू भी कर रखा था। ऐसे शिक्षकों की भी कोई कमी नहीं थी जो इस मानसिकता का मौन समर्थन करते थे।

कैम्पस के भीतर जाति पहले जाति का समर्थन करती थी; योग्यता, शिक्षा और अन्य बातें महत्त्वहीन थीं। हॉस्टल में जगह पाने की प्रक्रिया बहुत कठिन लेकिन सुपष्ट थी, लेकिन जाति गुरुओं ने ऐसा तन्त्र विकसित कर लिया था जिससे उनके प्रिय पात्रों को मदद की जा सके। हॉस्टल और वार्डनों ने भी किसी ख़ास जाति के छात्रों को प्रवेश देने की तरकीब ढूँढ़ निकाली थी। यह मैंने सुना था कि मानसिकता डीयू से बाहर भी फैल चुकी थी। शिक्षा के क्षेत्र में जाति की जड़ें बहुत गहरी पैठी हुई थीं–और मेरे लिए यह बात सबसे अधिक निराशाजनक थी। इस विकृति से ग्रस्त होकर ज्ञान का उद्देश्य क्या अपने मूल उद्देश्यों को प्राप्त कर सकता था? रूढ़ियों और नकारात्मक प्रवृत्तियों से ग्रस्त शिक्षा से क्या युवाओं का कोई भला हो सकता है?

जातिगत अलगाव का शिकार मुझे भी होना पड़ा था। मानसरोवर हॉस्टल का अध्यक्ष जाति–व्यवस्था का न केवल समर्थक था बल्कि उसे प्रोत्साहित भी करता था। उसके साथ उसकी ही जाति के कुछ चमचों की मण्डली रहती थी। एक बार उसने एक जाति विशेष के तीन लड़कों को बुलाकर उन्हें हॉस्टल के लिए अप्लाई करने वाले छात्रों की एक सूची थमा दी जो उसी जाति के थे जिस जाति के वे तीनों लड़के थे। उन तीन लड़कों में संयोग से एक मैं भी था। हमारा काम अपनी ही जाति में से छात्रों का चयन करना और शेष लड़कों को छाँट देना था। हमारे द्वारा हॉस्टल के लड़कों का चुनाव कराकर दरअसल वह अपनी ख़ुद की गर्दन बचाना चाहता था। मुझे बेशक यह पूरी प्रक्रिया अपमानजनक, हास्यास्पद और अनावश्यक लगी। मैंने इस उपक्रम का हिस्सा बनने से इनकार कर दिया। किसी भी स्थिति में नाम और उपनाम किसी भी लड़के की जाति निर्धारित करने के लिए अपर्याप्त थे! मुझे यह प्रतीत हुआ कि हमें चयन का अधिकार देकर वह ख़ुद के साथ–साथ अपने चमचों को एक असहिष्णु शैक्षणिक परिवेश के लिए अपेक्षित जातिगत

ज़िम्मेदारियों का निर्वहन करते हुए सामाजिक और राजनीतिक सौहार्द को बनाये रखने के दिखावे की मंशा से ऐसा कर रहा था।

इस परिपाटी के बावजूद जाति व्यवस्था का कट्टर समर्थक भी अपनी ही जाति में निर्विवाद सर्वप्रिय व्यक्ति होने का दम्भ नहीं भर सकता था। मानसरोवर हॉस्टल के अध्यक्ष के छोटे भाई के साथ ख़ुद उसी लड़के ने मारपीट की जिसका हॉस्टल में दाख़िला उसी ने कराया था। दरअसल जाति–व्यवस्था एक सामाजिक ढोंग थी, बाहरी एकता का एक ऐसा कमज़ोर ढाँचा जो छात्रों को एक–दूसरे की प्रतिभा, योग्यता और कमियाँ देखने से तो रोकता ही था उनके बीच के आपसी सहज सम्बन्धों को भी अवरुद्ध करने का काम करती थी। निष्कर्षतः यह प्रवृत्ति शिक्षा के प्राथमिक लक्ष्य–ज्ञानोपार्जन से छात्रों को विचलित करती था। इस पूरे प्रकरण में सबसे दुखद बात यह थी कि अधिकतर युवाओं को यह भनक तक नहीं था कि जातिगत विद्वेष के ज़रिये कैम्पस के ये घुटे हुए जातिवादी गुण्डे दरअसल अपना स्वार्थ सिद्ध करने की फ़िराक़ में रहते थे। ऐसी व्यवस्था से फ़रेबी नेताओं को छोड़कर किसी और का भला नहीं हो सकता था। युवा मन में अंकुरित जातिवाद के बीज से लहलहाने वाली फ़सल आख़िरकार उनको ही काटनी थी और उन्हीं को उससे लाभ भी होने वाला था। जातिगत राजनीति के दुष्प्रभावों को झेलने वाला मानसरोवर एकमात्र हॉस्टल नहीं था; जुबिली हॉल, गोएर हॉल और दूसरे छात्रावास भी इसकी की जद में थे।

जाति प्रथा सबसे गम्भीर, लेकिन कोई अकेली बीमारी नहीं थी। मेरे हॉस्टल के छात्र कई–कई घण्टों तक पास ही के 'खालसा कॉलेज' की लड़कियों के बारे में अनाप–शनाप बातें करते रहते थे। इस कारण युवाओं में सहशिक्षा के लिए लैंगिक मुद्दे पर अनिवार्य रूप से ज़रूरी संवेदनशीलता के विकास के उपयुक्त

अवसर सीमित हो रहे थे। उनके भीतर स्त्री और पुरुष के बीच एक स्वस्थ सम्बन्ध को समझने की सलाहियत भी पैदा नहीं हो पा रही थी। यहाँ तक कि छात्रों का खानपान भी उनकी ताक़त साबित करने का एक ज़रिया था। डीयू के छात्रावासों में रसोई और डाइनिंग हॉल में खाने की जगहें छात्रों के जातिगत समीकरणों और व्यक्तिगत रसूख़ पर आधारित होती थीं। खाना देने के मामले में ख़ास छात्रों के साथ ख़ास तरह का व्यवहार किया जाता था जबकि 'मामूली' छात्रों के लिए परोसने जैसी सुविधाएँ नहीं थीं। कुल मिलाकर छात्रावासों के भीतर एक तरह की शहरी सामन्ती व्यवस्था थी जिसमें सर्वशक्तिमान छात्र रोज़मर्रा की चीज़ों और ख़ास अवसरों से जुड़े फ़ैसलों पर क़ाबिज़ थे।

यह स्थिति मुझे किस ओर ले जा सकती थी? मैं फिर से एक अनिर्णय और दुविधा की स्थिति से जूझ रहा था। किसी छात्र के जीवन और परिवेश को प्रोत्साहित और अनुप्राणित करने का महत्त्व इन समस्त प्रतिकूलताओं में कमोबेश गौण हो गया था। मेरे ग्रेड में फिर से गिरावट आ गयी। मैं शहर में अपने आप को अकेला समझने लगा था और मुझे ऐसे लोगों की ज़रूरत महसूस होने लगी जो मेरे आत्मबल को बिखरने से रोकने में मददगार हो सकें। छात्रावास में रहते हुए मैं जो जीवन जी रहा था वह रचनात्मकता की दृष्टि से सर्वथा अनुपयुक्त था। मैं ख़ुद को फ़रेब की एक अन्धी खाई में महसूस कर रहा था जहाँ से मुझे एक निरपेक्ष अन्वेषण का कोई मार्ग नहीं दिख रहा था। बल्कि मैंने छात्रावास में जो दो साल गुज़ारे, उस अवधि में मैंने न तो अपने विषय की पढ़ाई में ही कोई प्रगति की और न ही मैं लोक सेवा की परीक्षा की तैयारी कर पाने में ही सफल हुआ। मैंने तय किया कि जितनी जल्दी सम्भव हो, उतनी जल्दी मुझे छात्रावास छोड़ देना चाहिए।

डीयू में पढ़ने का आकर्षण एक निराशा में बदल चुका था।

मेरा चचेरा भाई–जिसके साथ एक बार मैंने मिगलानी रेस्टोरेंट में खाने की सोची थी–जवाहरलाल नेहरू विश्वविद्यालय का छात्र था। मैंने भी वहाँ दाख़िले के लिए क़िस्मत आज़माने की सोची। मैंने 1997 में प्रवेश परीक्षा दी और मुझे वहाँ स्कूल ऑफ़ इंटरनेशनल स्टडीज़ के साउथ एशियन स्टडीज़ डिवीजन में एम. फिल. और पीएच.डी. करने के लिए दाख़िला मिल गया। मैंने लोक सेवा की परीक्षा की तैयारी भी फिर से करनी शुरू कर दी।

लोक सेवा की परीक्षा में उपस्थित होने के सीमित मौक़े मिलते हैं; हर प्रयास बहुमूल्य होता है। जेएनयू आई.ए.एस, आई.पी.एस. और आई.एफ.एस. बनने के सपने देखने वाले अनगिनत युवाओं से भरा हुआ था इसलिए कैम्पस के आसपास कुकुरमुत्तों की तरह छोटे–छोटे कोचिंग संस्थान खुल गये थे। अध्ययन के लिए पर्याप्त सामग्रियाँ और मार्गदर्शन प्रचुरता में उपलब्ध थे। स्फूर्तिदायक और अध्ययनशील परिवेश में स्वयं को पाकर मेरे भीतर का जिज्ञासु छात्र पुनः कड़ी मेहनत करने के लिए मानसिक तौर पर तैयार हो गया।

राजनीतिशास्त्र की मेरी पृष्ठभूमि ने एम.फिल. में विशेषकर अन्तरराष्ट्रीय राजनीति की परीक्षा में मेरी बहुत मदद की। द्वितीय वर्ष में हम सबको एक आलेख लिखने के लिए कहा गया, और मैंने अपने लिए जिस विषय का चयन किया उसका शीर्षक 'औरतों की समस्याएँ' था। मेरे पर्यवेक्षक यह जानने को बड़े उद्यत थे कि एक पुरुष ने अपने शोध के लिए 'औरतों की समस्याएँ' जैसे विषय का चुनाव क्यों किया। यह तो केवल महिला छात्रों की रुचि का विषय था। मुझे प्रेरित करने वाला कारण भी वास्तव में यही था। पुरुषों को औरतों की समस्याओं पर काम करने की ज़रूरत थी, और यह बात महसूस भी की जाने की ज़रूरत थी। अपने उत्तर में भी मैंने यही बात कही। कुछ आरम्भिक किन्तु गहन विमर्श के बाद मुझे मेरे आलेख के लिए अनुमति मिल गयी और मैंने बंगलादेशी औरतों के सामाजिक–आर्थिक विकास के परिप्रेक्ष्य

और वैकल्पिक नीतियों को आधार बनाते हुए अपना आलेख लिखा। इस प्रक्रिया ने मुझे शैक्षणिक स्तर पर आश्चर्यजनक रूप से समृद्ध किया, जबकि मैं यह बात ठीक से जानता भी नहीं था कि महिलाओं की समस्याओं के समाधान में मेरे शोध की क्या व्यावहारिक उपयोगिता थी।

एम.फिल. और पीएच.डी. में मेरे पर्यवेक्षक प्रोफ़ेसर आई.एन. मुखर्जी, एक निष्णात शिक्षाविद्, एक अद्‌भुत मार्गदर्शक और एक सहृदय व्यक्ति थे। एक छात्र के रूप में उन्होंने मुझे हमेशा नयी चुनौतियाँ दीं पर मुझे सहज महसूस करने में हमेशा मेरी मदद की। उनके साथ एक आत्मीयता अनुभव करने में मुझे लगता है अधिक समय नहीं लगा। वे काम के बड़े पाबन्द थे, और मेरे भीतर के शोधकर्ता को हमेशा विकसित करने की प्रेरणा देते थे। साथ–ही–साथ मेरी भाषा और लिखने की योग्यता को और अधिक सुधारने पर ज़ोर देते थे। सन्तोषप्रद काम नहीं करने पर वे मुझे डाँटने में भी परहेज़ नहीं करते थे, लेकिन मुझे मार्गदर्शन देने में उन्होंने हमेशा व्यक्तिगत रुचि ली। वे एक मिलनसार बंगाली व्यक्ति थे जो अपने छात्रों के लिए सहज उपलब्ध थे। वे अपने घर आने वालों का स्वागत भरपूर मिठाइयाँ खिलाकर करते थे।

प्रोफ़ेसर मुचकुन्द दुबे, भारत सरकार के पूर्व–विदेश सचिव भी जेएनयू के हमारे शिक्षकों में एक थे। वे बहुत अनुशासनप्रिय थे और हमसे भी कड़ी मेहनत करने की उम्मीद भी रखते थे। कक्षा के भीतर वे बहुत ऊर्जावान, धुन के पक्के और सबके चहेते थे। जब भी वे किसी छात्र को कक्षा के बाहर देखते, तो उसे खींचकर कक्षा में लाने और उससे अनुपस्थित होने का कारण पूछने में थोड़ा भी नहीं हिचकते थे। उनके व्याख्यान इसलिए भी यादगार होते थे कि वे उनके व्यक्तिगत अनुभवों और उपाख्यानों से भरे होते थे, उनकी सरकारी ज़िम्मेदारियों, विदेश यात्राओं और अन्य प्रशासनिक अनुभवों से सन्दर्भित–जिनमें से किसी का भी उल्लेख पाठ्यपुस्तकों में मिलना असम्भव था।

अन्य शानदार शिक्षकों में प्रोफ़ेसर कलीम बहादुर और प्रोफ़ेसर एस.डी. मुनि प्रमुख थे। प्रोफ़ेसर बहादुर भारत–पाक सम्बन्धों के अधिकारिक विद्वान थे जबकि प्रोफ़ेसर मुनि रणनीतिक सम्बन्धों के मामले में अपनी विशेषज्ञता के कारण जाने जाते थे।

इतने जानकार गुरुओं के मार्गदर्शन में मैंने दोबारा जमकर पढ़ाई शुरू कर दी। अन्तरराष्ट्रीय सम्बन्ध, विशेषकर दक्षिणी एशिया का सन्दर्भ मेरे अध्ययन का प्रिय विषय था। प्रोफ़ेसर मुनि द्वारा लिए गये क्लास टेस्ट में हम सिर्फ़ दो ही छात्र थे जो उनके सवालों को सही–सही 'समझते' थे (दूसरा लड़का विजू कृष्णन था, जो बाद में जेएनयू छात्रसंघ का अध्यक्ष निर्वाचित हुआ और जिसने यूनिवर्सिटी से बाहर निकलने के बाद भी कई महत्त्वपूर्ण काम किये) प्रोफ़ेसर मुनि को इस बात का बहुत गहरा दुःख था कि कक्षा के अधिकतर छात्र उनके पढ़ाये हुए को समझने में असमर्थ थे। इस मामले में वे निर्द्वन्द्व थे। उनका स्पष्ट कहना था कि जितना श्रम और प्रयास शिक्षक छात्रों तक अपनी बात पहुँचाने के लिए करते हैं, उतना ही श्रम और प्रयास छात्रों को भी उनकी बातें समझने के लिए करना चाहिए। यह बात सम्भवतः मैंने पहली बार उसी समय महसूस की कि अध्यापन का क्षेत्र कितने कठोर समर्पण की अपेक्षा रखता है। इस बात ने मुझे डीयू में मेरे अपेक्षाकृत औसत वर्षों की याद दिला दी और मैंने शिक्षा प्राप्त करने को अपने जीवन का सबसे बड़ा उद्देश्य बना लिया।

कक्षाओं में उपस्थिति के अतिरिक्त, जेएनयू द्वारा नियमित रूप से आयोजित सेमिनारों और व्याख्यानों से भी हम बहुत लाभान्वित हुए। उन आयोजनों ने न केवल हमारी समझ के दायरे का विस्तार किया बल्कि हमें आपस में सार्थक बातचीत करने के लिए अनुकूल ढंग से विचारबद्ध भी किया। विशेषज्ञों, टिप्पणीकारों और शिक्षा जगत् के दिग्गजों को इन आयोजनों में नियमित रूप से बुलाया जाता था और हमें उनमें हिस्सेदारी का अवसर भी दिया जाता था। हम उनसे प्रत्यक्ष बातचीत कर सकते थे।

उन व्याख्यानों ने मुझे उन व्यक्तित्वों से मिलने–जुलने के अवसर दिये जिनके बारे में मैंने अब तक सिर्फ़ अख़बारों में पढ़ा था। प्रख्यात अन्तरराष्ट्रीय सम्बन्धों के रणनीतिकार और विश्लेषणकर्ता, पत्रकार और पूर्व नौकरशाह के. सुब्रमण्यम और पूर्व पत्रकार एच. के. दुआ उन वक्ताओं में प्रमुख हैं जिन्हें मैंने अपने आरम्भिक सेमिनारों में देखा–सुना था। अनेक राजनयिकों ने अपने सम्भाषणों के द्वारा उपस्थिति दर्ज कर हमारे स्कूल ऑफ़ इंटरनेशनल स्टडीज़ के दिनों को अविस्मरणीय और गौरवशाली बनाने में महती योगदान दिया। मेरी अभिरुचि मूलतः नीतियों और उनके क्रियान्वयन सम्बन्धी क्षेत्र में थी।

जेएनयू और डीयू के जीवन में एक बड़ा अन्तराल था। यहाँ तक कि दोनों के अहातों में भी बुनियादी फ़र्क़ थे। जेएनयू , सच्चे अर्थ में एक ऐसा कैम्पस था जिसकी चौहद्दी तय थी। डीयू एक पूर्णतः खुली हुई जगह थी जिसमें प्रवेश और निकास के अनेक रास्ते थे। जेएनयू के कैम्पस में रहना आर्थिक रूप से बहुत महँगा नहीं था। कैम्पस के भीतर ऐसे अनेक ढाबे थे जिनमें बहुत कम क़ीमत पर बहुत बढ़िया खाना मिल जाता था। कैम्पस में देर रात तक गहमागहमी बनी रहती थी; कई लोग तो तब भी भटकते रहते थे जब पूरा कैम्पस नींद की चादर ओढ़ चुका होता था।

जेएनयू राजनीतिक रूप से भी बहुत जागरूक और सक्रिय संस्थान था। वहाँ किसी ढाबे में बैठकर राजनीतिक मुद्दों पर विमर्श को सुनते हुए भी स्वयं को लाभान्वित किया जा सकता था। छात्रसंघ के चुनावों के दौरान यूनिवर्सिटी से लेकर देश भर की राजनीतिक परिस्थितियों पर खुली चर्चा होती थी। लिहाज़ा हमारी बातचीत खाड़ी युद्ध से लेकर कैम्पस की सफ़ाई और स्वच्छता जैसे विस्तृत विषयों पर होती थी, लेकिन डीयू में जातिगत पक्षपात और पाखण्ड की जड़ें इतनी गहरी थीं कि पूरे परिवेश में उसकी झलक दिखलायी पड़ती थी। महँगी शराब पीने और अन्तरराष्ट्रीय ब्रांड के मोबाइल फ़ोन का इस्तेमाल करने

वाले छात्र नेता अपने भाषणों में जब भूमण्डलीकरण की बुराइयों पर चर्चा करते थे तो कोई भी उनकी बातों को बहुत गम्भीरता से नहीं लेता था। अगर इन मुद्दों को वे उठाते भी थे तो उनके पर्याप्त समाधान की सम्भावनाएँ बहुत क्षीण होती थीं।

कम्प्यूटर हमारे ज़माने में ही जेएनयू में आ चुका था : यह अपने आप में एक बड़ी उपलब्धि थी। हमारे लिए अलग से एक कम्प्यूटर केन्द्र जहाँ हमें भविष्य के लिए सबसे ज़रूरी इस चीज़ के इस्तेमाल के बारे में प्रशिक्षित किया जाता था। बाद के सालों में कई छात्रों ने अपना निजी कम्प्यूटर भी ख़रीद लिया था। कम्प्यूटर और वेब के हमारे इस्तेमाल का वक़्त पहले से ही निर्धारित होता था। नेट की कनेक्टिविटी की रफ़्तार उन दिनों बहुत धीमी हुआ करती थी; इक्कीसवीं सदी के किसी बच्चे को अगर उस ज़माने में वापस ले जाने जैसी कोई सुविधा होती तो वह उस धीमी रफ़्तार से तंग आकर अपने सिस्टम को उठाकर फेंक देता। तीस मिनट के हमारे निर्धारित स्लॉट में पन्द्रह मिनट तो सिर्फ़ कनेक्ट होने में ही बर्बाद हो जाते थे! हालाँकि इंटरनेट हमारे धैर्य का इम्तेहान था। आज के मानकों के अनुसार इसे कहीं से उपयुक्त नहीं कहा जा सकता था, इसके बावजूद 'ऑनलाइन' होना हमें एक ख़ास तरह की उत्तेजना से भर देता था। यह एक अद्‌भुत अनुभव था : कमोबेश वैसा ही जैसे किसी बच्चे को एक नया खिलौना हासिल हो गया हो। हमने कुछ बुनियादी जानकारियाँ प्राप्त कीं और नेट के रफ़्तार का तेज़ होने के लिए उपयुक्त समय का इन्तज़ार करने लगे।

अपना एम.फिल. पूरा करने के सालभर पहले मैं ने लोक सेवा की प्रारम्भिक परीक्षा दी और सफल भी घोषित हुआ। हालाँकि मुख्य परीक्षा की तैयारी बहुत कठिन और श्रमसाध्य थी, और उसी वक़्त अपना एम. फिल. पूरा करने की ज़िम्मेदारी के कारण यह मेरे लिए बहुत मुश्किल था, इसके बावजूद मुझे मुख्य परीक्षा में अच्छे अंक मिले। बहरहाल मैंने अगली परीक्षा

की तैयारी शुरू कर दी और तभी ज़िन्दगी ने एक अप्रत्याशित करवट ली।

'SEWA' (सेल्फ़ इंन्लॉयड वीमेन्स एसोसिएशन) की एक वरिष्ठ सदस्य ने मुझसे संगठन से जुड़ने का आग्रह किया। 'SEWA' ज़मीनी स्तर पर स्त्री–केन्द्रित मुद्दों पर काम करने वाली एक संस्था है। मेरे बड़े भाई फुटपाथी रोज़गार करने वालों की संस्था एन.ए.एस.वी.आई. (नेशनल एसोसिएशन ऑफ़ स्ट्रीट वेंडर ऑफ़ इंडिया) में बतौर संयोजक काम करते थे और 'SEWA' उसकी मुख्य प्रायोजक संस्था थी। दिल्ली में मैंने उनकी एक क्षेत्रीय कार्यशाला में भी भाग लिया था और मेरा परिचय 'SEWA' के कुछ शीर्ष पदाधिकारियों से भी कराया गया था। चूँकि 'SEWA' दिल्ली में मैंने अपनी सक्रियताएँ बढ़ाने की इच्छुक थी, इसलिए उसे लगा कि मैं उसके इस प्रयास में रुचि दिखाऊँगा।

मेरे मन में किसी एन.जी.ओ. (नॉन गवर्नमेंटल ऑर्गनाइज़ेशन) से जुड़ने की कोई इच्छा नहीं थी। मैं भी सामान्य छात्रों–विशेषकर बिहार से आये छात्रों की तरह लोक सेवा के क्षेत्र में अपना भविष्य बनाना चाहता था। मेरे दो–दो बड़े भाई पहले से ही बिहार में एन.जी.ओ. के साथ काम कर रहे थे। इसलिए तीसरे का भी उसी क्षेत्र में जाने का कोई सवाल ही नहीं पैदा होता था।

मैंने उनका प्रस्ताव ठुकरा दिया। मुझसे दोबारा सम्पर्क किया गया। इस बार उनका आग्रह था कि मैं गुजराती महिला फुटपाथी दुकानदारों को स्वयं सहायता समूहों में संगठित करने और 'SEWA' के कामों को दिल्ली में विस्तार देने के लिए एक योग्य महिला कार्यकर्ता की तलाश करने में उनकी मदद करूँ। यह पूरा प्रोजेक्ट सात महीने का था। मुझे बुरा तो लगा लेकिन मैंने दोबारा भी मना कर दिया। अपनी विगत असफलताओं और अनेक उतार–चढ़ावों के बाद मैं कोई भी जोखिम उठाने को तैयार नहीं था। मैं यू.पी.एस.सी (संघ लोक सेवा आयोग) की परीक्षा की तैयारियों में आकण्ठ डूबा हुआ था और किसी ऐसे

काम में संलिप्त नहीं होना चाहता था जो मुझे मेरे लक्ष्य से भटका सकता था। मुझसे तीसरी बार सम्पर्क किया गया। इस बार मैं तैयार हो गया। बिना किसी कार्य अनुभव के बावजूद मुझे यह अवसर मिल रहा था। शायद उनकी दृष्टि में मेरा विशेष महत्त्व था। साथ–साथ मैंने यह भी सोचा कि यदि यह अवसर बार–बार मेरे दरवाज़े पर दस्तक दे रहा है तो मुझे भी इसे नहीं ठुकराना चाहिए। शायद यह अवसर विशेष रूप से मेरे लिए ही बना था।

बहरहाल मैं अभी भी पूरी तरह से आश्वस्त नहीं था, लेकिन इसने मेरी दुनिया हमेशा के लिए बदल दी।

अध्याय - छह

बुनियादी स्तर पर काम

चूँकि 'SEWA' के साथ मेरा अनुबन्ध एक निश्चित समय के लिए था इसलिए मैंने साथ–साथ यू.पी.एस.सी. की परीक्षा की तैयारी भी जारी रखी। मेरा मौजूदा काम और मेरे भविष्य का लक्ष्य भिन्न थे। मैं इस बात से अवगत था।

'SEWA' में अपना कार्यकाल मैंने जहाँगीरपुरी इलाक़े में घूम–घूमकर फल और सब्ज़ी बेचने वाली औरतों के साथ शुरू किया, जो जेएनयू से लगभग तीस किलोमीटर दूर था। मुझे रोज़ वहाँ आना–जाना पड़ता था ताकि मैं उन औरतों की वास्तविक समस्याओं को बेहतर समझ सकूँ। उन्हें नगर निगम के कर्मचारियों और पुलिस के हाथों अनेक मुश्किलों से गुज़रना पड़ता था, और एक वैध लाइसेंस का प्रावधान नहीं होने के कारण उनकी मुश्किलों में इज़ाफ़ा हुआ था। इसके अतिरिक्त उनके पास कोई बैंक एकाउंट नहीं था, लिहाज़ा अपने धन्धे के सम्भावित विस्तार के लिए आवश्यक बचत का कोई सवाल ही उत्पन्न नहीं होता था। स्थानीय पुलिस का उनके प्रति व्यवहार इतना निष्ठुर था कि किसी तरह की मदद की उम्मीद करना तो दूर, उलटे वे उन ग़रीब औरतों से पैसे उगाहने के जुगाड़ में लगे रहते थे।

मैं ने उन औरतों से हफ़्तों मिलना जारी रखा, मैंने उनके साथ उनके काम करने की जगह पर बातचीत की, उनके रहन–सहन को क़रीब से देखा–समझा और उनकी रोज़मर्रा की

ज़िन्दगियों को यथासम्भव बारीकी से दर्ज किया। जैसे–जैसे मैं उनकी ज़िन्दगी में गहरे दाख़िल होता गया वैसे–वैसे उनके जीवन के नये–नये आयामों से अवगत होता गया। मेरे दिल और दिमाग़ पर उन औरतों के जीवन का गहरा असर हुआ। उनकी कहानियों से होकर गुज़रना तकलीफ़देह था। मैंने परेशानियों, दुर्व्यवहारों और बाधाओं से भरी उनकी आपबीती सुनी। उनकी अदम्य जिजीविषा, संक्रामक आशावादिता और मज़बूत इरादों ने मेरे जीवन के अनुभवों को और अधिक उदासी और वैराग्य से भर दिया। जो सुविधाएँ हमें मिली हैं हम उनको कितनी सहजता से लेते हैं। कितनी आसानी से हम छोटी–छोटी बातों की शिकायत करते हैं। हमारी बेहतर ज़िन्दगी के समानान्तर ही किसी बुलबुले की तरह अस्तित्वहीन जीवन जीने को अभिशप्त और घिनौनी ज़िन्दगी जीने वाले हाशिये के लोगों की हम कैसे सामान्य उपेक्षा कर देते हैं।

उनकी रोज़मर्रा की तकलीफ़ों को समझने और उनसे नियमित संवाद करने के कारण मेरा उन औरतों के साथ एक मज़बूत सम्बन्ध विकसित होने लगा था। वे मज़बूत औरतें थीं–कठोर परिश्रम और आत्मबल उनकी चारित्रिक विशेषता थी। उनका जीवन हमसे सर्वथा भिन्न था, और संयोगवश मैं उनका इतना विश्वास और भरोसा अर्जित करने में सफल रहा कि वे अपने जीवन के छोटे–मामूली अनुभव भी मेरे साथ साझा करने लगीं। एक तरफ़ उनका वृत्तान्त सुनकर मेरा मन बोझ से भारी हो जाता था, वहीं दूसरी तरफ़ मैं उनके लिए कुछ करने के उत्तरदायित्व को भी अनुभव करने लगा। मैं कुछ ऐसा करना चाहता था जिससे उनके जीवन में प्रभावी परिवर्तन आ पाये। जो औरतें हाल–फ़िलहाल तक मेरे लिए अपरिचित थीं, अब उन्हीं अपरिचित औरतों का नारकीय जीवन मेरे विचारों के केन्द्र में था। जब मैं उनके साथ नहीं भी होता था तब भी मेरे दिमाग़ में उनसे हुई बातचीत ही उमड़ती–घुमड़ती रहती थी।

हमारी बातचीत का उद्देश्य केवल उनकी परेशानियों को कम करने और उनका विश्वास जीतने तक ही सीमित नहीं था; उस बातचीत का उद्देश्य ऐसी योजनाएँ बनाना भी था जिनके माध्यम से उनकी रोज़मर्रा की दिक्क़तों को दूर करने के लिए सामान्य समाधान तलाशे जा सकें।

सबसे पहले हमने उन औरतों को स्वयं सहायता समूहों में संगठित करने का निर्णय लिया। उन समूहों को दस से लेकर बीस औरतों की इकाइयों में विभाजित कर हरेक महीने एक छोटी धनराशि इकट्ठी करने के लिए प्रेरित किया गया ताकि धीरे–धीरे वे पैसे एक पूँजी बन जायें जिससे समूह की सदस्य आवश्यकता पड़ने पर क़र्ज़ ले सकें। यह प्रक्रिया सुनने में बहुत आसान थी, लेकिन उन औरतों की निरक्षरता हमारी राह की पहली बाधा थी; उनमें से अधिकांश अपना नाम भी नहीं लिख सकती थीं।

हमें एक शून्य से शुरुआत करनी थी, इसलिए मैंने सबसे पहले उन्हें साक्षर बनाने का निर्णय किया। मैंने उनसे अपने दस्तख़त करने का अभ्यास कराया। औरतों ने इस पूरे उपक्रम में इतना बढ़–चढ़कर हिस्सा लिया और इतनी मस्ती की कि मुझे बहुत आन्तरिक ख़ुशी महसूस हुई।

हमारा अगला चरण एस.एच.जी. अकाउंट खोलने के लिए बैंकों से सम्पर्क करना था। इस क्रम में मैंने निजी तौर पर बैंकों की अरुचि अनुभव की। उन्हें उन ज़रूरतमन्द औरतों की पृष्ठभूमि और ज़रूरतों को समझने में कोई दिलचस्पी नहीं थी। हालाँकि आर.बी.आई (रिज़र्व बैंक ऑफ़ इंडिया) ने एक आधिकारिक अधिसूचना के द्वारा सभी बैंकों के लिए एस.एच.जी. (सेल्फ़ हेल्प ग्रुप) एकाउंट खोलना अनिवार्य कर दिया था, लेकिन बैंक प्रायः इस बात को अपने बनाये नियमों का हवाला देकर छुपाते थे। वैधता की संदिग्धता की आड़ लेकर उन्होंने हमारे अनुरोध को भी अस्वीकृत कर दिया जबकि हमने अपनी ओर से सभी ज़रूरी कागज़ात प्रस्तुत करते हुए अन्य ज़रूरी

प्रकियाओं का भी परिपालन किया था। हाशिये की औरतों के प्रति एक बुनियादी शिष्टाचार की इस कमी से मुझे घोर निराशा हुई। कर्मचारियों ने उनके बैंक आने का कारण जानने की भी ज़रूरत नहीं समझी। किसी ने उनको बैठने तक के लिए नहीं पूछा। औरतों के प्रति इस अमानवीय रवैये ने मेरे भीतर एक अपमानजनक आश्चर्य और असन्तोष को जन्म दिया। बैंक के अधिकारी केवल मुझसे बात करने को राज़ी थे; उन औरतों से बातचीत करना उनकी हैसियत के ख़िलाफ़ था। उन औरतों के अपने अन्दर ही एक तरह की हीनता की मानसिकता विकसित हो गयी थी। अपनी उपेक्षा से भी उनको कोई फ़र्क़ नहीं पड़ता था। उनके व्यक्तित्व का स्वाभाविक विकास इसी परिवेश में हुआ था। बैंक अधिकारियों का बर्ताव उनके लिए कमोबेश ऐसा ही था जिसकी वे अपनी रोज़मर्रा की ज़िन्दगी में आदी थीं।

"संजय भाई, हमारे लिए अपने आप को परेशान मत करो। यह मामूली बातें हैं," उन्होंने मुझसे कहा। "यही हमारी क़िस्मत है। यही इस देश के हर ग़रीब आदमी की क़िस्मत है। तुम हमारी मदद करने की कोशिश कर रहे हो यही बड़ी बात है।" हालाँकि ये बातें बहुत गहरे रूप में असर करती थीं, लेकिन मुझे तसल्ली देने के लिए नाकाफ़ी थीं। इस यथास्थिति के जारी रहने के कारण मेरे मन की उदासी बनी रही और मैं उनमें से अगुवाई करने की क्षमता करने वाली औरतों को बातचीत के लिए बैंक अधिकारियों के पास ले जाता रहा। मैं नहीं चाहता था कि अपनी स्थितियों में किसी सकारात्मक परिवर्तन होने के क्रम में उनकी कोई अनदेखी हो।

एकदम ठोस तैयारी के साथ दो महीनों की अवधि में चार बैंकों से सम्पर्क करने और उनका इनकार सुनने के बाद अब मेरा धीरज टूटने लगा था। मैं हताश हो चुका था जबकि औरतों पर इस बात का कोई असर नहीं दीखता था! और उन औरतों के लिए मुझे भी धीरज से काम लेने की ज़रूरत थी। मुझे अपना काम किसी भी क़ीमत पर जारी रखना था।

आख़िरकार किसी ने हमें बैंक ऑफ़ बड़ौदा की आज़ादपुर मण्डी शाखा में जाने की सलाह दी। एस.एच.जी. एकाउंट खुलवाने की दिशा में यह हमारा अन्तिम प्रयास था। शाखा प्रबन्धक श्री अरुण तिवारी ने गर्मजोशी के साथ मिलते हुए ग़ौर से हमारे अनुरोध को सुना। उन्होंने 'SEWA' और उसकी संस्थापक इला बेन भट्ट द्वारा किये गये कामों को ध्यान से सुना और अपनी शाखा में तीन एस.एच.जी. अकाउंट खोलने के लिए तुरन्त राज़ी हो गये। उन्होंने हमें ज़रूरत के मुताबिक़ भविष्य में और खाते खोलने का भी आश्वासन दिया। अपनी मानवीय संवेदना का परिचय देते हुए उन्होंने उन औरतों के साथ बहुत सम्मानजनक व्यवहार भी किया। उनसे सम्मानपूर्वक बैठने का अनुरोध किया गया और उनको चाय भी पिलायी गयी। एक सामान्य शिष्टाचार के कारण उन औरतों को यह पहली बार अनुभव हुआ कि वे भी मनुष्य हैं–उनकी भी अपनी अस्मिता, मर्यादा और सम्मान है।

कुछ साल पहले ही मुझे श्री तिवारी से वित्तीय समावेश विषय पर एक गोलमेज कॉन्फ्रेंस में मिलने का पुनः अवसर मिला। अब वे यूनियन बैंक ऑफ़ इंडिया के मुख्य प्रबन्ध निदेशक थे। मैंने उनको सोलह साल पहले की गयी उनकी मदद की बात याद दिलायी, तो से वे ख़ुश दिखे कि यह बात मुझे अब भी याद थी। अपनी वरिष्ठता का कोई आडम्बर मुझे उनमें नहीं दिखा। मुझे विश्वास है कि काम के प्रति ईमानदारी और प्रतिबद्धता और ज़रूरतमन्दों के काम आने की उनकी नेकनीयती ने निश्चित तौर पर उनको अपने पेशे के शिखर तक पहुँचाने में महत्त्वपूर्ण भूमिका अदा की होगी।

जब हम किसी दूसरे व्यक्ति के जीवन के संघर्षों को बहुत क़रीब से देखते हैं, तभी हम अपनी निजी परेशानियों से विरत होकर दूसरों की परेशानियों के प्रति अधिक संवेदनशील हो

सकते हैं। जब मैंने पुलिसवालों और नगर निगम के कर्मचारियों को यह बतलाने की कोशिश की कि कैसे वे औरतें बिना अपने सम्मान की परवाह किये और किसी की बाधा बने बिना अपनी आजीविका के लिए मेहनत करती हैं तो उनके ग़ैर–ज़िम्मेदारी से भरे व्यवहार ने मुझे हैरत में डाल दिया।

ये औरतें रोज़ चाँदनी चौक जाने के लिए बीस किलोमीटर का सफ़र तय करती हैं। जब आजीविका का मामला हो तो एक आदमी इसके लिए कितनी भी दूरी तय कर सकता है, लेकिन बदले में उनको मिलता क्या था? इतनी कड़ी मेहनत करने के बाद भी उनको अपना काम रिश्वत देकर और भयग्रस्त होकर करना पड़ता था। नगर निगम के अधिकारी उनके रोज़गार की कोई सुविधाजनक व्यवस्था इसलिए नहीं करना चाहते थे कि इससे उनकी रिश्वतख़ोरी के रास्ते बन्द होने का संकट पैदा हो सकता था। अव्यवस्था भ्रष्टाचार का पोषण करती थी और ऐसी अव्यवस्था में इन औरतों के लिए बचत करने की सम्भावनाएँ कम से कमतर होती जा रही थीं। जब मैं स्वयं ऐसी स्थितियों से मुख़ातिब हुआ तब मैंने तय किया कि मैं आधारभूत परिवर्तन की पहल करते हुए अधिकारियों को ऐसे असहाय लोगों के साथ नरमी से पेश आने के लिए प्रेरित करूँगा, और इसी के मद्देनज़र मैंने लोक सेवा की परीक्षा में आई.पी.एस. को अपनी पहली प्राथमिकता के रूप में चुना।

मैं दिन–प्रतिदिन सिद्धान्त और व्यवहार के बीच के फ़र्क़ को महसूस करने में सक्षम होता जा रहा था। यूनिवर्सिटी बौद्धिक बहसों के लिए तो उपयुक्त जगह थी, लेकिन व्यावहारिक परिवर्तन की वहाँ कोई सम्भावना नहीं थी। बाहर की दुनिया में सिद्धान्तों का कोई महत्त्व नहीं था क्योंकि जब हमें गिराने की ग़रज़ से धक्के दिये जाते हैं तो वहाँ बचाव के लिए तर्क नहीं बल्कि उपाय खोजने की ज़रूरत होती है। कैम्पस में विमर्श में भागेदारी ने मुझे बौद्धिक समृद्धि दी थी, लेकिन वे विमर्श हमेशा व्यावहारिक

नहीं होते थे। वे सामान्यतः सिद्धान्तों के मोहपाश से ग्रस्त होते थे, और व्यावहारिक अमूर्तन के शिकार होते थे। व्यावहारिक जीवन कहीं अधिक निष्ठुर होता जहाँ सोचने वालों पर करने वाले भारी पड़ते थे।

अच्छे अंक आने के बाद भी मैं मुख्य परीक्षा में पास नहीं हो पाया। मेरे नम्बर इतने अवश्य थे कि अगली कोशिश में मैं साक्षात्कार के लिए सफल हो सकता था। तार्किकता का तक़ाज़ा था कि 'SEWA' के साथ अपने सात महीने का करार पूरा करने के बाद मैं फिर से लोक सेवा की परीक्षा की तैयारियों में जी–जान से जुट जाऊँ, लेकिन निर्णय लेना इतना भी सरल नहीं था।

मुझे अपने परिवार की सामाजिक सुरक्षा के लिए एक सुनिश्चित भविष्य की ज़रूरत थी, और मुझे एक सम्मानजनक जीवन जीने का अवसर भी चाहिए था। यह तभी सम्भव था जब मैं परीक्षा में सफल होकर एक आई.ए.एस. या आई.पी.एस. अधिकारी बन जाता। ये चकाचौंध से भरी नौकरियाँ थीं, और इनके माध्यम से मैं वास्तविकता की ज़मीन पर बेहतर काम करने के अवसर भी पा सकता था। इसके बावजूद मैंने वह काम करना जारी रखा जो मैं कर रहा था। मैं इस सच से अच्छी तरह अवगत था कि 'SEWA' के पास प्रतिकार में मुझे देने के लिए वेतन जैसी आर्थिक या अन्य भौतिक सुविधाएँ नहीं थीं। उनकी दिल्ली की शाखा अभी नयी थी और उनके पास स्थायी और नियमित फंड की भी कमी थी, लेकिन उन परेशानियों से बुरी तरह से घिरी हुई औरतों की तुलना में मुझे अपनी निजी परेशानी बेहद मामूली महसूस होने लगी थी–गोया वे मेरी सगी थीं और हक़ की लड़ाई में उनका साथ देना मेरा फ़र्ज़ था। मैंने उन औरतों की समस्याओं को व्यावहारिक रूप से आत्मसात कर लिया था। उनको बीच रास्ते में छोड़ देना मेरे लिए असम्भव था। यह स्थिति दिल और दिमाग़ के दरमियान एक चिरन्तन द्वन्द्व की

कहानी का आकार ले चुकी थी। मुझे किसकी बात अधिक ग़ौर से सुननी चाहिए थी?

जहाँगीरपुरी की जिन औरतों से मैं मिला था वे अन्दर से बेहद नरमदिल और प्यारी थीं। मैं उनकी आपबीतियाँ सुनते हुए उनके साथ घण्टों बैठा रहता था। मैं उनके बच्चों के साथ भी वक़्त गुज़ारता था जो छोटे और किशोर दोनों ही उम्र के थे—मैं उनकी मानसिक—भावनात्मक और आर्थिक समस्याओं को समझता था। उनका पूरा समुदाय ही एक स्वाभाविक स्नेह और सम्मान से वंचित था और ऐसा प्रतीत होता था कि किसी मज़बूत तार ने हमें भीतर—ही—भीतर एक—दूसरे से बाँध रखा था।

मेरे पास उन सबकी अलग—अलग समस्याओं का तो कोई समाधान नहीं था लेकिन मैं उनकी पीड़ा को पूरी ईमानदारी और हमदर्दी के साथ सुन तो सकता ही था। और मैंने बिल्कुल यही किया। मैं बाहर की क्रूर दुनिया और उनके दरमियान ताज़ा हवा का झोंका पहुँचाने वाली एक खिड़की था जो उस दुनिया की तरह निर्मम और निष्ठुर नहीं थी। उनके साथ घिरे रहकर मुझे भी अपने महत्त्व का आभास होने लगा था। मैं ख़ुद की नज़रों में ज़रा उठ गया था। वे उम्र में छोटे थे या बड़े—उन सबके लिए मैं 'संजय भाई' था। यह कमोबेश कुछ ऐसा था मानो 'भाई' उनके लिए मेरा उपनाम हो।

मुझे लगता है जिस बात ने मुझे उनके क़रीब लाने और उनके साथ सहज महसूस करने में सबसे अधिक मदद की, वह शायद यह थी कि मैं भी एक छोटे शहर से आया था और जीवन में आर्थिक मुश्किलें मैंने भी निकट से झेली थीं। वे मुझे बैठने के लिए कुर्सी देते थे या फिर मुझे अपने बिस्तर पर ही बैठने का आग्रह करते थे, लेकिन मैं उनसे इतना घुलमिल गया था कि अक्सर उनके साथ नीचे फ़र्श पर बैठ जाता था। यहाँ तक कि उनके साथ फ़र्श पर बैठ जाने की मामूली घटनाओं ने हमारे

बीच की कृत्रिम सरहदों को मिटाने में एक बड़ी भूमिका निभायी।

'SEWA' के साथ मेरे सात महीने बहुत सारी व्यस्तताओं और प्राप्यों से भरपूर थे, लेकिन अन्त में मैंने पाया कि वह हमारे निर्धारित लक्ष्य से बहुत भिन्न था। कोई–न–कोई चमत्कार अवश्य था–चीज़ें अपनी गति से स्वतः होती जा रही थीं। शायद हम दोनों ही एक–दूसरे को आगे लिए जा रहे थे।

दूसरी तरफ़ जेएनयू और शिक्षा–जगत् के प्रति मेरी विरक्ति बढ़ती गयी। बेशक इस बार वजहें बिल्कुल अलग थीं। मेरे साथ पढ़ने वाले छात्र जिन्होंने लोक सेवा की परीक्षा पास कर ली थी, वे स्वयं को देवतुल्य समझने लगे थे। उनके स्वभाव का छुपा हुआ अहंकार अचानक बाहर निकल आया था, ऐसा प्रतीत होता था कि वे किसी अन्य ग्रह से आये हुए जीव थे। यद्यपि यह एक तयशुदा बात नहीं थी, लेकिन मेरे साथ यह इतनी बार हो चुका था कि मैं इसमें अन्तर्निहित सामाजिक पद्धतियों को बख़ूबी समझने लगा था। यहाँ तक कि जब वे अपने प्रशिक्षण में मिलने वाले अवकाशों में कैम्पस में आते तो अपने आप को विशिष्ट समझते थे। वे अपने पिछले जीवन और पिछले परिचय से बचने की कोशिश करते थे। कई बार तो सरकारी अधिकारी होने का उनका अहंकार दूर से परिलक्षित हो जाता था। मेरे लिए यह सब देखना बहुत हताशा भरा था और मुझे हैरत होती थी कि क्या यही वह लक्ष्य था जो मैं जीवन में प्राप्त करना चाहता था? सचमुच?

जीवन की पहली सफलता का स्वाद लेने वाले ये लोग अब 'क्लास' में बदल गये थे और शेष बचे लोग 'मास' थे। उनमें से अधिकतर निम्न वित्त या मध्यम वित्त वर्गों से आये हुए युवा थे, और यह प्रतीत होता था कि रातोरात मिली इस कामयाबी को क़ाबू करने के मामले में वे हारे हुए साबित हो रहे थे। ये अधिकारी एक अलग तरह का आचरण करते थे और अपनी छवि भी भिन्न बनाना चाहते थे। वे अपने पद का मूल उद्देश्य और लोक सेवा में आने के लिए स्वनिर्धारित अन्तर्दृष्टि को पूरी तरह से भूल चुके थे।

मेरे लिए यह अपना निर्णय लेने का समय था। 'SEWA' के साथ मेरा कार्यकाल समाप्त होने को था और मैं लोक सेवा की परीक्षा से जुड़ी अपनी महत्त्वाकांक्षा पर गम्भीरतापूर्वक पुनर्विचार कर रहा था। यह बात तो मैं पूरे दावे से कह सकता था कि मैं अभावों और ग़रीबी से ग्रस्त लोगों के जीवन में वास्तविक परिवर्तन लाने के लिए वचनबद्ध था, लेकिन मुझे कौन–सी प्रकिया और माध्यम चुनना चाहिए था? एक प्रशासनिक अधिकारी के तौर पर मैं सरकारी तन्त्रों की सहायता और अपने प्रयासों से 'बड़ी' तब्दीली ला पाने में सक्षम होता। लेकिन मुझे इस बात का भी भय था कि क्या मैं तब भी वही संजय भाई रह पाऊँगा? क्या मेरे सर पर भी अपने शक्तिशाली होने का घमण्ड तो नहीं सवार हो जायेगा और मैं अपने आपको दूसरे लोगों से भिन्न तो नहीं समझने लगूँगा? क्या ताक़त और सुविधाएँ मुझे भी अपने सम्भ्रम में फँसा लेगी, या मैं एक 'आम' आदमी बनकर किसी मुद्दे पर इसी ईमानदारी के साथ काम कर सकूँगा जैसे वह मेरा निजी मुद्दा हो? इन्हीं सवालों से लगातार जूझते हुए मैंने इनके बारे में 'SEWA' भारत की अध्यक्ष रेनाना बेन के साथ बैठकर अपने भविष्य के बारे में सलाह–मशविरा करने का फ़ैसला किया।

मेरी बातों से वे ख़ुश थीं कि मेरे जैसा एक युवा सेवा से जुड़कर अपना भविष्य–निर्माण करना चाहता है, और उन्होंने मुझसे पूछा कि क्या मैं भारत में लोक सेवकों को प्राप्त शक्ति, सम्मान और सुविधाओं का परित्याग करने के लिए मानसिक रूप से तैयार हूँ। मैं इस करियर से मिलने वाले स्थायित्व और रुतबे को छोड़ने के लिए तैयार था? उनके सवाल वाज़िब थे लेकिन उनके साथ बातचीत करने का स्पष्ट उद्देश्य यह था कि मेरे लिए इन बातों के कोई मायने नहीं थे। मैं अपनी ऊर्जा को सही जगह खपाने के अपने इरादों को लेकर बिल्कुल निर्द्वन्द्व था। वे सहर्ष मेरे अनुबन्ध के नवीनीकरण के लिए राज़ी हो गयीं। मेरे इस फ़ैसले से जहाँगीरपुरी की औरतें भी बहुत ख़ुश थीं।

यह सम्भवतः मेरे जीवन का सबसे नाज़ुक फ़ैसला था। सात महीनों का यह संक्षिप्त कार्यकाल अब सत्रह सालों की लम्बी और उत्साहपूर्ण यात्रा में परिवर्तित होने जा रहा था।

मुझे जो दायित्व सौंपा गया था, उसके महत्त्व को लेकर मेरे मन में कोई दुविधा नहीं थी। मैं भीतर से प्रसन्नता अनुभव कर रहा था। बाबूजी रिटायर हो चुके थे और मेरे भाई मुझे आर्थिक रूप से सहयोग कर रहे थे। प्रतिकार में मुझे भी मेरे परिवार को कुछ लौटाना था, लेकिन मैंने इस दुश्चिन्ता को परे धकेल दिया और अपने दिल और दिमाग़ के बीच सन्तुलन साधते हुए इस इरादे के साथ सेवा में एक नयी और छोटी शुरुआत की कि मुझे एक सम्मानपूर्ण और सुन्दर जीवन का सुख उठाना है।

आगामी वर्ष में मैं लोक सेवा की परीक्षा में शामिल नहीं हुआ। मेरे जीवन का लक्ष्य नहीं बदला था, केवल उस लक्ष्य तक पहुँचने के लिए मार्ग बदल गया था। मैं देश के उपेक्षित लोगों की सेवा करना चाहता था, लेकिन मेरे पास संसाधनों और प्रशासनिक तन्त्रों का अभाव था। लेकिन इस कमी की भरपाई के लिए मेरे पास उन लोगों की सामूहिक ताक़त थी जिनकी सेवा मुझे करनी थी। अब 'SEWA' ही मेरा मार्ग था–स्त्री सशक्तीकरण के ज़रिये राष्ट्र की सेवा करने के मेरे लक्ष्य का साधन।

मैंने ऐसी जगह जन्म लिया था जहाँ देवियों की आराधना की जाती थी, लेकिन जीवित औरतों को अपवित्र माना जाता था और उनका शोषण किया जाता था। समाज और उसके रीति–रिवाज स्त्रियों के विपक्ष में खड़े थे। पत्नी के साथ घरेलू हिंसा सामान्य घटना थी। मनोनुकूल दहेज नहीं मिलने की स्थिति में अपनी पत्नियों को छोड़ देने में पति पलभर की भी देर नहीं लगाते थे। लालची सास–ससुर द्वारा बहुओं की नृशंस हत्याओं की ख़बरें आये दिन सुनने में आती थीं। हमारी तरह दूसरे घरों में भी लड़के और लड़कियों के साथ अलग तरह से व्यवहार

किया जाता था। लैंगिकता की बुनियाद पर उनके काम बाँट दिये गये थे और उनके परिपालन के दृढ़ नियम थे। लड़कियों के कहीं आने–जाने की स्वतन्त्रता पर कड़ी बन्दिशें थीं। बचपन से ही इन परम्पराओं को देखकर मुझे बहुत दुःख होता था। और, इन सामाजिक दुर्बलताओं को झेलने वाली औरतों के प्रति इस क्रूरता के बृहद् रूप से परिचित होने के बाद मुझे अनुभव हुआ कि समाज के इन जालों की पूरी सफ़ाई के बाद ही औरतों को अपेक्षित रूप से तरक़्क़ी करने और स्वतन्त्र होने के अनुकूल अवसर मिल सकते थे। हम अपने ही घरों में औरतों को क़ैद कर और उनसे अपनी मातहती कराकर देवी दुर्गा की शक्ति का आकलन और उनकी उपासना नहीं कर सकते हैं।

मेरे निकट परिवार में ही मैं एक ऐसी स्त्री को जानता था जिसे उम्मीद से कम दहेज लाने के लिए बहुत कष्ट उठाने पड़े थे। उसे बहुत प्रताड़ित किया गया था और मैंने अपनी परवरिश के शुरुआती सालों में यह सब होते हुए अपनी आँखों से देखा था। मेरी स्मृतियों में यह बात एक गहरे ज़ख़्म की तरह दर्ज थी।

औरतों को उपभोग की वस्तु माना जाता है। उनके अस्तित्व को उनकी देह तक सीमित कर दिया गया है जिसका लक्ष्य पुरुषों को सुख देना होता है। एक घरेलू माहौल में औरतों की सबसे बड़ी ज़िम्मेदारी बच्चे पैदा करना और उनकी परवरिश करना है। उनके कहीं आने–जाने पर नियन्त्रण होता है और उनको अपनी स्वतन्त्रता और अधिकारों से वंचित रखा जाता है। यदि आर्थिक परिस्थितियों के कारण वह अर्थोपार्जन करती भी हैं तो भी घर में उनकी हैसियत दूसरे कमाने वाले की होती है। इस बात से कोई फ़र्क़ नहीं पड़ता कि वह अपने घर के किसी पुरुष सदस्य के मुक़ाबले अधिक और कड़ी मेहनत करती है। उसे आर्थिक आज़ादी शायद ही मिलती है। उसके निर्णयों और अधिकारों पर सामाजिक–आर्थिक पृष्ठभूमि का अप्रत्यक्ष नियन्त्रण होता है। शोषण की यह प्रवृत्ति सभी स्तरों पर देखी जा सकती है।

यह विचित्र अन्तर्विरोध है कि पुरुष के मुक़ाबले अधिक घण्टों तक काम करने के बावजूद उससे घर के सारे काम निपटाने की उम्मीद की जाती है। स्थितियाँ तब कहीं अधिक बुरी हो जाती हैं जब वह अपने पुरुष साथी के मुक़ाबले कम पैसे कमा पाने में समर्थ होती है। 'SEWA' में अपने कार्यकाल के दिनों में एक बार एक रेडीमेड कपड़े बनाने वाले फैक्टरी–मालिक से मेरी तीखी नोकझोंक हो गयी थी क्योंकि वह 'SEWA' दिल्ली के कामगारों के काम के बदले वाजिब मेहनताना नहीं दे रहा था। उसका तर्क सुनकर मैं स्तब्ध था, "इनके मेहनताने को लेकर आपको इतनी चिन्ता क्यों है, सर? ये पैसे तो उनके जेबख़र्च के लिए हैं।"

यह एक मध्ययुगीन मानसिकता है और इसमें आधारभूत तब्दीली की ज़रूरत है। वह फैक्टरी–मालिक उन औरतों के अपने परिवारों के लिए वाजिब आर्थिक योगदान को केवल उनके 'जेब ख़र्च' तक सीमित करने का कुतर्क दे रहा था। वह औरत को समाज का एक स्वतन्त्र और समान सदस्य मानने से भी इनकार कर रहा था। उसकी पितृसत्तात्मक सोच स्त्री के अस्तित्व को स्वीकार करने को तैयार नहीं थी। औरतों के बारे में ऐसी रूढ़ मान्यताएँ समाज के किसी क्षेत्र विशेष तक ही सीमित नहीं हैं। हम इस भेदभाव को स्पोर्ट्स, पत्रकारिता, विज्ञान व प्रौद्योगिकी और अन्य सभी क्षेत्रों में देख सकते हैं। सरकारी क्षेत्र हों अथवा निजी क्षेत्र के उद्यम, शीर्षस्थ पदों पर महिलाओं की उपस्थिति नगण्य है। ऊँचे पदों पर आसीन औरतें अभी भी एक महानगरीय अवधारणा है। द्वितीय और तृतीय श्रेणी के शहरों और ग्रामीण इलाक़ों में यह बात बामुश्किल देखने में आती है। हमारी असंगठित अर्थव्यवस्था जो भारत के मानव संसाधनों की 90 फ़ीसदी का प्रतिनिधित्व करती है, में औरतों को ज़्यादातर दौड़–भाग करने वाले काम ही दिये जाते हैं। अधिकतर श्रम करने वाली महिलाएँ ही होती हैं जबकि उनके सुपरवाइज़र पुरुष होते हैं।

यौन समानता हमारे देश में अभी भी एक दूर का सपना है। औरतों को एक बराबर का मनुष्य समझने और स्वीकार करने और जीवन के सभी क्षेत्रों में उनके योगदान के महत्त्व का अनुमोदन करने के बाद ही परिवर्तन की शुरुआत हो सकती है। निजी तौर पर मेरी मान्यता है कि औरतें ही हमारे व्यक्तिगत और सामाजिक जीवन को एक स्थायित्व देती हैं। हमें उनको अपनी दुनिया के शक्तिशाली गोलार्द्ध के तौर पर न केवल स्वीकार करना चाहिए बल्कि एक ऐसे समान समाज के निर्माण में अपनी भागीदारी भी देनी चाहिए जिसमें उनको अपनी सम्भावनाओं का भरपूर इस्तेमाल करने का अवसर मिल सके। वे अपने घरों की क़ैद से बाहर निकलकर सड़कों, बाज़ारों, दफ़्तरों और काम करने के दूसरे क्षेत्रों में अपनी योग्यता का प्रदर्शन कर सकें–देश के सभी हिस्सों में अपनी संख्या और अस्मिता के स्तर पर पूरी समानता के साथ।

भले ही, समाज, समुदाय और यहाँ तक कि उनका कार्यक्षेत्र भी उनके एकदम विरुद्ध था, लेकिन जिन औरतों के साथ और जिनके लिए मैं काम करता था वे नैसर्गिक रूप से बहुत मज़बूत थीं। 'SEWA' के साथ काम करने की अपनी अवधि में मैंने उनके आत्मबल और उत्साह को पहचानना भी सीखा।

मेरा मुख्य काम सरकारी अधिकारियों, राजनेताओं, आर्थिक सहायता देने वाले संगठनों, साझेदारों आदि से विचार–विमर्श करके नीतियों का निर्धारण करना था। जहाँ एक मसले पर इतने सारे लोगों की संलिप्तता हो वहाँ वैचारिक टकराव और संशय एक आम बात थी। हमारा एक ही आधार मन्त्र था, 'SEWA' की औरतों पर इसका क्या असर होगा? क्या किसी नीति से वे अल्पावधि के लिए ही लाभान्वित होंगी? या इससे उनको दीर्घकालिक फ़ायदा होगा?" जैसे ही मैं इन निष्कर्षों तक पहुँचता था, निर्णय लेना मेरे लिए उतना ही आसान हो जाता था।

मुझे गाँधीजी की उक्ति भी हमेशा याद रहती थी–"मैं आपको एक तावीज़ दूँगा। जब कभी भी आप संशय अथवा स्वार्थ की स्थिति में ख़ुद को फँसा महसूस कीजिए, इस सीख को ज़रूर आज़माइए। आप सबसे कमज़ोर और ग़रीब आदमी (या औरत) का चेहरा याद कीजिए जिसे आपने देखा है। उसके बाद ख़ुद से यह सवाल कीजिए कि आप जो क़दम उठाने जा रहे हैं उससे (उसका) कुछ भला हो सकता है? क्या आपके उठाये क़दम से उसके भीतर अपने जीवन और नियति को नियन्त्रित करने की कोई सम्भावना पैदा हो सकती है? दूसरे शब्दों में, क्या आपका क़दम उन लाखों लोगों के पेट और आत्मा की भूख का शमन कर उन्हें स्वराज तक ले जाने में कोई भूमिका निभा सकता है? आपको आपके संशय का उत्तर इसी करुणा में मिल जायेगा।"

असहाय और अभावग्रस्त औरतों के लिए कुछ भी करने का एक–एक पल मुझे सन्तोष से भर देता था। जब भी मैं किसी अकेली औरत या समूह की यौन समानता के हक़ में कुछ बेहतर करता था, या बातचीत के ज़रिये ऐसा कुछ हासिल करता था जिससे किसी का जीवन सकारात्मक रूप में हमेशा के लिए बदल जाये तब वे पल मेरे लिए अनमोल होते थे।

22 साल की युवा सन्तोष बेन शादीशुदा थी और 'SEWA' छोड़कर उसने अपना ख़ुद का काम शुरू किया था। अपने बच्चे की देखभाल करने के लिए उसे अपना काम बन्द करना पड़ा, लेकिन मैंने उसकी हिम्मत बँधाते हुए उसे अपना काम बन्द नहीं करने की सलाह दी। उसने ब्यूटीशियन की ट्रेनिंग ली थी। मैंने उसे अपना ख़ुद का ब्यूटी पार्लर और साथ में एक ट्रेनिंग सेंटर खोलने का सुझाव दिया। जब कोई सालभर बाद मैं उससे दोबारा मिला तो मैंने देखा कि वह अपने कारोबार में बहुत अच्छा कर रही थी और उसके ट्रेनिंग सेंटर में 120 लड़कियाँ नियमित रूप से ट्रेनिंग लेने आती थीं! उसने युवा लड़कियों के लिए सिलाई–कटाई की क्लास भी शुरू कर दी थी।

उसका चेहरा आत्मविश्वास से चमक रहा था और वह अपनी सफलता और आत्मनिर्भरता पर बहुत ख़ुश दिख रही थी। वह अपनी क़िस्मत को बदलने के साथ–साथ अपने जैसी कई दूसरी लड़कियों की क़िस्मत भी बदलने की कोशिश कर रही थी। 'SEWA' के लिए काम करने वाली एक आम कर्मचारी की बजाय अब वह ख़ुद एक उद्यमी बन गयी थी जिसके पास अब अपना स्टाफ़ और स्टूडेंट थे। सन्तोष की तरह और भी कई औरतें थीं जिन्होंने 'SEWA' के कौशल विकास केन्द्र से प्रशिक्षण लेने के बाद अपना ख़ुद का धन्धा शुरू किया था जिसमें अनगिनत औरतें उनका साथ दे रही थीं। एक औरत के सशक्तीकरण का अर्थ पूरे समुदाय का सशक्तीकरण होता है।

उन प्रगतिशील और साहसी औरतों को याद करके मैं आज भी अद्‌भुत ख़ुशी अनुभव करता हूँ। उन्होंने अपनी क़िस्मत अपने ख़ुद के हाथों में लेकर अपना भविष्य बनाया था। यह एक प्रेरणादायी बात थी।

'SEWA' दिल्ली की एक कार्यकर्ता के रूप में लीला बेन के सम्पर्क में मैंने बहुत कुछ सीखा। वह एक सशक्त महिला होने का उदाहरण थी जिसके पास औरतों की मूलभूत समस्याओं की विस्तत और गहरी समझ थी। वह सभी के लिए हमेशा सुलभ रहती थी और जब भी मुझे कुछ जानने–समझने की ज़रूरत होती थी तो मैं बेझिझक उनसे राय लेने पहुँच जाता था। उसने अपने बूते पर कपड़ों के बदले बर्तन बदलने का कारोबार खड़ा किया था और इस क्रम में वह दिल्ली के चप्पे–चप्पे से परिचित थी। अपने ग्राहकों, पुलिसवालों और नगर निगम के कर्मचारियों से निबटने का हुनर जानने के कारण वह एक तेज़तर्रार और होशियार औरत के रूप में जानी जाती थी। उसे अपने जैसी औरतों की मुश्किलों का ख़ासा तजुर्बा था और वह उन मुश्किलों से बाहर निकलने के उपाय भी तलाश लेती थी। वह उन औरतों के सारे मुद्दों के नग्न

रूपों को देख चुकी थी और उन भिन्न–भिन्न मुद्दों ने उसे बहुत अनुभव–सम्पन्न बना दिया था।

यह लीला बेन ही थी जिसने मुझे असंगठित कार्यक्षेत्रों में औरतों के यौन शोषण के बारे में गहनतम बातों की जानकारियाँ दीं। उन्होंने मुझे बाज़ारों में अपनी बेटियों की यौन प्रताड़ना के बारे में भी बताया और पहली बार मैंने उस घिनौने सच को जाना जिसे पहले नहीं जानता था। बाद में मैंने यह ख़ुद भी देखा कि किस तरह हमारे चारों तरफ़ औरतों को दबाया, कुचला और प्रताड़ित किया जाता है। भले उनकी जाति, पृष्ठभूमि और सामाजिक स्थिति कैसी भी हो। इन बातों ने मुझे औरतों के बारे में राष्ट्रीय अख़बारों में आलेख लिखने के लिए प्रेरित किया।

लीला बेन की मिसाल ने मुझे फेरीवाली औरतों के हितों में और बेहतर काम करने की चुनौती दी। उसने मेरे ऊपर जो विश्वास किया था मैं उसे खण्डित नहीं करना चाहता था। उसके साथ बिताया गया एक–एक दिन मेरे लिए एक सबक की तरह था–समस्याओं को समझने की उसकी क्षमता, लोगों से निबटने का उसका हुनर और चीज़ों की प्राथमिकताएँ तय करने की उसकी योग्यता। निश्चित रूप से वह एक जुझारू और निडर औरत थी।

एक बार उसको एक वैश्विक कॉन्फ्रेंस में भाग लेने के लिए बेनिन गणराज्य बुलाया गया। आयोजकों ने उसके लिए एक हवाई टिकट की व्यवस्था की थी। उसके साथ कोई सहयात्री नहीं था। ऑफ़िस में हर आदमी उसको लेकर चिन्तित था क्योंकि उसने कभी पहले हवाई सफ़र नहीं किया था, लेकिन लीला बेन को निकट से जानने के कारण मैं पूरी तरह से आश्वस्त था कि वह न केवल निडर होकर सफ़र करेगी बल्कि कॉन्फ्रेंस में आये लोगों को प्रभावित करने में भी सफल होगी। मैंने सहकर्मियों को सफ़र के लिए उनका ब्योरा हिन्दी और गुजराती भाषा में लिखने को कहा और लीला बेन को सफ़र के तौर–तरीक़ों और औपचारिकताओं के बारे में जानकारी दी। हालाँकि आयोजकों

द्वारा अपने साथ किसी और के जाने के टिकट की व्यवस्था नहीं करने से वह भी नाराज़ थी लेकिन इसके बावजूद उसने न केवल अकेले यात्रा की बल्कि मंच का सफल उपयोग फेरीवाली औरतों की वास्तविक स्थिति और समस्याओं को लोगों के साथ साझा करने के लिए भी किया।

उसकी सफलता से हम बेहद ख़ुश थे और वापस लौटने पर हमने एक समारोह में उसका स्वागत किया जहाँ उसने बेनिन में अपने अनुभवों के साथ–साथ अकेले सफ़र करने के अपने तजुर्बों के बारे में भी हमें बताया। मुझे आज भी उसकी बातें याद हैं : "यह सुनकर मैं भौंचक्का थी कि मैं विदेश यात्रा पर जाने वाली हूँ। आप सबको पता नहीं होगा, अपने पूरे ख़ानदान में विदेश जाने वाली मैं पहली इन्सान हूँ, लेकिन यह उत्साह उस दिन काफ़ूर हो गया जब मैंने यह जाना कि मुझे अकेले ही जाना है। मैं घबरा गयी। एक बार के लिए तो मैंने सोचा कि संजय भाई को मना कर दूँ कि मैं अकेली सफ़र नहीं कर सकूँगी, लेकिन मैं ख़ुशक़िस्मत हूँ कि आप सबने मेरा हौसला बढ़ाया और मुझे सफ़र की बारीक़ियों के बारे में विस्तार से समझाया। मुझे इस बात की ख़ुशी है कि मैं इस यात्रा पर गयी और एक अन्तरराष्ट्रीय मंच पर दिल्ली की फेरीवाली औरतों की तकलीफ़ों को रखा। इस अनुभव के ज़रिये मैं दुनिया के अन्य देशों की उन औरतों की पीड़ा को समझ सकी जो कमोबेश हमारी परिस्थितियों में ही जीने को मजबूर हैं। अब मैं नयी जानकारियों के साथ वापस लौटी हूँ और मेरा आत्मविश्वास पहले से अधिक दृढ़ है। आप सबके बीच लौटकर मैं बहुत ख़ुश हूँ।" यही उसके बातचीत करने का लहजा था–अपनी बात के ज़रिये पूरी जमात की बात करने का तरीक़ा।

'SEWA' सामूहिक शक्ति और औरतों को एकीकृत करने पर विशेष ज़ोर देता था। जब औरतें संगठित रूप में किसी मंच से

अपने हक़ में आवाज़ उठायेंगी, तब उस आवाज़ में नयी ताक़त होगी और वह आवाज़ परिवर्तन लाने में अधिक समर्थ होगी।

सन् 2000 की बात है, मुझे जहाँगीरपुरी की कुछ औरतों को नेतृत्व–कौशल में प्रशिक्षित करने के लिए अहमदाबाद ले जाने का निर्देश दिया गया। यह मेरे लिए एक उत्साहवर्द्धक बात थी और मैंने कारीबेन तथा अन्य कार्यकर्ताओं को यह बात बतायी, लेकिन मेरे उत्साह से ख़ुश होने की बजाय उनके चेहरों पर एक डर दिखने लगा। उनका कहना था कि उनके पति उन्हें जाने देने के लिए राज़ी नहीं होंगे। कुछ देर के लिए मैं सोच में पड़ गया, लेकिन मुझ पर उनके कौशल विकास के लिए उनको अहमदाबाद लेकर जाने की ज़िम्मेदारी थी। मैंने उनको समझाया कि उन्हें यह अवसर नहीं गँवाना चाहिए। यह प्रशिक्षण उनकी सामूहिक ताक़त के लिए ज़रूरी था ताकि वे आने वाले दिनों में अपने लिए नयी राहें तलाश सकें।

वे जानती थीं कि मैं जो कुछ भी कह रहा था वह उनके हित में ही कह रहा था, लेकिन उनकी समस्याएँ भी अपनी जगह जायज़ थीं। उन्होंने भरोसा दिलाया कि वे अपने पतियों से इस बारे में बात करेंगी और नतीजे से भी मुझे अवगत करायेंगी। लेकिन यह बात उतनी आसान नहीं थी। धीरे–धीरे उनके समुदाय में यह बात फैल गयी कि जो भी मर्द अपनी बीवियों को किसी मर्द साथी के बिना अकेले सफ़र करने की इजाज़त देगा उस पति को जाति से बहिष्कृत कर दिया जायेगा। कई औरतों से बात करने के बाद मैंने जाना कि यह सच्ची और गम्भीर धमकी थी।

स्थितियाँ बहुत नाजुक थीं लेकिन पीछे मुड़ना भी असम्भव था। "हिम्मत मत हारिए," मैंने उनसे कहा, "अगर आप उनकी बात इस बार मान जायेंगी तो आपके पति आपको अपनी मर्ज़ी के मुताबिक़ जीने को मजबूर करते रहेंगे। अपने इरादों पर अटल रहिए और अहमदाबाद जाइए। एक छोटी–सी बात समझिए, यह निर्णय नेतृत्व–कौशल को सीखने की दिशा में आपका पहला पाठ है।"

बहुत जद्दोजहद से गुज़रने और राय–विचार करने के बाद आख़िरकार वे सब एक नतीजे पर पहुँचने में कामयाब रहीं–हम सब अहमदाबाद जायेंगी, चाहे किसी भी बाधा से गुज़रना पड़े!

एक बार अपने मन के डर और संशय पर जीत हासिल करने के बाद उनके लिए आगे का सफ़र बहुत आसान हो गया। समुदाय के बुज़ुर्गों की हिदायत पर लोगों को इकट्ठा किया गया जिनके सामने उन्होंने औरतों की 'दैहिक सुरक्षा' की गारंटी की माँग की ताकि उनको आश्वस्ति हो सके कि उन्होंने ऐसा कुछ नहीं किया है जिससे उनके परिवार और बिरादरी की साख पर धब्बा लगे। यह एक बेतुकी शर्त थी और उनकी पितृसत्तात्मक मानसिकता का परिचय देती थी। औरत की आज़ादी और गतिविधियों पर पाबन्दी लगाने के लिए पुरुष किसी भी सीमा तक जा सकता है। किसी पुरुष के स्पर्श भर से स्त्री 'दूषित' हो सकती है! 'दैहिक सुरक्षा की गारंटी' का सीधा अर्थ था कि औरतों के समूह के साथ एक ऐसे मर्द को अपने साथ ले जाने का दुराग्रह जो उनकी मदद करने के साथ–साथ किसी अप्रिय घटना की स्थिति में किसी औरत को ज़िम्मेदार ठहराने का अधिकारी हो। यह शर्त भी एक हद तक अपमानजनक थी लेकिन उन औरतों को अहमदाबाद भेजने के लिए उस शर्त को मानना ही मुनासिब था। कुछ आरम्भिक चुनौतियों के बाद उन औरतों को बिरादरी के अनेक युवा और प्रगतिशील लड़कों का समर्थन हासिल हो गया जो उनके साथ बतौर 'गारंटी' जाने को तैयार हो गये।

मैंने उन औरतों की आँखों में एक नयी दृढ़ता देखी–उनको रोक पाना अब असम्भव था। सब की सब अहमदाबाद के लिए रवाना हो गयीं–यह उनकी पहली यात्रा थी जिसमें उनके साथ परिवार का कोई बड़ा–बुज़ुर्ग नहीं था। सीमाएँ लाँघी जा चुकी थीं। इसके बाद उनके पतियों और बिरादरी के बुज़ुर्गों ने उनको कभी नहीं रोका–टोका।

इस समूह की एक बड़ी बाधा उन औरतों की निरक्षरता थी। उनमें से कई औरतें यह चाहती थीं कि उनके बच्चों को अच्छी तालीम हासिल हो सके। यह महज़ सपना भर नहीं था, उन औरतों की दिली इच्छा थी। वे शिक्षा के महत्त्व को समझती थीं और यह भी जानती थीं पढ़ने–लिखने से उनके बच्चों के लिए अवसरों के नये दरवाज़े खुल सकते हैं। इसलिए वे शिक्षा के लिए ज़रूरी फंड इकट्ठे करने में पूरे जुनून के साथ जुटी हुई थीं। उनका यह जूनून प्रेरणादायी था क्योंकि इससे जीवन के लिए सकारात्मक परिवर्तन की उनकी चाहत का संकेत मिलता था।

बसन्ती बेन एक युवा विधवा थी और उसका एक बेटा था। एक दलित होने के नाते उसने वैधव्य के बाद के दुखों को क्रूरतम रूप में झेला था। साथ ही वह बेघरबार भी थी। अपनी बूढ़ी माँ और अकेली सन्तान के साथ वह सामुदाय भवन में अपने दिन काट रही थी।

जैसे ही बसन्ती बेन आवासीय इलाक़ों से रद्दी बटोरने वाले 'SEWA' भारत के प्रोजेक्ट से जुड़ी, वैसे ही अपने कमाये हुए पैसों से सबसे पहले उसने अपने बेटे का दाख़िला एक प्राइवेट इंग्लिश मीडियम स्कूल में कराया। उसने मुझसे मिलकर अपनी यह खुशी साझा की, "संजय भाई, आज मैं दुनिया की सबसे खुशनसीब माँ हूँ! मेरे बेटे को एक इंग्लिश मीडियम स्कूल में दाख़िला मिल गया है और मैं अपनी यह ख़ुशी आपके साथ बाँटना चाहती हूँ।" उसकी बात मेरे दिल को गहरे छू गयी। मैंने उसे अपनी शुभकामनाएँ दीं। हालाँकि यह उसकी व्यक्तिगत ख़ुशी थी लेकिन इस ख़बर से मैं पूरे दिन खुश रहा। कई सालों के बाद जब मैं बिहार के उपमुख्यमन्त्री सुशील कुमार मोदी के साथ एक मीटिंग में था तब उसने बड़े गर्व के साथ मुझे अपने बेटे से मिलवाया।

मुँगेर की संगीता बेन एक अन्य औरत थी जिसने अपनी कल्पनाशीलता से मुझे बहुत प्रभावित किया था। अपनी छोटी–सी

आमदनी से वह अपने बेटे और बेटी की पढ़ाई में मदद करने में अक्षम थी। उसका पति एक छोटा–मोटा चरवाहा और मवेशी–पालक था और वह ख़ुद अगरबत्ती बनाने का काम करती थी। काम के प्रति उसके लगाव ने मेरा ध्यान उसकी तरफ़ अनायास खींचा। उसके सम्पर्क में आने के बाद मैंने यह जाना कि वह भी अपने बच्चों को पढ़ाने के लिए ही इतनी कड़ी मेहनत करती थी। उसकी इस लगन के कारण ही मैंने उसे हमारे एक सेंटर का सुपरवाइज़र बना दिया। वह बढ़िया अगरबत्ती बनाने के हुनर में माहिर थी। अपनी बदली हुई भूमिका के कारण उसकी आमदनी भी बढ़ गयी थी जिसका इस्तेमाल उसने अपने बच्चों की बेहतर पढ़ाई में किया। उसका बेटा कम्प्यूटर इंजीनियरिंग की पढ़ाई करना चाहता था और वह अपने बेटे का सपना पूरा करने में उसकी हर मुमकिन मदद करने के लिए कृतसंकल्प थी। अभी हाल–फ़िलहाल उसने मुझे यह ख़बर दी कि उसके बेटे नवनीत ने बिहार के एक सरकारी कॉलेज से कम्प्यूटर इंजीनियरिंग की पढ़ाई पूरी कर ली थी।

मेरे साथ काम करने वाली कई युवा महिलाओं की शैक्षणिक पृष्ठभूमि कमज़ोर थी, लेकिन इस कमी की भरपाई उन्होंने अपनी योग्यता, कड़ी मेहनत और अवसरों के सदुपयोग के ज़रिये की। हमारे संगठन की वास्तविक नायिकाएँ वही थीं। 'SEWA' से जुड़े होने के कारण उनमें से कइयों ने स्कूल और कॉलेज में फिर से अपना दाख़िला कराया और पूरे आत्मविश्वास के साथ अपनी पढ़ाई जारी रखी। वे हमारी सर्वाधिक कर्तव्यनिष्ठ कार्यकर्ता थीं, जिन्होंने अपने अनुभवों से अन्य लड़कियों को अनुप्राणित किया।

मैं उन औरतों की सम्भावनाशील प्रतिभाओं की निरन्तर तलाश में था ताकि उन्हें संगठन में अधिक महत्त्वपूर्ण ज़िम्मेदारियाँ सौंपी जा सकें। प्रतिभा और कड़ी मेहनत की अनदेखी नहीं की जा सकती और न ही यह कभी व्यर्थ जाती है। ऐसी ही एक

महिला जिसने एक शिक्षिका के तौर पर अपनी शुरुआत की थी, बाद में एक क्रेडिट कोऑपरेटिव में मैनेजर बनी और आख़िरकार एक सामुदायिक उद्यम के सी.ई.ओ. के ओहदे तक पहुँचने में कामयाब रही। एक दूसरी औरत भी शिक्षिका से एक यूनियन की नेता बनी। अनेक महिलाएँ कोऑर्डिनेटर के पद तक पहुँचीं। 'SEWA' के साथ काम करने के दरमियान कई औरतों ने अपनी शादियाँ की और माँ भी बनीं। एक संगठन के रूप में हम अपने साथ काम करने वाली औरतों की निजी ज़िन्दगियों और मुश्किलों के प्रति बहुत संवेदनशील थे। हमने उनके बच्चों की परवरिश में उनके साथ हर तरह का सहयोग किया। कई अवसरों पर अपने संगठन के उद्देश्यों के विपरीत जाकर भी हमने उनकी निजी मजबूरियों का सम्मान किया। आख़िरकार यही औरतें संगठन की प्राणवायु थीं और इन्होंने ही संगठन की एक–एक ईंट जोड़ी थी। हम तो केवल उनका क़र्ज़ उतार रहे थे।

जब मेरा खुद का बेटा चैतन्य कुछ महीनों का ही था, उसी वक़्त हम वसुन्धरा एन्क्लेव के अपने नये घर में शिफ्ट हुए थे। यह मेरी पत्नी के ऑफ़िस के अधिक क़रीब था। वह न्यूज़ चैनल सहारा टी.वी. में काम करती थी। उसकी कम्पनी का रवैया उसके प्रति निश्चित रूप से सहयोगपूर्ण नहीं था। उसका ऑफ़िस उसके नये–नये मातृत्व और उससे जुड़ी हुई परेशानियों के प्रति एकदम असंवेदनशील था। उसे नाइट–शिफ्ट दी गयी और अपने छोटे–बेटे को भी अपने साथ रखने की इजाज़त नहीं दी गयी। हालाँकि मैं चैतन्य की देखभाल कर रहा था, लेकिन सीमा अभी तक उसे स्तनपान कराती थी। यह ब्रेस्ट पंप्स के ईजाद होने से बहुत पहले की बात थी, जिनके इस्तेमाल से औरतें बहुत जल्दी शिशुओं को स्तनपान करा कर अपने काम पर लौट सकती हैं–इसीलिए, रोज़ रात मुझे ड्राइव करके अपने बेटे को उसके दफ़्तर ले जाना पड़ता था। वह अपने कमरे से बाहर

निकलकर उसे स्तनपान कराती थी और वापस अपने काम पर लौट जाती थी। यह एक असुविधाजनक दिनचर्या थी, लेकिन हम मजबूर थे। उसका बॉस चाहता तो उसकी इस समस्या को आसान कर सकता था, लेकिन शायद वह अपने बॉस की 'प्रिय पात्रों' में एक नहीं थी। उसके पास नौकरी छोड़ने का भी विकल्प नहीं था क्योंकि हमने अभी–अभी नया घर ख़रीदा था और हमें उसकी क़िस्तें चुकानी थीं।

ऐसी निजी मुश्किलों ने प्रतिकूल परिस्थितियों है औरतों की देखभाल और सहयोग करने की मेरी मान्यता को दृढ़ किया, क्योंकि उन पलों में उन्हें संवेदनापूर्ण सहयोग की अपेक्षा सबसे अधिक होती है। ऐसा नहीं है कि यह मेरे लिए आभार जताने का अवसर था। औरतों की मदद करने और उनके कठोर जीवन का अविभाज्य अंग बनने में मुझे एक आन्तरिक सुख अनुभव होता था। ज़मीनी स्तर पर उनकी समस्याओं को समझना और सरकारी अधिकारियों से विमर्श कर नीति–निर्धारण में शामिल होना–मेरे लिए इन स्थितियों का एक–एक पल कुछ नया सिखाने वाला साबित हुआ था।

मेरे लिए 'SEWA' के सदस्य, कार्यकर्ता और सहकर्मी सभी एक परिवार की तरह थे, और हमेशा रहेंगे। 17 वर्षों से भी अधिक के समय ने हमें एक प्रगाढ़ता से बाँधे रखा है और मुझे साहस, ख़ुशी, आशावाद और सन्तुष्टि के नये पाठ सिखाये। ये पाठ किताबों और कक्षाओं में पढ़कर हरगिज़ नहीं सीखे जा सकते थे। विदेश सचिव रह चुके जेएनयू के मेरे प्रोफ़ेसर द्वारा भी नहीं! अपने जीवन को बेहतर बनाने की उन औरतों की चाहत ने मुझे भी अपना कौशल और अपनी योग्यता को निखारने की चुनौती दी थी। ऐसे अनुभव हमारे भीतर के प्राणतत्त्व–आत्मा–को इस धरती पर एक मनुष्य के रूप में जन्म लेने का अर्थ समझाते हैं।

अध्याय - सात

सपनों का घर

1987 का मानसून बेहद ख़ौफ़नाक था।

कटिहार एक बाढ़–प्रभावित इलाक़ा है। शहर के निचले इलाक़ों में पानी जमा हो जाना एक सामान्य बात थी। हमारा घर भी ऐसे ही इलाक़े में था। मानसून के दिन थे और कई दिनों से मूसलाधार बारिश हो रही थी। बिजलियाँ भी कड़क रही थीं। पूरे परिवार और ख़ासतौर पर छोटी उम्र के बच्चों के लिए यह बहुत डरावनी स्थिति थी और हम सब अपने घरों के क़ैदी बनकर रह गये थे। हमारे लिए हिम्मत बँधाने वाली बात यही थी कि माँ और बाबूजी हमारी देखभाल करने के लिए थे।

1987 की बारिश ने अपनी पुरानी सीमाएँ तोड़ दी थीं। यह लगातार और तेज़ हो रही थी। बीच–बीच में कड़कती हुई बिजलियाँ और तेज़ तूफ़ान का प्रकोप भी जारी था। हम बेतरह डर गये थे क्योंकि पानी हमारे घरों में दाख़िल होने लगा था और दूसरी तरफ़ बरसात थमने का नाम नहीं ले रही थी। उस वक़्त हम अपने अधपक्के घर में रहते थे जिसे बाबूजी ने बहुत कड़ी मेहनत से बनाया था। हम इस बात से बेहद दुखी थे कि उनकी यह कड़ी मेहनत कुछ ही घण्टों में बह जाने वाली थी। यह कोई सुविधाजनक नहीं, बल्कि एक मामूली घर था।

थोड़ी देर बाद ही हमारा घर आधा डूब गया। हम बाहर निकलकर निरुपाय भाव से देख रहे थे। हमारे घर के जो मामूली

सामान थे वह पहले ही डूब चुके थे। माँ और बाबूजी के चेहरों पर चिन्ता की लकीरें साफ़ नज़र आ रही थीं, लेकिन वे अपने परिवार की हिफ़ाज़त के लिए दौड़–भाग में व्यस्त थे। स्थिति इतनी गम्भीर हो गयी कि हमें सुरक्षित जगह तक पहुँचने के लिए केले के तनों की नावें बनानी पड़ीं। पानी में लथपथ और चिन्तित हम किसी तरह अपने चाचा के घर पहुँचे और वहाँ तब तक टिके रहे जब तक हमारे घर के इर्द–गिर्द का पानी पूरी तरह से बह नहीं गया।

इस विनाशकारी बाढ़ और लगातार आने वाले आँधी–तूफ़ान, जिसमें हमारा घर पूरी तरह बर्बाद हो गया था, के बाद ही मेरे बाबूजी ने सीमेंट और ईंटों का मकान बनाने का फ़ैसला किया था।

अपना बचपन मैंने पहले एक झोपड़ी, उसके बाद एक अधपक्के घर और अन्त में एक पक्के मकान में गुज़ारा था। मेरे पास अपने बचपन, परिवार और आस–पड़ोस की कुछ अनोखी और सुखद स्मृतियाँ हैं, लेकिन जिन वास्तविक कठिनाइयों से मैं गुज़रा हूँ उनकी यादें भी मेरे ज़ेहन में उतनी ही ताज़ा हैं। हमने अपना गुज़ारा इतने अभावों में किया था कि हमारे अवचेतन में असुरक्षा और अस्थायित्व का बोध गहरी जड़ें जमा चुका था। हमारा घर मौसम की प्रवंचना का सामना करने में असफल रहा था।

बड़े होने के बाद मैं समझ चुका था कि एक स्थायी और मज़बूत घर बहुत महत्त्वपूर्ण होता है। मुझे भी अपना ख़ुद का एक घर चाहिए था जो मेरे परिवार को वह बुनियादी सुरक्षा और सुविधा दे सके जो मुझे मेरे बचपन में नहीं मिल पायी थी।

मेरा अब अपना परिवार था। सीमा के रूप में मुझे एक शानदार जीवनसाथी मिला था। वह मेरी चिन्ताओं, मेरे उद्देश्यों और मेरी मानसिक बनावट को बख़ूबी समझती थी। हम आबिदा परवीन की एक संगीत–सभा में इत्तेफ़ाक़न एक–दूसरे से मिले थे। हालाँकि मुझे सपने भी यह अन्दाज़ा नहीं था कि हम एक

दिन विवाह के बन्धन में बँध जायेंगे, लेकिन हमारी पहली मुलाक़ात बहुत यादगार रही थी। एक बात जिसने मेरा ध्यान उसकी तरफ़ बरबस खींचा था वह यह थी कि दिल्ली में जन्मी और बड़ी होने के बावजूद उसकी जड़ें बिहार में थीं। बिहार से जुड़ी सभी चीज़ें उसे बहुत पसन्द थीं–वहाँ की लोक संस्कृति, उसके विविध रंग, पारम्परिक भोजन और वहाँ की लोक कलाएँ। बहरहाल संगीत–सभा के बाद भी हम सम्पर्क में रहे, और जल्दी ही हमने एक–दूसरे से मिलना–जुलना भी शुरू कर दिया। कुछेक महीने के बाद ही हम दोनों के माता–पिता ने अपने आशीर्वचनों के साथ हमारी शादी सम्पन्न करा दी। वे इस विवाह के लिए सहर्ष सहमत थे।

सीमा एक साहसी और आत्मविश्वास से भरी हुई औरत है जो किसी भी अन्याय के ख़िलाफ़ आवाज़ उठाने से नहीं झिझकती है। समाज में व्याप्त लैंगिक विभाजन के प्रति उसका दृष्टिकोण कठोर और स्पष्ट था। उसके पिता बिहार से आये थे और राजधानी के महानगर में अपनी सन्तानों की परवरिश करने के लिए कड़ी मेहनत की थी। कड़ी मेहनत का यह जज़्बा सीमा को विरासत में मिला था और अपने आरम्भिक साल उसने पत्रकारिता की बारीकियों को सीखने में बिताये थे जबकि उसने पत्रकारिता की औपचारिक पढ़ाई नहीं की थी, लेकिन उसका मन सही अर्थों में कला में रमता था। कला के प्रति उसका जूनून बीतते हुए सालों में लगातार फलता–फूलता और परवान चढ़ता गया।

सीमा के साथ मेरा जीवन राज़ी–खुशी कट रहा था। 2003 के आख़िर में मैंने यह तय किया–बच्चे से पहले हम अपना घर ख़रीदेंगे। "आपको पता है, आपकी कोई जमा–पूँजी नहीं है और आप अपने पिता से कोई आर्थिक सहायता भी नहीं ले सकते हैं?" सीमा ने मेरा फ़ैसला जानने के बाद पूछा था। मैंने अचानक कैसे यह बेतुका फ़ैसला ले लिया था? दरअसल मुझे जल्दी–से–जल्दी

दोनों चीज़ें चाहिए थीं–एक बच्चा और एक घर। और अब पहले मुझे अपना घर चाहिए था ताकि उसमें हमारा बच्चा पूरी तरह से एक स्वतन्त्र अस्तित्व की तरह पल–बढ़ सके।

मैं सामाजिक क्षेत्र में काम करता था जबकि मेरी पत्नी मीडिया में थी। हम पूरी तरह आश्वस्त नहीं थे कि हम दोनों मिलकर भी नये घर की क़िस्तें चुका सकेंगे, फिर भी हमने जोखिम उठाने का फ़ैसला किया। मसला और भी पेचीदा तब हो गया जब मेरी पत्नी ने यह शर्त रखी कि हमारा नया घर दिल्ली में होना चाहिए न कि ग़ाज़ियाबाद या नोएडा में। उसका मानना था कि दिल्ली रहने के लिए अधिक सुरक्षित जगह है और मेरे पास उसके तर्क का कोई जवाब नहीं था। इस तरह हमारे मनपसन्द घर की तलाश शुरू हो गयी।

क़ीमत और मेरी पत्नी के ऑफिस के क़रीब होने जैसी मुख्य बातों के कारण हमने पूर्वी दिल्ली में घर तलाशना शुरू कर दिया। आख़िरकार हमने वसुन्धरा एनक्लेव का चुनाव किया। मयूर विहार और पटपड़गंज जैसी दूसरी मनोनुकूल जगहें हमारे बजट में नहीं आ रही थीं। चूँकि हमारे पास अपनी कोई बचत नहीं थी लिहाज़ा हम पूरी तरह से उदारीकरण के कारण उपलब्ध घर के लिए मिलने वाले ऋण की सुविधा पर निर्भर थे। मैं हर दूसरे दिन प्रॉपर्टी डीलरों के चक्कर लगाने लगा ताकि हम अपनी आर्थिक क्षमता के भीतर एक सुन्दर अपार्टमेंट ख़रीद सकें। एक महीने की अथक कोशिशों के बाद भी हम सफल नहीं हो पाये थे।

तभी अचानक हम दोनों एक साथ बीमार पड़ गये। जाँच–पड़ताल के बाद हम दोनों को ही पीलिया निकला। उस समय सीमा गर्भवती थी। स्थितियाँ बहुत नाज़ुक थीं, लेकिन हमें उनसे निपटना था। घर की तलाश का काम तीन महीने के लिए स्थगित रहा–इस अवधि में डॉक्टरों ने हमें पूरी तरह से आराम करने की हिदायत दी थी। ख़ुशक़िस्मती की बात यही थी कि सीमा को गर्भावस्था में कोई परेशानी नहीं थी। कम–से–कम

एक चीज़ तो अपनी जगह दुरुस्त थी और इस छोटी–सी बात ने हमें अपार सन्तोष और ख़ुशी दी।

तीन महीने के लम्बे विश्राम के बाद मैं फिर से प्रॉपर्टी डीलर से मिलने उसके घर गया। जिस पहली ख़बर ने मेरा स्वागत किया, वह यह थी कि प्रॉपर्टी की क़ीमत में पिछले तीन महीने में उछाल आ गया था। ख़ैर, यह कोई अच्छी शुरुआत तो क़तई नहीं थी।

डीलर मुझे फ़्लैट दिखाने ले गया। मैं भविष्य की आवश्यकताओं और एक स्वस्थ जीवन शैली के लिए 3 बी.एच.के. (बेडरूम्स, हॉल, किचेन) चाहता था। वह मुझे उस अपार्टमेंट में ले गया जो मैंने तीन महीने पहले देखा था लेकिन अब उसकी क़ीमत 5 फ़ीसदी ज़्यादा हो चुकी थी।

बढ़ी हुई क़ीमतों पर मेरा कोई वश नहीं था। अपार्टमेंट सुन्दर, हवादार और खुला–खुला सा था जिसमें पर्याप्त रौशनी आती थी। चूँकि पूरा हो जाने के बावजूद अपार्टमेंट में अभी कोई नहीं आया था इसलिए वह भीतर से गन्दा और जालों से भरा हुआ था, लेकिन उनकी साफ़–सफ़ाई करना कोई बड़ी बात नहीं थी। अपार्टमेंट की लोकेशन हमारे लिए अतिरिक्त लाभ थी। काफ़ी सोचने–विचारने के बाद हमने उसे ख़रीदने का निर्णय लिया।

डीलर के दफ़्तर में ही मेरी और अपार्टमेंट के मालिक की मीटिंग रखी गयी। हम अपने साथ अपनी चेकबुक और कुछ नक़दी ले गये थे। मीटिंग के बाद डीलर ने हमें मालिक को 50,000 रुपये नक़द और 1.5 लाख का एक पोस्टडेटेड चेक देने के लिए कहा। मैंने और मेरी पत्नी ने अवाक् होकर एक–दूसरे को शर्मिन्दगी के साथ देखा। हमारे पास उतनी नक़दी नहीं थी। हम दोनों के पास कुल जमा 25,000 रुपये ही थे। अभी महीने की शुरुआत ही थी फिर भी हमारे खातों में तनख़्वाह के रूप में सिर्फ़ 28,000 रुपये ही थे। पूरे महीने का ख़र्च चलाने की चिन्ता हमारे चेहरों पर स्पष्ट देखी जा सकती थी।

प्रॉपर्टी डीलर एक अनुभवी आदमी था। उसने भाँप लिया कि हम किसी परेशानी में थे। हमने अपनी स्थिति पहले ही ईमानदारी के साथ बता दी थी–इससे ज़्यादा हम और कर भी क्या सकते थे? पोस्टडेटेड चेक सौंपने में तो कोई परेशानी नहीं थी क्योंकि दोस्तों और रिश्तेदारों की मदद से हम एक हफ़्ते में भुगतान करने की स्थिति में थे। असल समस्या नक़द भुगतान की थी। प्रॉपर्टी डीलर ने अपनी ड्रॉवर से 25,000 रुपये निकाले और हमारी तरफ़ से मालिक को अदा कर दिये। उसने हमें कहा कि यह पैसे हम बाद में उसे चुका दें। उस वक़्त हमें वह एक फ़रिश्ते की तरह लगा जो सौदा पक्का कराने के लिए हमारी ज़िन्दगी में आया था।

अपार्टमेंट ख़रीदने के लिए समझौते के कागज़ात तैयार कर लिए गये और हमें पूरे भुगतान के लिए 40 दिनों का वक़्त दिया गया। चालीस दिनों के बाद अपार्टमेंट पर हमारा अधिकार होने वाला था।

लेकिन हमारी असल चुनौती अब शुरू होने वाली थी–क़र्ज़ अदा करने के लिए क़िस्तों के नियमित भुगतान की व्यवस्था कैसे की जाये?

हमने बैंक एजेंटों से सम्पर्क करना शुरू किया कि कौन–सा बैंक हमें अधिकतम क़र्ज़ दे सकता है। बेशक व्यावहारिक दृष्टि से हमने एक बेवकूफ़ी भरा फ़ैसला लिया था : क्योंकि हमारे पास सचमुच पैसा बिल्कुल नहीं था। लेकिन बेवकूफ़ी से भरे जूनून से कई बार बड़ी मंज़िलें भी हासिल हो जाती हैं। कई बार हम काम करने का फ़ैसला करते हैं, और इस काम की राह में आयी लाखों मुश्किलों का हल भी निकल आता है।

गहरी पड़ताल के बाद मुझे पता चला कि उन दिनों होम लोन के लिए आवेदन करने की सबसे आकर्षक योजना आईसीआईसीआई बैंक के पास थी। हमने अपने सभी कागज़ात व्यवस्थित तरीक़े से संलग्न करके आईसीआईसीआई बैंक में

संयुक्त ऋण के लिए आवेदन कर दिया। हम दोनों में से किसी की भी निजी आमदनी इतनी नहीं थी जो क़र्ज़ लेने की पात्रता के अनुकूल हो, संयुक्त ऋण लेने की बाध्यता इसलिए भी थी। बैंक का चुनाव करने में दस दिन निकल चुके थे और अब हमारे पास बाक़ी के पैसे चुकाने के लिए सिर्फ़ तीस दिन ही बचे थे।

दस दिनों की प्रक्रिया के बाद मुझे सूचित किया गया कि बैंक ने मेरे आवेदन को निरस्त कर दिया था, जबकि मेरी पत्नी के आवेदन को उसने स्वीकार कर लिया था। कारण बहुत सामान्य था–मेरी पत्नी निजी क्षेत्र के एक मीडिया हाउस में काम करती थी, जबकि मैं एक एन.जी.ओ. में कार्यरत था।

मेरे लिए यह हताश करने वाली ख़बर थी। मैं ग़रीब लोगों के जीवन स्तर को बेहतर बनाने की दिशा में काम कर रहा था, और यही बात मेरे अपने सपनों को पूरा करने की राह में बाधा बन गयी थी। मुझे जल्दी–से–जल्दी कुछ करने की ज़रूरत थी वरना मैं यह मौक़ा चूक जाता।

उस वक़्त आईसीआईसीआई बैंक के कार्यकारी निदेशक मिस्टर नचिकेत मोर थे। एक बार वे 'SEWA' बैंक द्वारा पेंशन पर आयोजित वर्कशॉप में आमन्त्रित थे। मेरी उनसे संक्षिप्त मुलाक़ात हुई थी और मेरे पास उनका कार्ड भी था। जिस दिन मेरा आवेदन निरस्त हुआ उस नाम मुझे उनका स्मरण हो आया और मैंने उनसे मिलने का फ़ैसला किया।

मेरे पास उनका मेल आईडी था और मैंने उनको लिखने का फैसला किया। वर्कशॉप में अपने व्याख्यान में उन्होंने कहा था कि उनका बैंक ग़रीब औरतों की सहायता के लिए माइक्रो–फाइनेंस अवसर मुहैया कराने को प्रतिबद्ध है। अपने ई–मेल में मैंने उनसे सवाल किया कि अगर उनका बैंक किसी ऐसे आदमी पर भरोसा नहीं कर सकता है जो 'SEWA' के लिए काम करता हो तो वह माइक्रो–फाइनेंस की सम्भावनाओं पर कैसे गम्भीर हो सकता है?

मेरा ई–मेल बिल्कुल सही और विनम्र भाषा में लिखा हुआ था, लेकिन मैंने अपना दृष्टिकोण और चिन्ता प्रकट करने में कोई कोताही नहीं की थी।

दो दिन बाद ही मुझे दिल्ली क्षेत्र के प्रमुख का ई–मेल प्राप्त हुआ। उसमें लिखा हुआ था कि मेरे मामले को स्वयं कार्यकारी निदेशक ने अनुशंसित किया था और प्राथमिकता के आधार पर उसका निष्पादन किया जायेगा। मेरी ख़ुशी का कोई ठिकाना नहीं था। चीज़ें अब मेरे मनोनुकूल चल रही थीं। बैंक ने मुझसे कुछ और सामान्य काग़ज़ात और जानकारियाँ माँगी, लेकिन यह बात अब पक्की हो चुकी थी कि क़र्ज़ मुझे हर हाल में मिलेगा।

पैसे चुकाने का दिन रोज़–बरोज़ क़रीब आता जा रहा था। बैंक ने मुझे बताया कि वह मुझे अपार्टमेंट की क़ीमत की 80 प्रतिशत राशि ही क़र्ज़ के रूप में दे पायेगा, लेकिन मेरी आर्थिक स्थिति के मुताबिक़ मुझे कम–से–कम 90 प्रतिशत राशि की आवश्यकता थी। अपार्टमेंट के पैसे चुकाने के बाद कुछ ज़रूरी फ़र्नीचर और साजो–सामान ख़रीदने के लिए भी मुझे कुछ पैसों की दरकार थी। मैंने अपनी स्थिति का हवाला देते हुए क्षेत्रीय प्रबन्धक को लिखा। बैंक ने पुनः मेरी बात को गम्भीरतापूर्वक लेते हुए मेरे अनुरोध को मान लिया। उसके बाद की प्रक्रिया तेज़ी से शुरू हो गयी।

अगले कुछ दिनों के बाद 13 अगस्त 2004 को अपार्टमेंट हमारा हो चुका था! यह चैतन्य के जन्म के ठीक 19 दिन पहले की बात है।

उस वाक़ये को याद करते हुए मैं आज भी रोमांच से भर जाता हूँ। मज़बूत कारणों से लिए गये त्वरित निर्णय हमें मंज़िल तक पहुँचा सकते हैं। बस हमें लगातार चलते जाने की ज़रूरत है। मुझे भी अपना परिवार बढ़ाने से पहले अपने ख़ुद के घर की ज़रूरत थी। शुरू में सीमा को भी मेरी बात अटपटी लगी और उसने उसे हँसी में उड़ा दिया। हमारी आर्थिक स्थिति को देखते

हुए उसका हँसना भी वाजिब था—हम दूर—दूर तक भी अपने घर का सपना नहीं देख सकते थे!

इसके बावजूद उसने मेरे इस निर्णय का समर्थन किया और इस काम को अंजाम देने तक पूरी बहादुरी से डटी रही। हमें अपने लक्ष्य का तो पता था लेकिन वहाँ तक ले जाने वाली राह के बारे में हम अनजान थे। इसलिए जो राह हमें दिखायी पड़ी हम उसी पर चल निकले।

सीमा सही अर्थों में एक सच्ची सहचरी साबित हुई है। मेरा सहयोग करने के साथ—साथ उसने अपनी पेशेवर ज़िम्मेदारियाँ भी बख़ूबी निभायी हैं। पत्रकारिता के उसके कुछ आख़िरी साल बहुत अच्छे नहीं रहे, लेकिन उसके अन्दर की जुझारू औरत ने हार मानने से इनकार कर दिया। जब उसे महसूस हुआ कि बतौर औरत वह अपनी शर्तों के साथ समझौते नहीं कर सकेगी और मीडिया उसके भविष्य की निश्चित गारंटी नहीं ले सकेगा, उसने नौकरी छोड़ देने का फ़ैसला लिया। उसने अपनी ख़ुद की शॉर्ट—फ़िल्म प्रोडक्शन कम्पनी शुरू की जो आज भी कामयाबी के साथ काम कर रही है।

इसके अतिरिक्त उसने 'रूट्स—टेल' नाम से एक कारोबार भी शुरू किया, जो बिहार की लोक कला मधुबनी आर्ट से सम्बन्धित है। सीमा ने इस लोक कला को ख़ुद भी बड़ी लगन से सीखा है ताकि वह लोक परम्पराओं और बाज़ार की ज़रूरतों के बीच एक सन्तुलित सम्पर्क बना सके। अपने इस उद्देश्य में वह सफल भी रही है। एक कलाकार और एक उद्यमी दोनों ही रूपों में उसे तरक़्क़ी करते देखना मुझे ख़ुशी और गर्व से भर देता है।

सीमा पूर्ण रूप से एक स्वतन्त्र स्त्री है और मैं उसकी इस स्वतन्त्रता का सम्मान करता हूँ। इसका मतलब यह हरगिज़ नहीं कि हम एक—दूसरे से असहमत नहीं होते, या हमारे बीच तकरार नहीं होती। बिल्कुल होती है लेकिन एक—दूसरे का सम्मान करने के कारण हम हमेशा उसका हल तलाश लेते हैं।

जब मैं मुड़कर इन बातों को याद करता हूँ तो दो बातें साफ़ तौर पर उभरकर सामने आती है। पहली, मैं बहुत ख़ुशक़िस्मत रहा हूँ। अनेक घटनाओं, स्थितियों, लोगों और उनकी मदद आदि के एकदम सही समय में होने के कारण ही मैं अपने छोटे–से परिवार के लिए इस सपने को पूरा करने में सफल हुआ। वह प्रॉपर्टी डीलर जिसने मेरे बदले पैसे चुकाये, मेरा दोस्त अजय जिसने वकालत के अपने नये पेशे के बावजूद अपार्टमेंट तलाशने में मेरे लिए ऐसे भाग–दौड़ की जैसे यह ख़ुद उसी का काम था और नचिकेत मोर जिन्होंने आईसीआईसीआई बैंक से क़र्ज़ दिलाने में मेरी अभूतपूर्व सहायता की–इस सपने के सच होने में वे सब भी बराबर के अधिकारी थे। और, ये तो कुछ ख़ास उदाहरण हैं। उन लोगों के कारण ही हमारा परिवार आज भी उसी घर में रहता है, जिसमें चैतन्य बड़ा हुआ और अब तथ्या की परवरिश हो रही है।

मेरा मन उन सभी घटनाओं और मुक़ामों के प्रति साभार कृतज्ञ है जिन्होंने मेरे इस सामान्य से जीवन को एक अपूर्व और असामान्य सफलता में परिवर्तित कर दिया। फिर भी मेरा विश्वास इस पुरानी कहावत में है : सफलता तमाम अनिश्चिततओं, परि ाामों के प्रति एक निरपेक्षता और सफलता–असफलता के द्वन्द्व के बीच सक्रिय हमारी मानसिक दृढ़ता पर निर्भर है, ऐसी दृढ़ता जो भटकाव की स्थिति में भी हमारे अन्दर उपस्थित रहे। कई बार एक राह निकलती है–ऐसी राह जिसकी हमें उम्मीद नहीं रही हो, कई बार हम उस राह को छोड़कर दूसरे सम्भावित रास्ते तलाशते हैं, लेकिन हमारा वास्तविक लक्ष्य यदि स्पष्ट है तो हम तमाम भटकावों और हादसों के बावजूद उसे हासिल करने में सफल होते हैं।

और अन्ततः हम अपने पेशेवर आचरण और व्यक्तिगत आचरण को पूरी तरह से पृथक् नहीं कर सकते हैं। कहा भी जाता है, व्यक्तिगत ही राजनीतिक है, लेकिन व्यक्तिगत ही व्यवसाय भी है। दृढ़ निश्चय एक आदत है–और यह आदत हमारी निजी ज़िन्दगी के प्रति एक प्रतिबद्धता है जो हमें सामाजिक–सार्वजनिक जीवन में भी प्रतिबद्ध बनाती है।

अध्याय - आठ

रचनात्मक लक्ष्य

कैमरे पर मैंने पहली बार 1989 में अपना हाथ आज़माया था। तब मेरी उम्र सोलह साल थी और मैं रमेश भैया के साथ पड़ोस के एक गाँव मनसाही गया था। गाँव की चौतरफ़ा हरियाली के बीच से एक सुन्दर और सुरम्य रेल पुल था गुज़रता था। फ़ोटोग्राफ़ी के लिए यह एक शानदार लोकेशन थी। पृष्ठभूमि में सुन्दर दृश्यों के आगे खड़े होकर हमने बारी–बारी से एक–दूसरे की तस्वीरें उतारी थीं!

तस्वीरें जब धुलकर आयीं तो रमेश भैया ने मेरे फ़ोटोग्राफ़ी के हुनर की जमकर तारीफ़ की और साथ ही मुझसे इस शौक़ को जारी रखने के लिए भी कहा, लेकिन मेरे लिए यह कैसे सम्भव था? हमने जो फ़ोटोग्राफ़ी की थी वह एस.एल.आर. कैमरे से की थी और ये कैमरे बहुत महँगे आते थे। साथ ही, उन दिनों मैं पढ़ाई में भी बहुत अच्छा नहीं था लिहाज़ा फ़ोटोग्राफ़ी जैसे शौक़ पालने का कोई सवाल ही पैदा नहीं होता था।

कटिहार जैसी छोटी जगह में परवरिश होने की कई चुनौतियाँ थीं जो बाद के सालों में मुझे पेश आती रही थीं। जब हम बहुत सीमित साधनों में जीवन गुज़ारते हैं तो किसी शौक़ या रुचि का कोई अर्थ नहीं होता। इसका यह अर्थ कदापि नहीं होता कि हम सपने नहीं देख सकते। सपनों और शौक़ों पर

हमारा कोई क़ाबू नहीं होता; वे हमारे अवचेतन में चुपके से रेंगते हुए दाख़िल होते हैं और वहाँ स्थायी रूप से छिपे रहते हैं—हमारे मस्तिष्क की अदृश्य तराइयों, व्यावहारिक तनावों और अन्य चिन्ताओं में गहरे दफ़न।

रमेश भैया की तारीफ़ ने मेरे मन में एक छुपी हुई हसरत पैदा कर दी थी—कैमरे के लेंस के ज़रिये दुनिया को देखने और उन लम्हों को हमेशा के लिए एक तस्वीर में क़ैद कर लेने की हसरत। युवावस्था में पहुँचने के पहले मैंने इस बारे में किसी को कुछ नहीं बताया। जिन दिनों मैं अपनी इस चाहत के प्रति संजीदा हुआ, उन दिनों कैमरे परिवार की धरोहर माने जाते थे। वे ऐश्वर्य के साधनों में एक थे। मैं सपने में भी उसे ख़रीदने की बात नहीं सोच सकता था, और अपनी आर्थिक सीमाओं के कारण न ही अपने परिवार से इसकी माँग कर सकता था।

मैंने शुरुआत दोस्तों से कैमरा माँग कर की। उस ज़माने में कैमरों के भीतर फ़ोटो रोल होते थे जिन्हें किसी स्टूडियो में डेवलप करना होता था। उन दिनों बाज़ार में जापानी कैमरों का बोलबाला था और उनकी बिक्री ख़ूब फल फूल रही थी। कटिहार में मेरी पहचान के कई लोगों ने विराट नगर जाकर जापानी कैमरा ख़रीदा था।

विराट नगर जापानी और चीनी इलेक्ट्रॉनिक सामानों और कपड़ों की ख़रीददारी का मुख्य केन्द्र था। चूँकि हमारे पास अपना कैमरा नहीं था लिहाज़ा हमारे परिवार को ख़ास मौक़ों पर उसे किसी दूसरे से माँगना पड़ता था। बाद में मेरे सबसे बड़े भाई अरुण भैया ने अपने काम के सिलसिले में एक नया मिनोल्टा एस.एल.आर. ख़रीदा जिसे गाहे–बगाहे मैं भी फ़ोटोग्राफ़ी सीखने और उसकी तकनीक को समझने के लिए माँग लिया करता था। मैंने शैडो स्टूडियो के मालिक से मुझे फ़ोटोग्राफ़ी की बारीकियाँ सिखा देने का अनुरोध किया और उसने उदारता दिखलाते हुए मेरा आग्रह मान लिया।

मैंने ब्लैक एंड व्हाइट फ़ोटोग्राफ़ी को रंगीन फ़ोटोग्राफ़ी में तब्दील होते दौर को अपनी आँखों से देखा है। आज डिजिटल फ़ोटोग्राफ़ी के ज़माने में भी फ़ोटोग्राफ़ी मेरे लिए पहले की तरह ही किसी जादू से कम नहीं है। जिन दिनों हम बड़े हो रहे थे उन दिनों पारिवारिक फ़ोटो को सुरक्षित रखना एक परम्परा थी। डिजीकैम और स्मार्टफ़ोन के हमारे जीवन में दाख़िल होने के बाद वह परम्परा जैसे बिसरा दी गयी। उन फ़ोटो एलबम्स के नष्ट होने के साथ ही वे स्मृतियाँ भी नष्ट हो गयीं जो उन तस्वीरों को फ़ुरसत के क्षणों में बार–बार देखने से जुड़ी हुई थीं। कैसे उन तस्वीरों को बार–बार देखने के बहाने हम अपने पुराने जीवन में लौट जाते थे! उन पुरानी तस्वीरों को देखना मुझे भी बहुत प्रिय था। मुझे उन गलियों में चहलक़दमी करना प्रिय था जिनमें वे तस्वीरें हमारी उँगलियाँ पकड़े हुए ले जाती थीं। फ़ोटोग्राफ़ी वक़्त को अपनी जगह रोक देती है–कितनी हैरत की बात है, है कि नहीं? उतनी ही हैरत की बात यह भी थी कि अपने इस शौक़ को अभिव्यक्त करने में मुझे पूरे दो दशक लग गये।

दरअसल मेरे इस शौक़ को तब दोबारा पंख मिले जब मैंने 'SEWA' के साथ काम करना शुरू किया। ऐसे अनेक दृश्य थे जिन्हें मैं वक़्त के रूप में क़ैद कर लेना चाहता था–अपने कामों में पूरी लगन से लगी हुई औरतें, मुश्किल कामों को भी पूरी एकाग्रता और समग्रता के साथ पूरा करने को तत्पर औरतें, घर और बाहर दोनों की दोहरी ज़िम्मेदारियाँ निभातीं औरतें, अपने श्रमसाध्य कामों के बीच बच्चों को सँभालतीं औरतें। माथे पर पसीने की बूँदें और होंठों की मुस्कुराहट में काम पूरा करने की तसल्ली–मैं उनके चेहरों पर लिखी इन अनगिनत कहानियों को क़ैद करना चाहता था और उनकी कहानियाँ दुनिया से बाँटना चाहता था।

अपने काम के सिलसिले में मैं अक्सर इंडिया हैबिटैट सेंटर

जाता रहता था। हर बार मैंने वहाँ भिन्न–भिन्न जगहों पर किसी न किसी की फ़ोटोग्राफ़ी प्रदर्शनी लगी हुई देखी। वे तस्वीरें मुझे ठिठककर ख़ुद को देखने को मजबूर करती थीं और उन्हीं तस्वीरों ने फ़ोटोग्राफ़ी के प्रति मेरे आकर्षण को दोबारा जगाया।

आई.एच.सी. में ऐसी ही किसी मीटिंग में मैं रेनाना बेन के साथ गया हुआ था, और जब हम ऐसी एक प्रदर्शनी को देख रहे थे तो मेरे भी मुँह से अकस्मात निकल पड़ा, "एक दिन मैं भी ऐसी तस्वीरें खींचना चाहता हूँ।" उसने मुझे पूछा, "क्या आप भी ऐसी कोई प्रदर्शनी लगाना चाहेंगे?" क्या मैं यह सचमुच चाहता था? उस वक़्त मेरे पास इस सवाल का कोई जवाब नहीं था। हालाँकि हमारे बीच की यह बातचीत बहुत संक्षिप्त थी, लेकिन मेरे भीतर एक नये विचार का अंकुरण हो चुका था।

रेनाना बेन का सवाल मेरे मन में उमड़ता–घुमड़ता रहा, "क्या मैं फ़ोटोग्राफ़ी को लेकर इतना प्रतिबद्ध हूँ कि ऐसी कोई प्रदर्शनी आयोजित कर सकूँ?" मेरे भीतर एक जूनून तो ज़रूर था, लेकिन फ़ोटोग्राफ़ी मेरे लिए अभी भी एक शौक़िया बात थी। इसलिए मैंने इस विचार को स्थगित कर दिया। बल्कि कुछ लम्बी अवधि के लिए ही स्थगित कर दिया।

हमारी साझीदार संस्था के एक प्रोग्राम मैनेजर ने मुझे यू.के. से फ़ोन किया कि उनके पास हमारे लिए एक छोटा–सा बजट है जिसका इस्तेमाल हमें जनसंचार के लिए करना था। अगर हमारे दिमाग़ में कोई विचार हो तो वे हमें सहयोग करने को तैयार थे। हमारे दिमाग़ में विचार तो निश्चित रूप से थे–हमारी जुझारू और बहादुर औरतों की कहानियों को एक क्रिएटिव कम्युनिकेशन प्रोजेक्ट के माध्यम से प्रस्तुत करने का विचार। और, इस बहाने फ़ोटोग्राफ़ी के अपने दफ़न शौक़ को परवान चढ़ाने का भी विचार मेरे मन में था। मैंने इस अवसर का बेहतर उपयोग करने की बात सोची क्योंकि इसके ज़रिये उन उद्देश्यों को भी पूरा किया जा सकता था जिनसे मैं जुड़ा हुआ था। क्यों नहीं एक एस.एल.आर.

कैमरा ख़रीदने में पैसे ख़र्च किये जायें और उन काम करती मेहनती औरतों की तस्वीरें खींचकर उनको पोस्टकार्ड्स, कैलेंडर और कटआउट्स में डेवलप करके उन तस्वीरों को बतौर 'SEWA' की संचार सामग्री इस्तेमाल किया जाये?

मुझे बजट की कोई जानकारी नहीं थी, लेकिन मैंने वन वर्ल्ड एक्शन, यू.के., के एशिया प्रोग्राम मैनेजर बेथन से मोटे तौर पर आँकड़े के बारे में बातचीत की ताकि आरम्भिक संसाधनों और उनके सदुपयोग को सुनिश्चित किया जा सके। यह जानने के बाद कि हमारे इस्तेमाल से अधिक राशि के आवंटन की बात थी, मेरे साथ–साथ बेथन भी ज़ाहिरन बेहद ख़ुश हुई। उसने मुझे बेहतर–से–बेहतर सोचने के लिए भरपूर प्रोत्साहित किया ताकि अधिक फंडिग की स्थिति में असंगठित क्षेत्र में काम करने वाली औरतों की तकलीफ़ों और सफलताओं को अधिक प्रभावशाली ढग से रेखांकित किया जा सके? मेरे विचारों को विस्तार की आवश्यकता थी और कुछ हफ़्तों के भीतर ही मैंने उन औरतों के जीवन और कहानियों को तस्वीरों की घुमन्तु प्रदर्शनियों और फ़ोटो–बुक के माध्यम से प्रस्तुत करने से सम्बन्धित एक लिखित अवधारणा तैयार कर ली। अब हम कार्ड और कैलेंडर के आगे प्रदर्शनियों और फ़ोटो–पुस्तिकाओं के बारे में सोच रहे थे!

अपने साझेदार संगठन के प्रत्युत्तर को लेकर मेरे मन में थोड़ा संशय था। कारण सरल था–हमारी योजना के साथ हमारा बजट भी बड़ा हो गया था। शुक्र है कि उनको हमारी सोच अच्छी लगी, और उन्होंने 'SEWA' के विस्तृत संचार को विकसित करने के हमारे प्रयासों को सहयोग देने में रुचि ली। अब वे इस योजना से जुड़ी सूक्ष्मतम जानकारियों की अपेक्षा भी हमसे रखते थे।

हमने एक कॉन्फ्रेंस कॉल के ज़रिये इंटरनेशनल पार्टनरशिप के प्रमुख एंडी रदरफोर्ड से बात की। उन्होंने मुझसे कहा,

"संजय, यह एक शानदार योजना है, लेकिन इसे पूरा कौन करेगा?" मैंने तपाक से जवाब दिया, "मैं!"

आज उस उत्तर के बारे में जब फिर से सोचता हूँ, तो मुझे ऐसा लगता है कि मैंने शायद थोड़ी अधीरता दिखलायी थी। मेरे जवाब से एंडी आश्वस्त नहीं थे। उन्होंने मुझसे पूछा, "क्या तुम एक फ़ोटोग्राफ़र हो?" मैंने बताया कि मैं पेशेवर फ़ोटोग्राफ़र तो नहीं हूँ, लेकिन मैं अच्छी तस्वीरें खींच सकता हूँ। संयोगवश, जल्दी ही मुझे एक कॉन्फ्रेंस के लिए लन्दन जाने की ज़रूरत पड़ी, और एंडी ने मुझसे अनुरोध किया कि मैं अपनी खिंची हुई कुछ तस्वीरें अपने साथ लेता आऊँ। "ज़रूर," मैंने कहा।

अब मुझे अपने हुनर का व्यावहारिक प्रमाण देना था। मैंने अपने आप को फिर से एक छात्र समझ लिया था और कटिहार के ही अपने एक दोस्त मनीष से कुछ छोटी–मोटी बारीकियाँ जानीं। उसके बाद मैं सुन्दर नगरी गया जहाँ की कई औरतों के साथ मैंने काम किया था। दिल्ली के दिलशाद गार्डन के क़रीब इस उपेक्षित से इलाक़े की छोटी–पुरानी गुमटियों और कारख़ानों में ढेर सारे जुलाहे, मोची और चूड़ीसाज अपनी रोज़ी–रोटी कमाते थे। यही वह जगह थी जहाँ बतौर फ़ोटोग्राफ़र मैंने अपने जीवन के कई शुरुआती घण्टे बिताये। यहीं एक निरन्तर अव्यवस्था और कोलाहल के बीच मैंने उनकी कड़ी मेहनत, कौशल, प्रतिबद्धता, भावनाओं और अभावग्रस्त जीवन के पलों को लेंस के माध्यम से क़ैद किया। यह काम बहुत थकाने वाला और मुश्किल था, लेकिन इसे करते हुए मुझे बहुत सन्तुष्टि भी मिली। जब तस्वीरों के फ़ाइनल प्रिंट्स हमें मिले तो वे जो बयाँ कर रहे थे उसे किसी भी किताब में पढ़ पाना असम्भव था। उन तस्वीरों ने यू.के. में हमारे साझीदारों को बहुत प्रभावित किया जिसे देखकर मैंने राहत की साँस ली।

मेरे काम का लोकार्पण लन्दन में करते हुए एंडी ने अपनी दूसरी चिन्ता का ज़िक्र किया : "अपनी मौजूदा ज़िम्मेदारी और

भूमिकाओं के मद्देनज़र क्या तुम अपने फ़ोटोग्राफ़ी के प्रोजेक्ट को पर्याप्त समय दे पाओगे?" उनका सवाल वाजिब था, शायद उनका अभिप्राय यह था कि इस प्रोजेक्ट के लिए हमें एक पेशेवर फ़ोटोग्राफ़र को अनुबन्धित कर लेना चाहिए।

उनकी बात पर थोड़ी देर ग़ौर से सोचते हुए मैंने जवाब दिया, "लेकिन मुझे नहीं लगता कि कोई पेशेवर फ़ोटोग्राफ़र इस काम को इतने जूनून के साथ कर पायेगा जितना इससे निजी तौर पर जुड़ा हुआ कोई आदमी...। चूँकि मैंने उनकी तकलीफ़ों को महसूस किया है इसलिए यह एक अनोखी परिकल्पना है, मुझे इस बात का भी पूरा विश्वास है कि मैं दोनों कामों को साथ–साथ करने वाला सबसे बेहतर आदमी हूँ–तस्वीरें लेने और पुस्तक लिखने–दोनों के लिए। मैं सचमुच यह काम करना चाहता हूँ। मैं सचमुच उन जुझारू औरतों की कहानियाँ दुनिया को सुनाना चाहता हूँ जो मेरे अब तक के जीवन का एक महत्त्वपूर्ण हिस्सा रही हैं। आप मुझ पर पूरा विश्वास कर सकते हैं। आपको निराशा नहीं होगी।"

एंडी ने एक बार मुस्कुराकर मुझे देखा और अनुदान पर अपने दस्तख़त कर दिये, "हमें तुम पर, तुम्हारे फ़ैसलों पर और तुम्हारे काम पर पूरा विश्वास है।"

पहले दौर का काम सफलतापूर्वक पूरा हो चुका था। आगे का रास्ता लम्बा था, और भारत पहुँचने के साथ ही मुझे काम में जुट जाना था। इस तरह मेरी रचनात्मक यात्रा अब उड़ान भरने ही वाली थी।

सबसे पहली चुनौती पूरी संकल्पना को योजनाबद्ध तरीक़े से विस्तार देना था जिसके बाद मेरे भीतर का कलाकार सुविधाजनक तरह से अपना काम कर सके। मेरे भीतर का फ़ोटोग्राफ़र और लेखक दोनों एक साथ जग गये थे। मेरे ज़ेहन में 'SEWA' के सदस्यों की कहानियों को पूरी सम्पूर्णता और विविधता के साथ दुनिया के सामने लाने की एक पुरज़ोर ख़्वाहिश थी।

मैंने अपनी रणनीति पर कड़ी मेहनत की। सबसे पहले मैंने प्रोजेक्ट के लिए एक ऐसा टाइटल तय करने का फ़ैसला किया जिस पर मैं अपने काम की थीम की बुनियाद रख सकता था। मैंने अपनी यादों में 'SEWA' से जुड़े अपने अनुभवों को कई बार एक वीडियो मोंताज की तरह चलाकर आजमाया। मैं उन दृश्यों में सबसे प्रभावशाली और विशिष्ट दृश्यों को याद करने की कोशिश कर रहा था जो मेरी आँखों से होकर गुज़र चुके थे। उन अनेक दृश्यों से गुज़रते हुए बार–बार मेरा ध्यान 'हाथ' पर टिक जाता था। 'हाथ' उन सभी महिलाओं का प्रतिनिधित्व करता था जो कड़ी मेहनत करने वाले कामगारों के जीवन और अस्तित्व को मुखर रूप में पुनःपरिभाषित करता था। यह उनके जीवन का भी सबसे विशिष्ट अंग था जिनके साथ मैंने इतने सालों तक काम किया था।

दूसरी प्रमुखता यद्यपि थोड़ी अमूर्त अथवा अस्पष्ट थी, लेकिन फिर भी थी बहुत महत्त्वपूर्ण। मुझे इस दयनीय ग़रीबी और प्रतिकूल स्थितियों का एक सबल और जुझारू पक्ष भी दुनिया के सामने प्रस्तुत करना था। जीवन को बेहतर बनाने की इच्छा, अपने लिए नहीं बल्कि अपने बच्चों के लिए। अपने विचार–सूत्रों को क्रमवार रूप में आबद्ध करते हुए आख़िरकार मैं टाइटल तक पहुँच गया–उम्मीद भरे हाथ–'SEWA' आन्दोलन से उभरती आवाज़ें।

एक बार केन्द्रीय थीम और टाइटल निश्चित करने के बाद अब मुझे उनके उपकथानकों पर विचार करना था। यह थोड़ा आसान काम था।

प्रोजेक्ट को मई 2007 में सहमति मिल गयी, और मुझे मार्च 2008 में पुस्तक और प्रदर्शनी दोनों के लोकार्पण की उम्मीद थी। मेरे पास नष्ट करने का ज़रा भी समय नहीं था।

अगला काम ज़मीनी स्तर का था। प्रभावशाली और स्वाभाविक तस्वीरें खींचने के लिए मैंने लगातार यात्राएँ कीं। फ़ोटोग्राफ़ी के क्रम में मैं बिहार, पश्चिम बंगाल, राजस्थान, मध्य प्रदेश, गुजरात

और दिल्ली के कई इलाक़ों में भटकता रहा। ये सारी यात्राएँ मैंने एक निर्धारित समय सीमा के भीतर कीं। बाद में मुझे इस तरह से डूबकर काम करने में बहुत मज़ा आने लगा।

हालाँकि 'SEWA' के सदस्यों, कर्मचारियों और लाभार्थियों के साथ मैंने कई सालों तक काम किया था, लेकिन एक फ़ोटोग्राफ़र के रूप में इस नये सफ़र में मुझे उनके जीवन और चुनौतियों के नये आयामों को समझने का अवसर मिला। कैमरे के लेंस के दूसरी तरफ़ दुनिया बिल्कुल भिन्न दिखती है। तब आप केवल देखने वाले भर होते हैं, आपको अपना ध्यान पूरी तरह उस पर लगाना होता है जिसे आप दूर रहकर देख रहे हैं।

शुरुआती सितम्बर की गर्मियों के दिन थे और मैं प्रोजेक्ट के सिलसिले में बिहार मुँगेर के एक आदिवासी बहुल गाँव जलसकरा की यात्रा पर था। मुझे अचानक तेज़ बुख़ार चढ़ गया। रास्ते में मैंने एक साथ दो–दो गोलियाँ गटकीं फिर भी मैं भीतर से चिन्तित था। मैं बीमार पड़कर समय नष्ट करने की स्थिति में भी नहीं था। मेरी यात्रा की संक्षिप्त योजना मुझे बीमार पड़ने और आराम करने की इजाज़त भी नहीं देती थी। मेरी टिकटें पहले से बुक थीं और मैं एक भी दिन बिना काम किये नहीं रह सकता था। इससे भी बड़ी बात यह थी कि आस–पड़ोस के इलाक़ों की औरतों को मेरे आने की पूर्वसूचना दी जा चुकी थी और मैं उनको निराश नहीं करना चाहता था।

लगातार यात्रा की थकान और बुख़ार की अवस्था में ही मैं जलसकरा पहुँचा। जलावन के लिए लकड़ियों का भारी गट्ठर उठाये जंगल से घरों को लौटती ग्रामीण औरतों के दृश्यों ने मेरा स्वागत किया। उनके चेहरों पर चिन्ता और थकान की कोई लकीर नहीं थी।

साठ साल की राजी बेन जलावन की लकड़ी का गट्ठर उठाये दस किलोमीटर भीतर जंगल से अपने गाँव लौटी थी।

उसके माथे पर लगभग पच्चीस किलो का गट्ठर था, जिसे सहजता से सर से हटाकर ज़मीन पर रखते हुए उसने मुझसे बातें कीं। उससे बातचीत करके और स्थानीय लोगों की मेहमाननवाज़ी से मैं अपना बुख़ार, दर्द और थकान सब भूल गया। उन औरतों के बुलन्द हौसलों को देखकर मैं पूरी गर्मजोशी से अपने काम में लग गया।

मुँगेर में ही मैं एक और बुलन्द हौसले वाली औरत–कृष्णा बेन से मिला। उसकी कहानी बहुत तकलीफ़देह है, लेकिन यहाँ उसका ज़िक्र करना ज़रूरी है। कुछ साल पहले ही उसके पति की मौत हुई थी। इस मानसिक पीड़ा का सामना करते हुए उसे आर्थिक मोर्चों पर भी लड़ना था जो कि पहले से ही चिन्ताजनक थे। वह सिर्फ़ एक बार मिलने वाली 10,000 रुपयों की सरकारी विधवा पेंशन योजना की अधिकारी थी। यह धनराशि अपने आप में तो अपर्याप्त थी ही, कृष्णा बेन जैसी असहाय औरतों के लिए उसे प्राप्त करने की क़ानूनी प्रक्रिया भी कम पेचीदा नहीं थी। उसे पेंशन के लिए अपने आवेदन–पत्र के साथ प्रखण्ड कार्यालय का चक्कर काटते–काटते एक महीने से अधिक का वक़्त गुज़र चुका था। उसकी अवस्था दयनीय थी और उसके आवेदन पर त्वरित और सहानुभूतिपूर्ण कार्रवाई की आवश्यकता थी, लेकिन दुर्भाग्यवश हमारी भ्रष्टाचार पर आधारित व्यवस्था मनुष्य को मानवीय दृष्टि से देखने की आदी नहीं है। वह मात्र निजी जेबों को भरने का एक माध्यम है। कृष्णा बेन के मामले में भी यही हो रहा था।

जब कृष्णा बेन ने यह बताया कि उसकी पेंशन की आधी रक़म प्रखण्ड विकास पदाधिकारी और दूसरे कर्मचारी खा गये तो सुनकर मेरी आँखें भर आयीं। मैं यह समझने में असमर्थ अनुभव कर रहा था कि ऐसे अधिकारी कैसा विकास कर रहे थे। आख़िर किस कारण से और कैसी दुनिया में इस बात को तर्कसम्मत

माना जा सकता है? किस हद तक लालच ने मानवीय भावनाओं, करुणा और गरिमा को हाशिये पर धकेल दिया है? मेरी समझ से यह परे था। मैं जानता था कि यह हमारी व्यवस्था का सबसे कुत्सित पक्ष है–कमोबेश एक अपवाद से मुक्त नियम की तरह–इसके बावजूद कृष्णा बेन की कहानी को सुनना मेरे लिए बहुत पीड़ादायक था।

अपनी यात्रा में मैं नयी–नयी कहानियों से परिचित होता जा रहा था और इस क्रम में मानवीय पक्षों (उनके अभाव से भी) से भी अवगत हो रहा था। मुझे उन सबके साथ नये सम्पर्कों और सम्बन्धों को विकसित करने के अवसर भी मिले जिन लोगों के बारे में मैं अरसे से जानता था। पश्चिम बंगाल में मुर्शिदाबाद की जमीला बेन का नाम मिसाल के तौर पर लिया जा सकता है जिसे मैं लम्बे अरसे से जानता था, लेकिन जब मैं उससे पहली बार मिला तो उसने मुझे 'बेटा' कहते हुए अपनी कहानी मुझसे साझा की।

एक और कहानी जिसने मुझे भीतर से हिलाकर रख दिया वह भी मुर्शिदाबाद में बीड़ी बनाने वाली रुकन की थी। उसका पति कमाने के लिए कोलकाता गया था और वह अपने चार बच्चों के साथ दो जून की रोटी के लिए जूझ रही थी। मजबूर होकर उसे एक महाजन से क़र्ज़ लेना पड़ा। बचत के अभाव और बेहद मामूली कमाई के कारण क़र्ज़ चुकाने के लिए उसे अपने घर की एक–एक ईंट बेचनी पड़ी। अपने घर का चूल्हा जलाने के लिए उसे अपना घर ही लुटाना पड़ रहा था। ऐसी मिसालों की कोई कमी नहीं थी, वे हमारे इर्द–गिर्द और बड़ी तादाद में मौजूद थीं। इन कहानियों की तलाश में हमें मीलोंमील यात्रा करने की भी ज़रूरत नहीं थी; हमें बस अपनी आँखों को पूरा खोलते हुए अपने आसपास की दुनिया को देखने भर की

ज़रूरत थी। ये कहानियाँ बहुतायत में बिखरी हुई थीं जो हमारा दिल निचोड़कर रख देने के लिए काफ़ी थीं।

अपनी फ़ोटोग्राफ़ी की यात्रा के क्रम में ही मैंने यह भी जाना कि नमक की खेती करना कितना श्रमसाध्य काम है। मुक्ता बेन गुजरात के सुरेन्द्रनगर की एक नमक–किसान है। रण ऑफ़ कच्छ के छोटे–से भू–भाग में अवस्थित यह जगह अहमदाबाद से सड़क–मार्ग से छह घण्टे की दूरी पर है। इस भू–भाग में एक ऐसा बिन्दु भी है जिसके आगे इस विस्तृत प्रदेश में जाने के लिए कोई सड़क नहीं है जिसके ज़रिये इन नमक के खेतों तक पहुँचा जा सके। किसी स्थानीय आदमी की मदद के बिना किसी ख़ास स्थान पर पहुँचना असम्भव है, इसलिए मेरे साथ 'SEWA' के क्षेत्रीय संगठनकर्ता थे।

जब हम वहाँ पहुँचे, मुक्ता बेन सूखी झाड़ियों और बाँस से बनी अपनी कामचलाऊ छत के नीचे सो रही थी। मुक्ता बेन को उस वक़्त तेज़ बुख़ार और बदन दर्द था और उसके पास अपनी बीमारी के लिए कोई दवा उपलब्ध नहीं थी। सबसे नज़दीकी डॉक्टर या दवाख़ाना वहाँ से चालीस किलोमीटर दूर था, और वहाँ तक अकेले पहुँचने के लिए उसके पास कोई साधन नहीं था–ख़ासकर उस बीमारी और कमज़ोरी की स्थिति में।

संयोगवश मेरे पास आकस्मिक स्थिति के लिए कुछ दवाइयाँ थीं जिनका वह इस्तेमाल कर सकती थी। दवा लेने और थोड़ी देर आराम करने के बाद उसने मुझसे बातचीत की।

मुक्ता बेन और उसके पति अपने गाँव से लगभग पचास किलोमीटर दूर अपने नमक के इस खेत पर छह से आठ महीने गुज़ारते थे जो चारों तरफ़ से बंजर इलाक़ों से घिरा हुआ था। यह काम उनकी आजीविका का एकमात्र साधन होने के साथ–साथ अपनी सन्तानों के सुरक्षित भविष्य का एकमात्र माध्यम था। ज़ाहिरन यह कोई बहुत उपयुक्त माध्यम

नहीं था, किन्तु उनके गाँव में रोज़गार के दूसरे अवसर लगभग नहीं थे।

उस जीर्ण–शीर्ण छत के तले उसका साथी और सम्पत्ति एक पुराना टॉर्च, एक छोटा रेडियो और कुछ ज़रूरी बर्तन थे। इस कष्टदायी और दयनीय अवस्था के बाद भी मुक्ता बेन को किसी से शिकायत नहीं थी। अपनी अभूतपूर्व निर्धनता में भी वह मुझे सन्तुष्ट दिखी। उसका साहस सचमुच अनुकरणीय और वर्णनातीत था।

फ़ोटोग्राफ़ी करने के क्रम में मैं 'SEWA' के जिन–जिन सदस्यों से मिला, उन सभी ने अपने मज़बूत इरादों से मुझे बहुत प्रभावित किया और वे सभी अभी भी मेरी स्मृतियों में हैं। उनकी मेहनत, संघर्ष और छोटी–मोटी सफलताओं ने उनको जुझारू और व्यावहारिक दोनों बनाया। अपनी सन्तानों से जुड़ी आकांक्षाओं ने उनको हमेशा कठोर श्रम करने के लिए प्रोत्साहित किया। उनको सीमित साधनों और अभावों में भी सन्तुष्ट रहने का हुनर हासिल था। मुझे अनेक औरतें ऐसी मिलीं जो अपनी बेटियों को पढ़ाने को लेकर बेहद सचेत थीं ताकि उनको अपनी माँओं की तरह इस पुरुषों की दुनिया में ज़्यादा संघर्ष न करना पड़े। उन्हें देखकर ख़ुशी अनुभव करता था।

अपनी तस्वीरों में केन्द्रीय विषय के रूप में दिखाये जाने के बावजूद मुझे लोगों का कष्टप्रद और निर्धन जीवन क़तई पसन्द नहीं था। उनको शूट करते हुए मैं ग्लानि और असहायता से भर उठता था। किसी की ग़रीबी को दूसरों की करुणा का कारण बनाना मुझे अच्छा नहीं लगता था–लेकिन मैं यही तो कर रहा था। बेशक मेरे लिए भी वे औरतें विषय थीं, लेकिन साथ ही मैं उनकी क्षमताओं और हौसलों के ज़रिये अर्थव्यवस्था में उनके सहयोग और भागीदारी को भी रेखांकित करना चाहता था। वे हम सबकी ज़िन्दगी में एक मौन और अदृश्य मददगार थीं। उनकी मदद को पहचान नहीं मिली थी, उनके प्रति हमारे मन में

आभार जैसी कोई भावना नहीं थी। हममें से कितने लोग हैं जो यह जानने की ज़रूरत समझते हैं कि हमारे जीवन में नमक का स्वाद लाने के लिए कौन मेहनत करता है? इतनी मामूली समझी जाने वाली चीज़ के लिए मुक्ता जैसी औरत को आठ महीने के लिए अपना गाँव छोड़ना पड़ता है, निष्ठुर ऋतुओं में मेहनत करनी पड़ती है, एक जीर्ण–शीर्ण–सी झोंपड़ी में रहना पड़ता है, अपनी त्वचा को झुलसाना पड़ता है और फिर भी लगे रहना पड़ता है। धूप–अगरबत्ती, पापड़, कढ़ाई–बुनाई–आप किसी का नाम भर लें, उनके पीछे असाधारण ग़रीबी की मार झेलते और कम रोशनियों में चन्द रुपयों के लिए देश के कोने–कोने में काम करते कामगारों के चेहरे हमारे दृश्य–पटल पर तैरने लगते हैं। हमारी रोज़मर्रा की अधिकांश वस्तुएँ यही कामगार बनाते हैं।

'हैंड्स ऑफ़ हॉप' अर्थात् उम्मीद भरे हाथ' का एक मुख्य उद्देश्य इन औरतों और इनकी मेहनत को दुनिया के सामने लाना था। प्रदर्शनी और पुस्तक दोनों ही इन औरतों के अधिकारों की पुरज़ोर वकालत करने के साथ ही शहर के आत्मकेन्द्रित जीवन में उनके लिए एक ज़रूरी संवेदना उत्पन्न करने में बहुत कारगर साबित हो सकते थे।

अच्छी तस्वीरों का संग्रह करने के बाद मेरा अगला काम उनको प्रिंट कराना और उनको प्रदर्शित करने के लिए उपयुक्त स्थल का चयन करना था। प्रदर्शनी के आयोजन के उद्देश्य से मैं कई क्यूरेटर्स से मिला। यह जानकर मुझे अफ़सोस हुआ कि आई.एच.सी. और इंडियन इंटरनेशनल सेंटर, दिल्ली के उत्कृष्ट सांस्कृतिक स्थल को महीनों पहले आरक्षित कराना पड़ता था। क्यूरेटर से निबटना भी ख़ुद में एक मुश्किल काम था। उनके नियम बहुत सख़्त थे और फ़ीस भी मोटी थी। कइयों ने तो इस क्षेत्र में मुझे नया आया जानकर मेरा शोषण करने की भी कोशिश की।

आख़िरकार, मुझे एक बहुत साफ़गो और दिलचस्प आदमी मिला। मेरी सहकर्मी सपना देसाई ने मुझे मिलन मौदगिल से मिलवाया। मेरी तस्वीरें देखने के बाद उसने मुझसे पूछा, "आप इन औरतों को रेखांकित करना चाहते हैं या ख़ुद को एक फ़ोटोग्राफ़र के तौर पर स्थापित करना चाहते हैं?" मेरे लिए संशय की बात थी ही नहीं, मैं उन औरतों के श्रम और अभावों का परिचय दुनिया से कराना चाहता था।

उसके समूह की साथी दिव्या, जिसे इस प्रदर्शनी को डिज़ाइन करना था, भी उसके साथ थी। उन्होंने हमें सुझाव दिया कि हमें हर तस्वीर के साथ उसकी एक संक्षिप्त कहानी भी जोड़ देनी चाहिए ताकि देखने वाले उसकी प्रासंगिकता को समझ सकें। उन्होंने हमें तस्वीरों की फ्रेमिंग नहीं कराने का भी मशविरा दिया–तस्वीरों को इन क्रूर सच्चाइयों की तरह ही नग्न होना चाहिए ताकि दर्शक उनसे एक निकटता अनुभव कर सकें और उनके साथ संवाद कर सकें। साथ ही फ्रेमिंग के भीतर लिखावट कृत्रिम भी प्रतीत होती। मैं उनकी बातों से सहमत था।

अगला काम पुस्तक की डिज़ाइनिंग और प्रिंटिंग का था। किताब लिखने का काम मैं पहले ही पूरा कर चुका था और अब मेरे पास उसे डिज़ाइन और प्रिंट कराने का पर्याप्त समय था। एक तरफ़ खिंची हुई तस्वीरें प्रिंट होने के बाद जीवन्त हो उठी थीं और दूसरी तरफ़ मेरी पुस्तक एक भौतिक यथार्थ में परिवर्तित होने जा रही थी। मुझे विश्वास नहीं हो रहा था और मैं ख़ुद को बेहद उत्साहित महसूस कर रहा था। हाल–फ़िलहाल तक मैं ख़ुद को एक लेखक या एक फ़ोटोग्राफ़र कहने की हिम्मत भी नहीं कर सकता था। और अब मैं इन दोनों रूपों में स्वयं को प्रस्तुत कर रहा था–पूरी दुनिया के सामने और एक अच्छे उद्देश्य के साथ।

अच्छे उद्देश्य के साथ सन्तुलित श्रम, 'SEWA' भारत, समुदाय, यू.के. के साझेदार संगठन और रेनाना बेन जैसे अनेक लोगों के

लगातार प्रोत्साहन के कारण ही मेरे लिए यह सब करना सम्भव हो पाया।

प्रदर्शनी का पहला लोकार्पण 8 मार्च, 2008 को लन्दन के ट्रेड यूनियन कांग्रेस के दफ़्तर में हुआ और कोई महीने भर बाद ही इसे हाउस ऑफ़ कॉमंस में भी प्रदर्शित किया गया। भारत में पुस्तक और प्रदर्शनी दोनों का संयुक्त लोकार्पण 15 मार्च, 2008 को इन्दिरा गाँधी सेंटर फ़ॉर आर्ट्स के माटी घर में किया गया। दोनों का एक ही शीर्षक था–'हैंड्स ऑफ़ हॉप।' लोगों की सकारात्मक प्रतिक्रियाओं से मेरा बहुत उत्साहवर्द्धन हुआ।

उद्घाटन समारोह में शामिल लोगों में वे औरतें भी थीं जो उन तस्वीरों और किताब का हिस्सा थीं। यह उन औरतों के लिए भी उतनी ही ख़ुशी का पल था। आख़िरकार 'हैंड्स ऑफ़ होप' उनकी ही तो कहानियाँ थीं। प्रदर्शनी में आये गणमान्य लोगों में कुछ को मैं जानता था और कुछ मेरे लिए अपरिचित भी थे, लेकिन मुझे सबसे बेसब्री से इला बेन के आने का इन्तज़ार था। उसने पूरी प्रदर्शनी को बड़े ग़ौर से देखा और फिर सीधा 'विजिटर्स बुक' की तरफ़ बढ़ गयी : "शाबाश संजय भाई! 'SEWA' की हम सभी बहनों को आप पर बहुत गर्व है!"

मेरी किताब की भूमिका भी इला बेन भट्ट ने ही लिखी थी। उसके लिखे एक–एक शब्द उसकी अद्भुत बुद्धिमता की मिसाल थे, साथ ही प्रोत्साहन और विनम्रता से भी ओतप्रोत थे। मैं अन्तरतम से उसकी उपस्थिति और समर्थन के लिए उसका आभारी हूँ।

उद्घाटन समारोह में मेरी माँ का उपस्थित होना भी मेरे लिए उतना ही महत्त्वपूर्ण था। इस विलक्षण क्षण की साक्षी बनने के लिए वह कटिहार से लम्बी यात्रा करके यहाँ पहुँची थीं। उनके चेहरे पर अभिमान का भाव स्पष्ट देखा जा सकता था। बाबूजी का निधन कुछ समय पहले ही हो चुका था, लेकिन मैं

जानता था कि वे जीवित होते तो उनको भी मेरे काम पर उतना ही गर्व होता। जब मैंने सामाजिक क्षेत्र में काम करने की दिशा में अपना पहला सशंकित क़दम बढ़ाया था तो मेरे ऊपर सबसे अधिक भरोसा उन्होंने ही जताया था। "मुझे तुम पर पूरा विश्वास है और मैं जानता हूँ कि तुम अच्छा करोगे," उन्होंने कहा था। मेरे पास कृतज्ञता व्यक्त करने के लिए शब्द नहीं थे।

इन दोनों प्रदर्शनियों के बाद एक लम्बी श्रृंखला जारी रही। वन वर्ल्ड एक्शन यू.के. ने उन तस्वीरों के अनेक प्रिंट्स निकलवाये और एक साथ कई जगहों पर प्रदर्शनियाँ आयोजित कीं। उन तस्वीरों को डी.एफ.आई.डी. (डिपार्टमेंट फ़ॉर इंटरनेशनल डेवलपमेंट) मुख्यालय, लन्दन की ओस्बोर्न आर्ट गैलरी और दक्षिण अफ्रीका में भी प्रदर्शित किया गया। भारत में मुम्बई के एन.सी.पी.ए. (नेशनल सेंटर फ़ॉर दी परफॉर्मिंग आर्ट्स), भारत भवन (भोपाल), नेशनल स्कूल ऑफ़ डिज़ाइन (अहमदाबाद) और दिल्ली के आई.एच.सी. (इंडिया हैबिटैट सेंटर) तथा आई.आई.सी (इंडिया इंटरनेशनल सेंटर) में इन तस्वीरों को आम लोगों के सामने प्रदर्शित किया गया। कोलकाता, पटना और जयपुर के साथ कई अन्य शहरों के बीच इन तस्वीरों की यात्रा जारी रही। इन प्रदर्शनियों ने मीडिया का भी पर्याप्त ध्यान आकर्षित किया जिसके कारण अधिक–से–अधिक लोग इनके अन्तर्निहित उद्देश्यों से परिचित हो सके।

'हैंड्स ऑफ़ होप' प्रोजेक्ट प्रत्येक दृष्टि से सफल हुआ। इसने न केवल अपने आरम्भिक उद्देश्य को प्राप्त किया बल्कि उससे भी बहुत कुछ अधिक हासिल किया। इस सफलता से मुझे एक नयी सीख मिली। कुछ भी सीखने की असल बुनियाद उस काम को स्वयं करना है। जब मैं छोटा था तब अपना कैमरा मेरे लिए एक सपना था। जब मैं बड़ा हुआ तो मेरे सामने नयी सम्भावनाएँ खुलीं और मैंने उनका भरपूर उपयोग किया।

मेरी कल्पनाओं का क्षितिज बहुत लचीला और ख़र्चीला था जबकि मेरे संसाधन शुरू में बहुत सीमित थे। मैं पुनः इस बात को पुरज़ोर तरीक़े से दोहराना चाहता हूँ कि मंज़िल तक पहुँचने के लिए वैकल्पिक रास्ते हमेशा मौजूद होते हैं। मैं अपने भीतर छुपे जुनून को हवा देने में सक्षम था और देश के कोने–कोने की महिला कामगारों की कहानियाँ, उनसे मिलने वाली प्रेरणाओं की कहानियाँ और उनकी हिम्मत और संघर्ष की कहानियाँ एक अकेले प्रोजेक्ट के माध्यम से दुनिया के सामने ला सकने में कामयाब रहा। वह शायद इसलिए कि मैंने किसी अकेली इच्छा को प्राथमिकता देने से इनकार किया।

इस क़िस्से को समाप्त करने से पहले मैं यह ज़रूर कहना चाहूँगा कि अपनी सफलता के हम अकेले अधिकारी नहीं होते हैं। चीज़ों को सफल बनाने में बहुत–सी परिस्थितियों और लोगों का योगदान होता है। ये दोनों बातें हमारी सफलता की समवेत पटकथा तैयार करती हैं। इस बार 'SEWA' के सभी समुदायों की शुभकामनाओं और प्रोत्साहन ने मुझे ज़रूरी आत्मबल दिया। मेरे अन्दर की रचनात्मकता ने मुझे उन औरतों को अपनी सृजनात्मकता का स्रोत बनाने साहस दिया। मैंने तो बस उनकी आपबीती को अभिव्यक्ति का एक ज़रिया दिया।

अध्याय - नौ

ध्यान-साधना

चन्द्रशेखर झा एक बुद्धिमान और दूरन्देश आदमी था। वह सिर्फ़ जन्म कुण्डलियाँ ही नहीं बाँचता था बल्कि लोगों के मनोभावों को समझने की कला में भी सिद्धहस्त था। 2002 में जब एक मित्र के ज़रिये हम पहली बार मिले थे तब उसकी उम्र 27 या 28 साल की रही होगी। हम दोनों ही बिहारी थे–चूँकि हमारी जड़ें एक थीं इसलिए हमारी समझ में एक सामान्य अनुरूपता दिखलाई पड़ती थी।

चन्द्रशेखर झा ज्योतिषी का काम अपने युवावस्था के आरम्भिक सालों से करने लगा था और उसके यजमानों में मन्त्री और मशहूर लोग शामिल थे। मैं यह निश्चित रूप से नहीं कह सकता कि राहुल–हम दोनों का दोस्त–उससे ज्योतिषीय परामर्श लेता था या नहीं, लेकिन मैं ख़ुद चन्द्रशेखर का एक बड़ा प्रशंसक था। मेरी उससे पहली ही मुलाक़ात में उसने भविष्यवाणी की थी कि मुझे जल्दी ही विदेश–यात्रा का अवसर मिलेगा और मुझे अपना पासपोर्ट बना लेना चाहिए। जल्दी ही मुझे एक शॉर्ट डिप्लोमा कोर्स के लिए नीदरलैंड जाने का मौक़ा मिल गया। सीमा और मैं उससे अक्सर परामर्श लेते रहते थे। उसने मुझे कुछ रत्न भी सुझाये जिन्हें मैंने अँगूठी में जड़वाकर धारण कर लिया था। ये रत्न किसी की मनोकामना सिद्धि में

सकारात्मक भूमिका निभाने के साथ ही मन की 'नकारात्मक' प्रवृत्तियों को नियन्त्रित करने में कारगर माने जाते थे। जल्दी ही हम उसके पास किसी भी मन्दिर की तुलना में अधिक जाने लगे थे। हम उससे नियमित तौर पर टेलीफ़ोन पर भी परामर्श लेते रहते थे और उसके साथ हमारी एक सामाजिक निकटता स्थापित हो गयी थी। वह मुझे भैया बुलाता था। बड़ा भाई।

हम किसी भी समय किसी भी काम के लिए चन्द्रू की मदद लेते रहते थे। हम प्यार से उसे इसी नाम से पुकारते थे। चन्द्रू हमारी समस्याओं और चिन्ताओं का समाधान करने वाला कोई जादूगर नहीं था; वे तो अस्तित्व के अविभाज्य हिस्सा थे। वह चट्टान की तरह मज़बूत था और राय–परामर्श के लिए सदैव सुलभ था, इसीलिए हम उस पर भरोसा करते थे।

2009 की बात है, मुझे ऐसा लगने लगा कि ज़िन्दगी में एक ठहराव–सा आ गया है। कुछ भी नया घटित नहीं हो रहा था– और मुझे ऐसा लग रहा था कि फ़ोटो प्रदर्शनी की उत्तेजना और सफलता के बाद मैं हर पल किसी नयी बात और नयी रफ़्तार की अपेक्षा करने लगा था। रोज़ का घिसापिटा कार्यालयी कार्य मुझे निचोड़ रहा था। एक सुविधापरस्ती जीवन में पसरने लगी थी–एक तरह की नकारात्मकता, जो मेरी नज़र में निन्दनीय थी। मैं अपने कामों से असन्तुष्ट रहने लगा और एक जैसे कामों की पुनरावृत्ति से उबने लगा था। मुझे लगने लगा था कि जीवन में कुछ भी नया नहीं हो रहा है और मेरे सामने कोई लक्ष्य नहीं था।

कुछ हद तक मुझे लगने लगा गोया ज़िन्दगी किसी सहारे पर कट रही हो। मुझे लगने लगा कि मैं अपनी रचनात्मक जागरूकता के अनुरूप काम नहीं कर पा रहा हूँ–हैंड्स ऑफ़ होप जैसे रचनात्मक प्रोजेक्ट में लगी दशकों की लगातार मेहनत और उसे मूर्त रूप देने का एक धुँधला–सा अधैर्य, इन सभी अनुभूतियों का अभाव खल रहा था।

इन्हीं दुविधाओं के बीच हमारी बेटी तथ्या हमारी ज़िन्दगी में आयी। उसका आना हमारे जीवन में एक ख़ुशनुमा बदलाव की तरह था–उसकी कोमल–सी उपस्थिति और मासूम किलकारी ने हमारे जीवन में एक नयी ऊष्मा और ख़ुशी का संचार कर दिया था।

लेकिन मेरी पेशेवर नीरसता अपनी जगह बनी रही। वही काम, वही लोग, वही कार्यक्रम और योजना और वही कामकाज का ढर्रा–वही बेतुकी बातें जिनसे मैं बचना चाहता था, और ख़ुद को सबसे भिन्न समझने की वही बेचैनी। मैं जिस उकताहट से गुज़र रहा था वह कोई अनोखी बात नहीं थी : सामाजिक क्षेत्र में काम करने वालों के लिए इस शुष्कता को अनुभव करना सामान्य बात होती है। कुछ वैयक्तिक और अस्थायी अपवादों को जाने दें तो यह एक प्रकार से असमाप्य और निराधार काम है। एक ही समस्या को बार–बार सुलझाइए, और फिर से सुलझाइए लेकिन हरेक बार यह नया रूप ले लेती है। कुछ–न–कुछ नया हर बार। शक्तिशाली होना भी अपने ख़िलाफ़ एक हथियार है–दृढ़ता एक निजी विशिष्टता है, एक निजी गौरव–बोध, जो हमें आराम करने की इजाज़त नहीं देता। अपनी पेशेगत कुण्ठा और व्यक्तिगत प्रतिबद्धता के बीच सन्तुलन साधने में मैं दिन–प्रतिदिन ख़ुद को नाकाम पा रहा था। मैं अपने परिवार और यहाँ तक कि अपनी नवजात बेटी को भी पर्याप्त समय नहीं दे पा रहा था। इसकी वजह से मेरे घर की शान्ति ख़तरे में थी। घर का माहौल दबाव से भरा और तनावपूर्ण होने लगा था। सीमा और बच्चे किसी भी रूप में मेरे कष्ट का कारण नहीं थे, इसके बाद भी उनको इसका दुष्परिणाम झेलना पड़ रहा था। दम्पत्ति के बीच नोकझोंक कोई असहज बात नहीं है, लेकिन असहमतियों की लगातार उपस्थिति बुनियादी तौर पर घर की ज़रूरी सौहार्द के लिए घातक होती है और बच्चों के मस्तिष्क पर इसका नकारात्मक असर पड़ता है। चूँकि मैं यह

समझता था इसलिए मैं अपने भीतर एक अप्रसन्नता और ग्लानि अनुभव करता था। मैं विवश था। बहुत कोशिशों के बाद भी मुझे अपना जीवन एक ढलान से नीचे लुढ़कता दिख रहा था।

पेशेवर अधोपतन को समझाया जा सकता है, उसकी मात्रा बतायी जा सकती है और उसका विश्लेषण भी किया जा सकता है, लेकिन मनोवैज्ञानिक अन्तर्द्वन्द्व को समझना या अभिव्यक्त करना आज भी दुनियाभर के समाज में एक अजीब निगाह से देखा जाता है और भारत में इस तरह की मनो–सहायता मिल पाना आसान भी नहीं है। चिकित्सा से मुझे मदद मिल सकती थी–लेकिन मेरे पास चन्द्रू था। मेरा अस्तित्व ही मेरी युद्धभूमि बन गया था। ऐसा प्रतीत होता था कि मैंने अपनी भावना, अपनी प्रतिक्रिया, अपने आचरण, अपने लक्ष्य और अपनी प्राथमिकताओं–सब पर से अपना नियन्त्रण खो दिया था। मेरी नज़र में इस स्थिति से बचने की कोई सूरत नहीं दिख रही थी। कोई शान्ति नहीं, कोई राहत नहीं–मुझे न तो अपने काम से और न अपने परिवार से कोई चैन मिल रहा था। मैं अपने अन्तःसंघर्ष से एक–एक दिन बल्कि एक–एक पल जूझ रहा और लगातार हारता जा रहा था।

जिस समय मुझे अहसास होने लगा था कि अब मैं टूटकर पूरी तरह से बिखर जाऊँगा, उसी समय जगदीश माँझी से मेरा परिचय हुआ। आचार्य जगदीश माँझी मनोविज्ञान के रिटायर्ड प्रोफ़ेसर हैं और उन्होंने ध्यान के अभ्यास का प्रशिक्षण श्री श्री आनन्दमूर्ति और प्रोफ़ेसर इन्द्रदेव गुप्ता जैसे गुरुओं के मार्गदर्शन में प्राप्त किया था।

मेरे लिए चन्द्रू को फ़ोन करना या उससे मिलना रोज़मर्रा की बात हो गयी थी। मैं मानसिक रूप से एक बन्दी बन चुका था और स्वतन्त्र रूप से कोई निर्णय लेने में बिल्कुल असमर्थ हो चुका था। उसी दौरान मैंने ध्यान करना सीखा।

ध्यान को एक रामबाण के रूप में मुझसे पहले भी अनेक लोगों ने आज़माया है; मेरे हाथों की रत्नजड़ित अँगूठियों की

तरह कइयों ने इसे बेतुका भी बताया है लेकिन दोनों में एक आधारभूत अन्तर है : ज्योतिषशास्त्र मेरे और मेरे भाग्य के बीच बाहर से मध्यस्थता करने वालों को पैसे चुकाने की अपेक्षा करता था; ध्यान मुझसे केवल एकाग्रता की माँग करता था। मुझे ख़ुद को केवल इस बात पर एकाग्रचित्त करना था कि इस मानसिक थकान और अवसाद से गुज़रते हुए मेरा मस्तिष्क और मेरा शरीर क्या चाहते थे। स्वयं अपनी परिभाषा के अनुसार, ध्यान वह विज्ञान है जो हमें अपनी चेतना पर एकाग्र करने और उसका विस्तार करने का कौशल सिखाता है। ब्रह्माण्डीय ऊर्जा की एक इकाई के रूप में मानव–मस्तिष्क स्वभावतः अस्थिर होता है। ध्यान मस्तिष्क के बिखरे हुए खण्डों को एकीकृत करने में हमारी सहायता करता है। साथ ही यह हमारी चेतना के विस्तार की सम्भावनाएँ भी उत्पन्न करता है। मस्तिष्क की अन्तर्यात्रा जो हमें अस्थायी रूप से भौतिक संसार से पृथक् कर देती है, को अनुभूत करना एक अद्भुत मनःस्थिति है। अपनी अन्तर्दृष्टि को अपने आप पर केन्द्रित करने के बाद हम उन लौकिक और व्यर्थ वस्तुओं के प्रति अपने संशय और आसक्ति को अधिक समग्रता के साथ देख सकते हैं। यह हमारे मस्तिष्क को स्थिरचित्त करती है और साथ ही उसके लिए एक औषधि का काम करती है।

यदि व्यावहारिक रूप से कहूँ तो जब हम अपने मस्तिष्क और चेतना का विस्तार करते हैं तब बेहतर और ऊँचा सोचते हैं और अपने निर्धारित लक्ष्य को प्राप्त करने में सफल होते हैं। मेरे मामले में भी ध्यान के अभ्यास ने बिल्कुल यही किया।

जैसे–जैसे चन्द्रू के मुक़ाबले मैं अपने आप से अधिक संवाद करने लगा वैसे–वैसे मेरे ऊपर से ज्योतिषशास्त्र का भूत भी उतरता गया। ध्यान ने मुझे अपनी ताक़त और कमज़ोरी का अन्वेषण करने के लिए विवश किया। इसने मेरे भीतर बिखरे आत्मविश्वास को दोबारा समेटा। मेरे अन्तर्मन की शान्ति का पुनर्निर्माण कर ध्यान के अभ्यास

ने आसपास के परिवेश के साथ मेरा सौहार्दपूर्ण सम्बन्ध फिर से स्थापित करने में भी सहायता की।

आचार्य जगदीश के ध्यान–सत्रों में उत्पत्ति, कर्म–कर्मफल, जिज्ञासा और स्मृति और जागृति के माध्यम से मस्तिष्क की यात्रा के सिद्धान्तों की विशद व्याख्या की जाती थी। इन सत्रों में उपस्थित होना एक अद्‌भुत और सन्तुष्टिदायक अनुभव था। ऐसे सत्र कटिहार जैसी छोटी जगहों पर भी आयोजित होते थे। कटिहार में इन सत्रों के आयोजन, खानपान और आयोजन–स्थल के किराये का ख़र्च आयोजनकर्ता आपस में बाँट लेते थे। हम अक्सर बहुत मामूली रक़म अदा किया करते थे। पूरी प्रक्रिया बहुत सरल थी और इसने हमें भी सरलता को एक जीवन–मूल्य के रूप में अंगीकार करना सिखाया।

ध्यान करने का एक अन्य उदार पक्ष यह था कि इसके अभ्यास में शिक्षक केवल एक कारक था जो हमारी समझ को विकसित करने का कार्य करता था। स्वयं को समझने की इस प्रक्रिया में किसी भी बाह्य मध्यस्थता की अनुपस्थिति इसका एक प्रबल पक्ष था। धार्मिक सुधारों के इतिहास में इसके अनेक प्रमाण देखे जा सकते हैं। संगठित धर्म और ज्योतिष जैसी अन्य आस्थाओं का सामान्य झुकाव हठधर्मिता की तरफ़ होता है और कालान्तर में उसके संरक्षक या पथप्रदर्शक कदाचित निरंकुश हो जाते हैं। हमारे समय में बिहार ही नहीं बल्कि देश के अन्य हिस्सों में भी कट्टरवादी छद्‌म निष्ठावानों और सायास विकसित एक कृत्रिम घृणा के माहौल ने स्थिति को समग्र परिप्रेक्ष्य में देखने की मानवीय क्षमता का हनन कर लिया था जबकि जीवन में मानवता के महत्त्व के लिए यह एक अनिवार्य शर्त थी। यही कारण है–ऐसे लोग सूक्ष्म के अनन्त में विलीन होने की आध्यात्मिकता तक कभी नहीं पहुँच पाते, भले ही उनके मार्ग के असंख्य अनुयायी हों। इस दुविधा में एकमात्र चीज़ जो वे देख और सुन पाते हैं, वह एक स्थूल प्रतीक होती है, उनके 'हम' का

एक बाह्य प्रतिनिधि—जो उनके द्वारा अपने अनुयायियों से राजनीतिक रूप से सुविधाजनक तरीक़े से 'हमारा' का परित्याग करने का आह्वान करती है और उनके अनुयायी पूरी व्यग्रता से उस मार्ग पर चलते भी हैं।

ध्यान इससे बिल्कुल भिन्न पद्धति है। हमें किसी से प्रार्थना कराने की कोई आवश्यकता नहीं है, हमें किसी की प्रार्थना करने की भी कोई आवश्यकता नहीं है। किसी निश्चित समय या स्थान की भी कोई ज़रूरत नहीं है। हमें मौन और श्रवण शून्य चेतना की परम स्थिति को पाने के लिए किसी मूर्ति, किसी चित्र और किसी पुस्तिका की भी कोई ज़रूरत नहीं है।

आचार्य जगदीश से सम्पर्क के क्रम में हमने क्षमताओं और सम्भावनाओं पर विस्तार से बातचीत की और मैंने यह समझने का प्रयास किया कि सम्भावनाओं को विकसित करने में ध्यान की क्या सकारात्मक भूमिका हो सकती है। मेरे लिए हरेक रहस्योद्घाटन चौंकाने वाला था, जीवन के प्रति मेरी स्फूर्ति को सजीव करने वाला। आचार्य जगदीश से संवाद मेरे लिए अपने जीवन को समझ पाने का एक माध्यम बन गया।

मेरी अन्तर्यात्रा मेरे लिए आत्म—साक्षात्कार और स्वयं का अर्थ तलाशने और उसकी सकारात्मक पुनर्व्याख्या करने का एक उपक्रम थी। सामाजिक संगत से जुड़ी ध्यान की अवधारणा यदि मेरे लिए नुक़सानदायी नहीं भी थी तो हास्यास्पद अवश्य थी। आख़िरकार मैं अपने माँ—बाबूजी और अपनी महत्त्वाकांक्षाओं को भी पूरा करने की कोशिश में लगा था, भले ही जो मार्ग मैंने चुना था वह कदाचित अप्रत्याशित और कुछ हद तक ग़ैर—पारम्परिक था।

ध्यान एक तरह से अपनी आत्मा की अतल गहराइयों में छलाँग लगाना था। अपने आचरण की पद्धति में बदलाव के ज़रिये मैं घण्टों अपने आप को पाने का प्रयास करता था। धीरे—धीरे मेरे लिए अपनी ग़लतियों को देखना आसान होने लगा और

यह भी समझ में आने लगा कि ग़ैर–इरादतन ही सही, मैं कैसे और कब दूसरों को आहत करता था। मुझे अपने ही व्यवहार में अनेक अतार्किक और बेतुके उदाहरण दिखने लगे। ध्यान हमारी अन्तःप्रवृत्तियों को बदलने और सही कर्म करने का न तो कोई पाठ पढ़ाता है और न ऐसा करने का दावा ही करता है, लेकिन हमें हमारी कमियों को पहचान सकने और उन्हें दूर करने के उपायों की ओर संकेत करने का काम अवश्य करता है। यह हमारी अन्तर्निहित विध्वंसक प्रवृत्तियों और सर्जनात्मक विरोधी आचरणों को न्यून करने का काम भी करता है क्योंकि हमारे अस्तित्व की निर्मिति ही सकारात्मक ऊर्जाओं के साथ हुई है। ध्यान अपने पुनर्जीवित दृष्टिकोणों के ज़रिये नकारात्मक भावों के मार्ग में एक कारगर अवरोधक है।

ध्यान ने आसपास के लोगों को समझने में भी मेरी सहायता की। लोग अपनी प्रकृति, अपनी परवरिश, अपने अनुभवों और अपनी आदतों के अनुरूप आचरण करते हैं। ध्यान शरीर और मन दोनों के लिए एक विश्राम की अवस्था है। यह हमें दूसरों के जीवन को स्वीकार करना सिखाता है। हम स्थितियों को अधिक सजगता, समझ और संवेदना से देखने लगते हैं।

मुझे मरणोपरान्त बाबूजी की कमी बहुत खटकती थी। उनका स्नेह से भरा मार्गदर्शन और प्रतिकूल स्थिति में उनका तर्कसम्मत प्रोत्साहन मुझे नयी ऊर्जा से भर देता था। ठीक उसी प्रकार आचार्य जगदीश ने भी मेरे जीवन को पूर्णता देने में एक महत्त्वपूर्ण भूमिका निभायी। दरअसल मेरी बेटी को एक सुन्दर नाम भी उन्होंने ही दिया–तथ्या–जिसका अर्थ 'सत्य' होता है।

सीमा और मैं–दोनों ही ध्यान की तरफ़ उन्मुख होने लगे थे, और धीरे–धीरे हमारी गृहस्थी में सौहार्द, शान्ति और सन्तुलन की पुनर्वापसी होने लगी।

ध्यान ने मुझे दिन–प्रतिदिन की गतिविधियों और बातचीत को शान्ति और विश्वास के साथ संचालित करने की चुनौतियों से समृद्ध किया। एकरसता से भरे कठिन दिनों के साथ–साथ हार्वर्ड के चकाचौंध भरे अपरिचित लेकिन सक्रिय वर्षों में ध्यान के अभ्यास ने ही मुझे और सीमा दोनों को यथार्थ के धरातल पर रखा, हमें अपने–अपने लक्ष्यों पर केन्द्रित रखा, हमें भौतिक आर्थिक सुविधाओं से पर्याप्त सम्पन्न रखा और अपनी प्राथमिकताएँ तय करने में हमारी सहायता की।

एक समय ऐसा भी आया जब आचार्य जगदीश ने मुझे भी आचार्य के रूप में दीक्षित करने का प्रस्ताव रखा था। इसके लिए मुझे निरन्तर और कठोर अभ्यास के साथ–साथ अभ्यास के क्रम में दूसरों को भी प्रशिक्षित करने की आवश्यकता थी। लगातार चलने वाले कठिन सत्रों के लिए बहुत अधिक समय की आवश्यकता थी जिसकी मुझे अपने काम के समय से भरपाई करनी थी। मैं अपनी चुनौतियों और ऊर्जा के कारण इस उत्तरदायित्व को उठाने में सक्षम था।

मैंने आमिष भोजन भी बन्द कर दिया। वस्तुतः अपने वातावरण से एकीकृत होने के अनुभवों, जीवन के प्रति लगाव और सहजीविता के अनुभवों से वंचित होकर चैतन्य को प्राप्त कर पाना बेहद कठिन है। जीव हत्या देखना मेरे लिए एक बहुत असहज और बेचैन करने वाली मनःस्थिति से गुज़रने जैसा था।

मैंने अपना प्रशिक्षण यू.एस. जाने के थोड़े ही दिन पहले पूरा किया था। मैं जानता था कि मुझे दूसरों को प्रशिक्षित करना है, लेकिन मेरे समक्ष सबसे बड़ी चुनौती अपने शिष्यों के सामने स्वयं को एक अच्छे आचार्य के रूप में प्रस्तुत करना था। मेरे शब्दों और मेरी भंगिमाओं का, मेरे कर्म और मेरी आस्था का और मेरे अवलोकन का एक विशेष महत्त्व था ताकि ये गुण दूसरों के लिए भी उपयोगी हो सकें। मेरे शिष्यों में मेरी जैसी कामना हो और वे

मेरा अनुसरण करें। मुझे उन सभी लोगों के प्रति उत्तरदायी होने की ज़रूरत थी जो मार्गदर्शन की इच्छा से मेरे पास आये थे।

कैम्ब्रिज में अपरिहार्य रूप से मांसाहारी भोजन परोसा जाता था। ख़ासतौर पर हार्वर्ड में मांसाहार के बहुत सीमित विकल्प थे और सस्ते भोजन के लिए हम अमूमन घर के पके खानों पर निर्भर थे। बहरहाल तथ्या एवं चैतन्य ने मांसाहार जारी रखा। यह उनका ख़ुद का चुनाव था और हमने इसमें हस्तक्षेप करना मुनासिब भी नहीं समझा।

सबसे पहले ध्यान का अभ्यास मैंने प्रोफ़ेसर हाइफेत्ज की लीडरशिप क्लास में कराया। 'अपना आत्म–शरण प्राप्त करनी' शीर्षक पर हुए एक संवाद में मैंने विस्तार से बताया कि आत्म–सजगता को विकसित करने की दिशा में ध्यान किस प्रकार रचनात्मक भूमिका निभा सकता है। साथ ही मैंने छात्र–छात्राओं को ध्यान की तकनीकें भी सिखायीं।

वाशिंगटन डी.सी. के मेरे पारसी दोस्त लादेन ने सबसे पहले अपनी दिलचस्पी दिखायी। उसके बाद क्रोएशिया से आयी एक अन्य दोस्त लतिका ने ध्यान का अभ्यास करना शुरू किया। बाद में दुनिया के भिन्न–भिन्न हिस्सों से आये प्रशिक्षुओं ने भी हिस्सा लेना शुरू कर दिया। उनमें चीन की रुइक्सी और कैथी, टेक्सास के अकबर, पेरू की पैटी, भारत की विधि और जीनल वग़ैरह थे। मेरे लिए यह आत्मिक ख़ुशी की बात थी कि ख़ुद मेरे लाभान्वित होने के बाद दुनिया के कई अन्य लोग इस तकनीक का लाभ उठा रहे थे। ध्यान साधना को वैश्विक महत्त्व प्राप्त हो रहा था। लोग इसकी ओर आकृष्ट हो रहे थे और इसे आज़मा रहे थे। ध्यान साधना के माध्यम से मैं अब लोगों तक पहुँच पा रहा था।

मैंने भारत में भी ध्यान का अभ्यास कराने का क्रम जारी रखा। लोग मेरे पास हमेशा परामर्श के लिए आते रहते थे। कई लोग केवल अपनी समस्याओं को मुझसे बाँटकर ही हल्का

महसूस करने लगते। उन सबसे बात करना मुझे बहुत सन्तोष देता था और उनकी समस्याओं के समाधान का भी मैं भरसक प्रयास करता था। तनाव, उलझन और दुविधा से जूझ रहे लोगों से संवाद करना, उन्हें परामर्श देना और उनका मार्गदर्शन करना अब एक बड़ी और महत्त्वपूर्ण ज़िम्मेदारी थी। किसी को राहत पहुँचना अपने आप में आनन्द का कारण होता है, लेकिन अभी मैं नया–नया इस आनन्द को अनुभव कर रहा था। किसी से संवाद करने का अर्थ यह कदापि नहीं कि हम उसकी समस्या का निदान कर रहे हैं, लेकिन किसी को ढाढस देना और स्थिति को भिन्न परिप्रेक्ष्य में परिभाषित करना सचमुच आह्लादकारी है।

ध्यान साधना ने मेरे अन्तर और मेरे बाह्य का सन्तुलन स्थापित करने में बड़ा योगदान किया, और मेरे आन्तरिक व्यक्तित्व को वह स्थायित्व प्रदान किया जो मेरे भीतर पहले अनुपस्थित था।

अध्याय - दस

कटिहार की कर्ज़ अदायगी

मैंने कटिहार कुछ खट्टी–मीठी स्मृतियों के साथ छोड़ा था, लेकिन उस शहर से मेरा भावनात्मक जुड़ाव अन्यतम था। हममें से अनेक लोग जीवन के स्थायित्व की खोज में कई–कई जगहों पर भटकते रहते हैं। बहरहाल कटिहार और वहाँ के लोगों ने मुझे हमेशा एक स्थायित्व–बोध दिया कि धरती पर ऐसी एक जगह है जहाँ मैं वापस लौट सकता हूँ, जहाँ मैं जीवित रह सकता हूँ। वहाँ मेरे अपने लोग मेरी प्रतीक्षा कर रहे हैं। कटिहार मेरी यादों में हमेशा ज़िन्दा रहा। मैं आज भी वहाँ की दुकानों, खाने–पीने की जगहों, फ़ोटो स्टूडियो, कपड़े के स्टोर्स और कटिहार की विशिष्ट पहचान वाली हरेक जगह का नाम धड़ल्ले से बोल सकता हूँ। मुझे तो वहाँ के पुराने और अमरत्व का दर्जा पा चुके स्पीड ब्रेकर तक याद हैं।

मैंने हमेशा वहाँ के लोगों से सम्पर्क में रहने की बहुत सजग चेष्टा की। अपने बचपन से जुड़ी यादें और नास्टेल्जिया मुझे हमेशा अपनी गिरफ़्त में ले लेती हैं। मैं आज भी अपने को कटिहार की सड़कों–गलियों, बाज़ारों, अपने स्कूल, खेल के मैदान और अपने पसन्दीदा अड्डों से गहरे जुड़ा महसूस करता हूँ। कटिहार छोड़ने के बाद शुरू के कई सालों तक मुझे बेतरह घर की याद सताती थी। आज भी कटिहार जाने के विचार मात्र

से मेरा चेहरा खिल उठता है। ठीक उसी तरह दिल्ली की ट्रेन पर चढ़ने के लिए कटिहार रेलवे स्टेशन में दाख़िल होते ही मेरा मन दु:ख के बोझ तले दब जाता है। मैं जानता हूँ कि मेरे जाने के कई घण्टों बाद तक मेरी माँ रोती रहती हैं और बाबूजी का बनाया वह मामूली लेकिन सुरक्षित और अपना घर मेरी स्मृतियों में एक टीस की तरह दुखते रहते हैं। कई दोस्त मुझे विदा करने स्टेशन आते हैं और बाद में उनकी अनुपस्थिति में उनके साथ गुज़ारा हुआ एक–एक पल मुझे राहत देता है।

कटिहार से मेरे लगाव को शब्दों में अभिव्यक्त कर पाना असम्भव है। वहाँ के लोग, वहाँ के गली–मोहल्ले, वहाँ के संस्कार–कुछ भी नहीं।

कटिहार से बाहर जा बसने के बाद भी वह मेरे अवचेतन में मेरी पृष्ठभूमि और सन्दर्भों के रूप में हमेशा जीवित रहा। मैं जब भी नये लोगों से मिलता, उनकी आदतों और सुख–सुविधाओं से परिचित होता तो उनकी तुलना कटिहार से ज़रूर करता। कटिहार में लोग और सम्भावनाएँ दोनों उपस्थित थीं, लेकिन भौतिक–आर्थिक स्तर पर वहाँ बदलाव की बेहद ज़रूरत थी। लोगों को स्वयं को रूढ़ परम्पराओं से मुक्त करके ख़ुद में भविष्य की सम्भावनाओं को विकसित करने की एक तड़प पैदा करने की आवश्यकता थी। कटिहार घनघोर परम्परावादी था और यह सबसे बड़ी चुनौती थी।

'SEWA' में मैंने अनेक अर्द्ध–शहरी और ग्रामीण ज़िलों में ज़मीनी स्तर पर काम किया था। हमारा संगठन मुँगेर और भागलपुर में सक्रिय था, लेकिन मैंने जान–बूझकर कटिहार में काम करना आरम्भ नहीं किया था क्योंकि पहले मैं पूरी तरह से आश्वस्त होना चाहता था। मैं चाहता था कि स्थानीय लोग, विशेषकर औरतें इस ज़रूरत को महसूस करें। 'SEWA' द्वारा किये गये मूल्यांकन के साथ यही वह अकेली ज़रूरत थी

जो कटिहार में प्रभावी परिवर्तन को एक संगठनात्मक नेतृत्व प्रदान कर सकती थी।

जब हम मुँगेर में अगरबत्ती बनाने वाली श्रमिक औरतों के साथ काम कर रहे थे, हमें हठात एक बड़ी बाधा से होकर गुज़रना पड़ा। कच्चे माल की क़ीमत में अचानक भारी उछाल आ गया था। इसने हमारे व्यवासायिक उद्देश्यों पर बुरा असर डाला था। भविष्य में इस संकट से बचने के लिए हमें औरतों को बाँस की खेती के लिए प्रोत्साहित करने का सुझाव दिया गया था। बाँस अगरबत्ती के उत्पादन के लिए एक अनिवार्य सामग्री होता है। यह एक बढ़िया सुझाव था और हमने तुरन्त इसे आज़माने का फ़ैसला किया।

कटिहार और उसके आसपास के क्षेत्र बाँस के लिए जाने जाते हैं। मुँगेर में आयी बाधा ने कटिहार की ग्रह खोली, जहाँ हमने दोहरे उद्देश्य के साथ एक आजीविका कार्यक्रम की शुरूआत की–मुँगेर में अगरबत्ती उत्पादन को सहारा देना और कटिहार की औरतों के लिए रोज़गार के अवसर पैदा करना।

ज़ाहिर बात थी, मेरे लिए यह रोमांचकारी घटनाक्रम था। मैं निजी तौर पर कटिहार जाने वाला था और उस जगह का क़र्ज़ चुकाने वाला था जहाँ मैं पैदा और बड़ा हुआ था।

कटिहार में काम करने का दूसरा अवसर मुझे ठोस कचरा प्रबन्धन प्रोजेक्ट के ज़रिये मिला। यह नयी विकसित होती जगहों में एक गम्भीर समस्या थी जहाँ कचरा प्रबन्धन की संरचना या तो थी ही नहीं या फिर यह तेज़ी से बढ़ती हुई आबादी के अनुसार अपर्याप्त थी। आवासीय इलाक़ों में भरी हुई कचरा पेटियाँ, सड़कों, सार्वजनिक मैदानों और नालियों में बिखरा हुआ कूड़ा–करकट पूरे भारत में दिखने वाले आम नज़ारे हैं। कूड़े के अम्बारों से आने वाली दुर्गन्ध और गन्दगी को शहरीकरण के एवज में चुकायी जाने वाली अनिवार्य क़ीमत

के रूप में स्वीकार किया जा चुका है। कचरे को नष्ट करने की समस्या दिन–ब–दिन गम्भीर होती जा रही है क्योंकि उनमें से प्लास्टिक कचरा बहुतायत में है जो आसानी से विघटित नहीं होता। कटिहार जैसे शहरों में कल–कारख़ानों और निजी नर्सिंग होमों से बड़ी मात्रा में ज़हरीले अवशिष्ट निकलते हैं जो पर्यावरण और स्वास्थ्य दोनों के लिए ही बेहद घातक हैं। कचरों के दिन–प्रतिदिन बढ़ते ढेर सार्वजनिक स्थलों के साथ–साथ समाज के लिए भी नुक़सानदेह साबित होते हैं।

इन स्थितियों में एक व्यक्ति की क्या भूमिका होनी चाहिए? अधिकतर नागरिक कर अदा करते हैं, इसलिए वे नागरिक प्रशासन और संरचनात्मक विकास के लिए नगरपालिका के कर्मचारियों पर निर्भर करते हैं। इसके बावजूद हरेक व्यक्ति के योगदान का विशेष महत्त्व है–वह और कुछ नहीं तो कचरा तो कम उत्पन्न कर ही सकता है। साथ ही नगर निगम द्वारा उठाया गया कोई भी क़दम पर्याप्त इसलिए भी नहीं है क्योंकि आवश्यकता और अपेक्षा के बीच एक बड़ा अन्तराल है। उदासीन अधिकारी और आत्मसन्तुष्ट नागरिक–इस स्थिति में भ्रष्ट व्यवस्था परिवर्तनकारी क़दमों को तत्परतापूर्ण तरीक़े से संचालित करने में कभी सहायक साबित नहीं हो सकती।

भारत सरकार ने सन् 2000 में सॉलिड वेस्ट मैनेजमेंट रूल्स प्रकाशित करते हुए नगर निगमों को निर्देश दिया कि कचरा प्रबन्धन के लिए वे सामाजिक संगठनों और निजी कम्पनियों के बीच साझेदारी की सम्भावनाएँ तलाश करें। आमतौर पर टेंडर की प्रक्रिया का प्रारूप बड़ी कम्पनियों के हितों को ध्यान में रखकर तैयार किया जाता है, जिसमें कचरा उठाने और सफ़ाईकर्मी को मदद करने जैसे मुद्दे शामिल नहीं हैं। सन् 2011 में एक अन्तरराष्ट्रीय विकास अभिकरण ने हमें बिहार में कचरा प्रबन्धन प्रोजेक्ट से सम्बन्धित एक आरम्भिक प्रस्ताव दिया। प्रस्ताव में एक ऐसे वैकल्पिक कचरा प्रबन्धन मॉडल को आज़माने का

सुझाव था जो कम्पनियों की बजाय सामुदायिक सहभागिता पर निर्भर था।

मैंने बिना समय गँवाये कटिहार में इस पायलट प्रोजेक्ट को आज़माने के लिए हामी भर दी। यह एक मुश्किल काम था, लेकिन मैं अपने शहर में इसे सफलता के साथ पूरा करने के प्रति आश्वस्त था। मैं वहाँ के प्रभावशाली व्यक्तियों और प्रशासनिक पेचीदगियों से अच्छी तरह से परिचित था। मैं यह भूल गया था कि कटिहार से निकलने के लिए मुझे पहली ट्रेन पकड़े हुए दो दशक से भी अधिक का समय बीत चुका था। अब तक तौर–तरीक़ों और दृष्टिकोणों में बहुत तब्दीली आ चुकी थी, लेकिन मैं उनका सामना करने को पूरी तरह तैयार था, बल्कि मेरे अन्दर एक भिन्न तरह का उत्साह था। आख़िरकार वह वक़्त आ चुका था जब मुझे अपने शहर में अपना सार्थक योगदान करने का अवसर मिला था।

यहाँ तक कि स्थानीय राजनीति में भी भारी बदलाव हो चुका था। इस वास्तविकता की उपेक्षा करके कि कटिहार एक तेज़ी से बढ़ता हुआ नवजात शहर था, मैं अपने बड़े प्रोजेक्ट के साथ उसमें कूद पड़ा था। शहर की आबादी में कई गुना इज़ाफ़ा हो गया था जबकि उसकी तुलना में शहर के भौगोलिक क्षेत्र में आवश्यकतानुरूप विस्तार नहीं हुआ था। आसपास के ग्रामीण इलाक़ों से बड़ी संख्या में आकर लोग शहर में बस गये थे जबकि उनके रहने की जगहें बहुत सीमित थीं। सड़कें पहले की तरह ही सकरी थीं और पुराने तौर–तरीक़े के मकान उनको चौड़ा करने की राह में सबसे बड़ी बाधा थे। गाड़ियों का आवागमन एक कष्टदायी अनुभव था और पार्किंग की कोई सुनियोजित व्यवस्था नहीं थी। शहर के विकास को लेकर नगर निगम के पास कोई ठोस योजना नहीं थी और अधिकारीगण अपनी ज़िम्मेदारियों और शासनादेश के नाम पर सिर्फ़ काग़ज़ी खानापूर्ति कर रहे थे।

इन्हीं प्रतिकूलताओं के बीच हमारे संगठन को कटिहार में एक समावेशी और प्रभावशाली कचरा प्रबन्धन प्रोजेक्ट को क्रियात्मक रूप में विकसित करना था। इस प्रोजेक्ट का मुख्य उद्देश्य शहर की सफ़ाई के साथ–साथ कचरा बीनने वाले लोगों की ग़रीबी को कम करना और उनको रोज़गार के अवसर मुहैया कराना था। हमारा मॉडल हर दरवाज़े पर जाकर कचरा जमा करने की नीति पर आधारित था ताकि लोगों को इस समस्या के प्रति अधिक–से–अधिक जागरूक किया जा सके। नागरिकों और सफ़ाई कर्मचारियों दोनों की आवश्यकताओं को पूरा करने के साथ–साथ यह मॉडल आर्थिक स्वावलम्बन, कचरे की छँटाई और उसकी रिसाइक्लिंग पर आधारित था।

यह एक बेहतरीन विचार था और एक साथ अनेक उद्देश्यों को पूरा करने में भी समर्थ था। हमने कचरा बीनने वाली महिलाओं और सफ़ाईकर्मियों को एक सहकारी समूह में संगठित करने की योजना बनायी ताकि प्रोजेक्ट की समाप्ति के बाद भी वे कचरा बीनने और उसकी रिसाइक्लिंग का काम जारी रख सकें। हमें यह साबित करना था कि शहर के कचरा प्रबन्धन में सफ़ाईकर्मियों का स्थानीय समुदाय बड़ी कम्पनियों के मुक़ाबले अधिक कारगर है, और दूसरी तरफ़ हमें उन कचरा बीनने वालों के लिए रोज़गार का अवसर भी सुनिश्चित करना था जिनके पास आजीविका के लिए कोई अन्य कौशल नहीं था।

हम यह भी सिद्ध करना चाहते थे कि कचरे की छँटाई, सूखे और किचन के कचरे के वैकल्पिक उपयोग और स्थानीय लोगों द्वारा प्राप्त एक नियमित मासिक राशि के ज़रिये कचरा प्रबन्धन अधिक कारगर तरीक़े से किया जा सकता है। हमारा उद्देश्य ठोस कचरे की रिसाइक्लिंग कर उसे पुर्उपयोग के लायक बनाना और किचन के कचरे से जैविक खाद का निर्माण करना था। यह पर्यावरण की दृष्टि से एक अधिक संवेदनशील और टिकाऊ उपक्रम था।

कचरा प्रबन्धन प्रोजेक्ट शहर के तेज़ी से प्रदूषित होते पर्यावरण और अछूत डोम जाति की गरिमा की पुनर्स्थापना के लिए एक सुनहरा अवसर था। मैंने इस समुदाय को बहुत निकट से देखा था क्योंकि मेरे बचपन के दिनों में वे पड़ोस की रेलवे की जगह पर बनी अवैध और दयनीय बस्तियों में अपनी ज़िन्दगी गुज़ारते थे। मैं उनकी कष्टप्रद ज़िन्दगी और समाज के उनके प्रति संवेदनाशून्य दृष्टिकोण से अच्छी तरह से परिचित था। वे महादलित कहलाते हैं क्योंकि भारत के शोषित और वंचित वर्गों में भी वे सबसे निचले तबक़े से सम्बन्ध रखते थे। सरकार प्रदत्त कोई भी सहायता उनके लिए एक तरह का ऐश्वर्य थी। उनके सामाजिक कल्याण के लिए ज़िम्मेदार अधिकारियों का उनके प्रति अहंकारी और उदासीन रवैया था। आज 21वीं सदी में भी अस्पृश्यता की समस्या एक सामाजिक वास्तविकता है और इसका निदान केवल काग़ज़ी खानापूर्ति और प्रक्रिया से असम्भव है। जाति–शोषण के लम्बे इतिहास को समझने और इन जातियों के प्रति संवेदनापूर्ण और मानवीय दृष्टिकोण अपनाने के बाद ही इनकी मुक्ति सम्भव है। मुझे इस प्रोजेक्ट के ज़रिये यह अवसर मिला था कि मैं उनके अँधेरे घरों में उम्मीद की रोशनियाँ पहुँचाने की दिशा में कुछ ठोस पहल कर सकूँ।

हमें प्रोजेक्ट को सुचारु रूप से चलाने के लिए जून 2011 से आर्थिक मदद मिलने लगी जो मार्च 2014 तक जारी रही। फ़रवरी 2012 में हमने साझेदारी के आधार पर एक पायलट के क्रियान्वयन क़े लिए कटिहार नगर निगम से एक अनुबन्ध प्राप्त किया। यह उम्मीद की गयी कि यह मॉडल और इससे हासिल अनुभव केवल बिहार में ही नहीं बल्कि पूरे देश में कचरा प्रबन्धन की समस्याओं के सार्थक समाधान द्वारा इस विषय पर नये विमर्श और नीतियों को समृद्ध करने में कामयाब होंगे।

मैं अपनी योजना और इरादों के प्रति आश्वस्त था और निश्चिन्त था कि व्यावहारिक रूप में भी हम इसे सफलतापूर्वक फलीभूत करेंगे। हालाँकि जब हमने नवनिर्वाचित पार्षदों और मेयर से सम्पर्क किया तो उनकी प्रतिक्रियाएँ मिली–जुली थीं। उनके पास ऐसे अनेक प्रश्न थे जो हमारे मॉडल को लम्बित कर सकते थे–जब शहर के लोग पहले से कर दे रहे हैं तो आप उनसे पैसे क्यों वसूलना चाहते हैं? उन पर कर का अतिरिक्त भार हमारे वोट बैंक को प्रभावित कर सकता है! आप कूड़े को कहाँ फेंकेंगे? आप उनको ढोने के लिए कैसी गाड़ियों का प्रयोग करेंगे? 'SEWA' के मुताबिक़ फ़ीस देने के अनिच्छुक शहरियों के बारे में आप क्या कहेंगे? यदि आप अपनी वचनबद्धता में असफल होते हैं तब क्या होगा? नगर निगम में पहले से कार्यरत सफ़ाईकर्मियों का क्या होगा?

हालाँकि कई सवाल अपनी जगह दुरुस्त थे, लेकिन अधिकांश सवालों को पूछने की मंशा सामान्यतः हमें हतोत्साहित करना और हमारे रास्ते में रोड़े अटकाना था। आधुनिक विचारों वाले ऐसे गिने–चुने प्रगतिशील पार्षद मिले जो इस मॉडल की रचना के पीछे हमारी गम्भीर ईमानदारी को समझते थे और जिन्होंने इस मॉडल को आज़माने के लिए कटिहार नगर निगम के हौसले की वाहवाही की।

जिस बात ने नगर निगम को हमारी तरफ़ सबसे अधिक आकर्षित किया वह यह थी कि हमने उन्हें आश्वस्त किया था कि हमें उनसे कोई आर्थिक मदद नहीं चाहिए–कि इस काम के लिए हमारे पास आवंटित धनराशि है। कुछ लेटलतीफ़ी और नुक्ताचीनी के बाद उन्होंने हमारे प्रोजेक्ट में दिलचस्पी लेते हुए हममें अपना विश्वास जताया।

अधिकारिक अनुमति के बाद सबसे पहले हमने कुछ गिने–चुने वार्डों में इस प्रोजेक्ट को आज़माया। लोगों ने हमारी पहल का स्वागत किया। उनको हमारी महिला सहकारिता के माध्यम

से ठोस कचरे को एकत्रित करने और उसका प्रबन्धन करने की योजना बहुत पसन्द आयी। एक बार आम जनता का सहयोग प्राप्त हो जाने के बाद धीरे–धीरे हमने नगर निगम को अपने वित्त का एक अंश देने के लिए राज़ी कर लिया ताकि हम अपने काम का विस्तार कर सकें। वे शहरी इलाक़े में शामिल नौ मुख्य वार्डों के लिए प्रोजेक्ट के कुल व्यय का 30 प्रतिशत देने के लिए सहमत हो गये, जबकि शेष बचे दो अन्य वार्डों में प्रोजेक्ट को सुचारू रूप से चलाने के लिए हमने अपनी धनराशि को उपयोग किया। आम जनता ने प्रोजेक्ट को जारी रखने की पुरज़ोर माँग की। जल्दी ही हम ग्यारह वार्डों में एक समेकित ठोस कचरा प्रबन्धन को क्रियान्वित करने लगे।

काश मैं यह कह पाता कि ऐसे नेक इरादों और समाज और पर्यावरण पर इतना सकारात्मक प्रभाव डालने वाले कामों का अबाधित जारी रहना और दिन–प्रतिदिन अधिक सशक्त होते रहना चाहिए। बहरहाल, भारत की प्रशासनिक संरचना में बाधाएँ सामान्य बात मानी जाती हैं। इस बात से भी कोई विशेष अन्तर नहीं पड़ता कि बतौर सामाजिक संगठन आप उस व्यवस्था के साझेदार हैं।

जैसे ही नगर निगम हमारा वित्त प्रदत्त साझीदार बना, वैसे ही प्रवंचनापूर्ण और अदृष्ट बाधाएँ उभरकर सामने आने लगीं। जैसे ही हम बीस सालों से भी अधिक समय से जाम नालों की सफ़ाई करते, वैसे ही निगम के कर्मचारी उसे किसी दूसरे सिरे पर जाम कर देते। पार्षद विवाह समारोहों वाली जगह को शादी के पहले और बाद में साफ़ करने की उम्मीद रखते थे और वह भी पैसे चुकाये बिना। कई पार्षद हमसे अकारण भी नाख़ुश रहते थे और हमारे कामों में व्यर्थ की कमियाँ निकलते रहते थे, जबकि दूसरी तरफ़ आम जनता हमें पूरा सहयोग कर रही थी। अगर ऐसा प्रतीत होता था कि पार्षदों को हमसे निजी खुन्नसें थीं,

तो यह कोई हैरत की बात नहीं थी। शायद उनको यह लगता था कि यदि हम अधिक ज़िम्मेदारी से काम करने लगेंगे तो फिर उनके होने का क्या औचित्य रह जायेगा! उनको यह भी नागवार था कि कचरा बीनने वाले और सफ़ाई करने वाले उनके चंगुल से निकल जायें, और इसीलिए वे यथास्थिति को बनाये रखने के दुराग्रह से ग्रस्त थे।

थोड़ा और गहराई में जाने के बाद हमें यह राज़ पता चला कि हमारे प्रति उनके इस विरोधपूर्ण रवैये का सबसे बड़ा कारण यह था कि उनको हमसे आमदनी की उम्मीद थी। निगम और पार्षद दोनों ही अपने सहयोग के प्रतिकार में हमसे नक़द भुगतान की अपेक्षा रखते थे। बाद में इस जानकारी ने हमारे सामने एक असहजता की स्थिति पैदा कर दी कि निगम हमसे पूरे प्रोजेक्ट के व्यय का 30 प्रतिशत कमीशन अथवा कटौती के रूप में वसूलना चाहता था। निगम के भीतर ऐसे कमीशन को आपस में बाँटने की एक संगठित व्यवस्था मौजूद थी। निगम के किसी भी निर्माण कार्य के लिए भुगतान की गयी राशि का 10 प्रतिशत बिचौलिए के लिए निर्धारित था। उसके बाद एक सुनिश्चित राशि पदेन अधिकारियों के बीच बाँटी जाती थी। मसलन सहायक अभियन्ता के लिए 1.5 प्रतिशत, कार्यपालक अभियन्ता के लिए 1 प्रतिशत, लेखपाल और अन्य कर्मचारियों के लिए 1 प्रतिशत, मेयर के लिए 1 प्रतिशत, मुख्य कार्यकारी अधिकारी (सी.ई.ओ.) के लिए 1 प्रतिशत, अधीक्षण अभियन्ता के लिए 1 प्रतिशत, डिप्टी मेयर के लिए 0.5 प्रतिशत और शेष इसी क्रम में कमीशन की बन्दरबाँट होती थी। कमिश्नर को भी मेयर के बराबर कमीशन मिलता था और सबसे अधिक 3 प्रतिशत कनिष्ठ अभियन्ता को मिलता था जो सभी काग़ज़ातों और स्टेटमेंटों पर दस्तख़त करने का सबसे बड़ा जोख़िम उठाता था।

ख़रीद और आपूर्ति के मद में ख़र्च की जाने वाली राशि में कमीशन 20 से 30 प्रतिशत के बीच निर्धारित था और इनसे केवल

मेयर, कमिश्नर और कुछ शीर्ष पदाधिकारी लाभान्वित होते थे क्योंकि इस प्रक्रिया में अभियन्ताओं की कोई संलिप्तता नहीं थी।

यह पूरा तन्त्र सुनने में किसी रोमांचकारी पटकथा–सा प्रतीत होता है, लेकिन हमारी व्यवस्था की ये बीमारियाँ वास्तविक हैं। व्यवस्था के इस पहलू से परिचय का सम्भवतः यह मेरा पहला अवसर था। प्रमाण से गुज़रना इसलिए भी मुश्किल था कि लोलुप अधिकारियों ने कमीशन लेने और राशियों में गबन करने की पुख़्ता व्यवस्था ईजाद कर ली थी, लेकिन बहुत से स्थानीय लोगों ने इस मिलीभगत की पुष्टि की।

हमारे संगठन के बुनियादी सिद्धान्त बिल्कुल स्पष्ट थे। हमने हमेशा अतिरिक्त भुगतान और कमीशनख़ोरी के प्रति अपनी अरुचि दिखायी। हमने निगम के कर्मचारियों से हमेशा कुछ सिखलाने वाली सहायता की अपेक्षा रखी, और मेयर, पार्षदों तथा प्रशासनिक टीम के लिए नये तथ्यों से परिचित कराने वाली विजिट के आयोजन किये। यहाँ तक कि हम ज़िले की प्रशासनिक टीम जिसमें नगर निगम के सी.ई.ओ भी शामिल थे, को सिटी एक्सपोजर टूर पर लेकर अहमदाबाद भी गये। इस दौरे से लौटने के बाद आख़िरकार सी.ई.ओ. हमारी प्रतिबद्धता और कामों को लेकर आश्वस्त हुए और हमारे साथ अधिकारिक साझेदारी का निर्णय लिया।

हमसे कभी भी खुलकर रिश्वत नहीं माँगी गयी, लेकिन आर्थिक दोहन का एक प्रच्छन्न प्रयास निरन्तर जारी रहा। आख़िरकार मेयर और उसके साथियों ने हमें सहयोग करने से साफ़ मना कर दिया। हमारी प्रशंसा करने वाले एक राष्ट्रीय दैनिक ने इस प्रशासनिक विद्वेष के बाबत ख़बर छापी : "अपना मासिक कमीशन नहीं मिलने से ख़फ़ा निगमकर्मियों के एक समूह ने अपने पूर्ववर्ती सफ़ाईकर्मियों को शहर के मुख्य चौराहों पर पुनः गन्दगी फैलाने के लिए उकसाया जिनकी सफ़ाई 'साथियों' ('SEWA' के कचरा बीननेवालों) ने की थी। यह काम

उप–मुख्यमन्त्री सुशील कुमार मोदी के कटिहार आगमन को बाधित करने के इरादे से किया गया।"

हमने पार्षदों को भारत के कई बड़े शहरों की यात्रा कराने की भी व्यवस्था की ताकि वे कचरा और शहर प्रबन्धन तकनीकों का अवलोकन कर सकें। यहाँ तक कि 2012 में मैं मेयर को इटली के नेपल्स में वर्ल्ड अर्बन फ़ोरम के छठे सेशन में होने वाले संवाद में हिस्सा लेने के इरादे से लेकर गया। दुर्भाग्य से न तो मेयर और न ही किसी पार्षद ने किसी काम की बात सीखने में अपनी रुचि दिखायी और उन्होंने अपना अधिकांश समय घूमने–फिरने और मौजमस्ती में गुज़ार दिया। स्थितियाँ बेहद निराशाजनक और हतोत्साहित करने वाली थीं, लेकिन मैं भी अपनी धुन का पक्का था–मुझे संगठित कचरा बीनने वालों के सामूहिक प्रयास और ठोस कचरा प्रबन्धन के अपने अनोखे मॉडल की मदद से कटिहार को पूर्णतः गन्दगी मुक्त शहर के रूप में दुनिया के नक़्शे पर स्थापित करना था।

सन् 2014 तक, जब तक हमें एक अन्तरराष्ट्रीय फ़ाउंडेशन द्वारा आर्थिक मदद मिलती रही, हमारा काम अबाध चलता रहा। इस अवधि में सबसे अभावग्रस्त सामाजिक–आर्थिक वर्ग के 150 अति निर्धन औरत–मर्दों को नियमित आमदनी होती रही। पूरी उम्र तक समाज द्वारा एक बहिष्कृत जीवन जीने के बाद उन्हें अपनी वैयक्तिक गरिमा वापस पाने का अवसर मिला था। शहर में उनके द्वारा दी गयी सेवाओं के मद्देनज़र आम जनता ने उनके महत्त्व को स्वीकार किया था। शहर के लोगों ने उपयोगकर्ता के रूप में नियमित फ़ीस चुकाकर इस प्रोजेक्ट में बढ़–चढ़कर हिस्सेदारी की।

लेकिन जैसे ही अन्तरराष्ट्रीय मदद बन्द हुई, स्थितियाँ अकस्मात बदल गयीं। हमने मेयर और उनके सहकर्मियों से अनुबन्ध के नवीनीकरण और प्रोजेक्ट को जारी रखने के लिए आर्थिक मदद करने की अपील की, लेकिन अब उनका रवैया पूरी

तरह से हमारे ख़िलाफ़ हो चुका था। उन्होंने स्पष्ट रूप से कहा कि राशि के अभाव में उनको हमारी कोई आवश्यकता नहीं थी।

अपनी बोर्ड मीटिंग में निगम ने नये संवेदकों से संविदा आमन्त्रित की। कुछ पार्षदों ने गुपचुप तरह से हमसे मिलकर कोई बीच का रास्ता निकालने की कोशिशें भी कीं। देर रात गये दो पार्षदों ने मुझे होटल के एक कमरे में मुलाक़ात करने के लिए बुलाया। चूँकि मैं किसी भी क़ीमत पर प्रोजेक्ट पूरा करना चाहता था इसलिए मैं भी मना नहीं कर पाया, लेकिन परिणाम उससे भी अधिक बुरा निकला जो मैंने सोच रखा था। संयोगवश मेरे साथ मेरा एक क़रीबी दोस्त संजीव भी था। कमरे में तीन लोगों ने हमारा स्वागत किया। दो लोगों से मैं अच्छी तरह वाक़िफ़ था लेकिन तीसरा एक अजनबी था और उसके हाथ में एक पिस्तौल थी। मेरे ललाट पर पसीने की ठण्डी बूँदें चुहचुहा आयी थीं। मैं मुसीबत में फँस चुका था।

तीसरे आदमी ने ही मुझसे बातचीत की। पार्षद चूँकि मुझसे अच्छी तरह से परिचित थे, शायद इसीलिए वे मुझसे अपनी अपेक्षाओं और प्रस्तावों के बारे में खुलकर बताने में संकोच अनुभव कर रहे थे। उस हथियारबन्द आदमी ने कहा, "निगम के नेता को दो साल बाद एक अविश्वास प्रस्ताव से गुज़रना है। उसमें सफल होने के लिए उसे वोटों को ख़रीदने की ज़रूरत होगी और अपने पद को सुरक्षित बचाये रखने के लिए उसे पैसे चाहिए। आप समझ सकते हैं कि अपना पद बचाये रखने के लिए उस पर कितना आर्थिक दबाव है और उसके लिए कचरा प्रबन्धन अनुबन्ध पैसे उगाहने का एक बेहतर मौक़ा है। यह सब जानते–समझते हुए भी आप बेवकूफ़ों जैसा बर्ताव क्यों कर रहे हैं? ज़रा उसके बारे में भी सोचिए। प्रोजेक्ट के लिए आवश्यक मद को बढ़ाकर पेश कीजिए और उसमें से अपना हिस्सा भी लीजिए। ऐसा कुछ कीजिए कि किसी को कोई परेशानी नहीं हो, सब ख़ुश रहें।" उसने अपनी बात इतनी सहजता से रखी कि

जैसे दुनिया में जीने की यही स्वाभाविक प्रक्रिया है। "अगर यह प्रस्ताव और चुनाव हमारी योजना के अनुकूल होगा तो भविष्य में आपको भी इससे बहुत लाभ होगा। इस बारे में अपने रुख़ पर ठण्डे दिमाग़ से पुनर्विचार कीजिए।"

हालाँकि मैं डरा हुआ था लेकिन इससे मेरे और 'SEWA' के उत्तर में कोई बदलाव नहीं आया। वे भी इस बात को सम्भवतः पहले से समझते थे। यह कहते हुए कि हमारी अन्तरात्मा और हमारा उद्देश्य इसकी इजाज़त नहीं देते, मैं होटल के कमरे से बाहर निकल गया।

यह निर्णय लेना जितना सरल था उस पर क़ायम रहना उतना ही मुश्किल। मैं जानता था कि कई कचरा बीनने वाले अपनी आजीविका से वंचित हो जायेंगे। उनको अपने बच्चों का नाम स्कूल से कटा अपनी घृणित और अभाव से भरी दुनिया में वापस लौट जाना पड़ेगा। बहरहाल मेरी अन्तरात्मा पूरी तरह से निर्द्वन्द्व थी और मेरे संगठन के सिद्धान्त बिल्कुल स्पष्ट। पार्षदों के भीतर के इस असंवेदनशील लालच को देखकर मेरा मन घृणा से भर गया था। मेरी आत्मा यह देखकर तड़प उठी कि भूखे पेट का निवाला छीनकर भी वे पार्षद अपनी जेबें भरने के लिए व्यग्र थे।

मेरे कटिहार छोड़ने का समय आ चुका था क्योंकि नगर निगम के साथ अनुबन्ध के नवीनीकरण की सम्भावनाएँ लगभग समाप्त हो चुकी थीं। साथ ही, अब मुझे हार्वर्ड के लिए भी रवाना होना था। अब यहाँ कुछ ख़ास करने के लिए बचा नहीं था। कम–से–कम फ़िलहाल तो बिल्कुल ही नहीं। मैं कटिहार से ख़ाली हाथ लौट रहा था। मैंने कटिहार से दिल्ली जाने के लिए अनेक यात्राएँ की थीं, लेकिन इस बार जब मैं लौट रहा था तो मेरे दिल में गहरा घाव था।

बुरे–से–बुरे वक़्त में भी मैंने उम्मीद और जूनून का दामन कभी नहीं छोड़ा। मेरे मित्र और सबसे निकट के अनौपचारिक

सलाहकार विकास ने मुझे हमेशा अपना भावनात्मक समर्थन दिया, लेकिन उसे भी प्रोजेक्ट के हिस्सेदारों की मंशा को लेकर हमेशा एक संशय रहता था। हार्वर्ड आ जाने के बाद भी मैं निगम के कर्मचारी–पार्षदों और मेयर से हमेशा सम्पर्क में रहा। मैं उनको आगाह करता रहता था कि हमने जो काम किया वह काम कोई अन्य संस्था किसी भी क़ीमत पर नहीं कर सकती है। बहरहाल किसी दूसरी संस्था को हमारा काम दे दिया गया और लालची पार्षद अपनी–अपनी जेबें गरम करने के लिए उसके हिस्सेदार बन गये। पूरी प्रक्रिया अपने पुराने ढर्रे पर लौट चुकी थी और शहर के सभी नाले फिर से पहले की तरह ही जाम हो गये। हमारी साढ़े तीन साल की ईमानदार मेहनत बेकार चली गयी थी। हम भ्रष्ट व्यवस्था के हाथों हार चुके थे।

हमारी यह पहल अपने मूल रूप में जन हितकारी थी। इसका उद्देश्य समाज के सबसे कमज़ोर तबक़े को जीविकोपार्जन के क्षेत्र में सबल बनाना था। इस प्रोजेक्ट ने उनकी मासिक आमदनी दोगुनी करने में उनकी सहायता की–पहले वे 1500 से 2000 रुपये हर महीने कमाते थे और अब उनकी आमदनी बढ़कर 4500 रुपये हर महीने हो गयी थी। हालाँकि यह रक़म अधिकांश लोगों के लिए बेहद मामूली हो सकती है, लेकिन इस बढ़ोतरी के कारण वे अपने बच्चों को स्कूल भेज पा रहे थे, अपनी ज़रूरत की चीज़ें ख़रीद सकते थे और यहाँ तक कि अपना क़र्ज़ भी चुका पा रहे थे।

हमने उनको 'सौन्दर्य साथी' का नाम दिया था क्योंकि वस्तुतः वे वही थे–शहर को सुन्दर बनाने में हमारे साथी। ऐतिहासिक रूप से अछूत घोषित किये जाने के बावजूद यह एक बेमिसाल पहल थी क्योंकि इसने इस बिरादरी को अपनी गरिमा फिर से लौटायी थी और उसे समाज की मुख्यधारा में शामिल करने का प्रयास किया था। बेशक इन प्रयासों की एक सीमा थी। उनकी सेवाओं ने आम लोगों का उनके प्रति नज़रिया भी

बदलने की कोशिश की क्योंकि शहरी जीवन में उनका अवदान बहुमूल्य था। एक रोग–मुक्त और स्वच्छ वातावरण के निर्माण में महत्त्वपूर्ण भूमिका निभाने के कारण उनको उनका अपेक्षित सम्मान मिलने लगा था।

लेकिन ऐसी पहल को भी अनेक चुनौतियाँ मिलीं; उनमें सबसे बड़ी चुनौती कचरा बीनने वालों को एकजुट करना था। हमारी तमाम कोशिशों के बावजूद संगठित होने का महत्त्व उनकी समझ में नहीं आता था और उनमें बिखराव के ख़तरे उत्पन्न होने लगते थे। उनमें मुख्यतः दो धड़े थे। पहले बड़े धड़े में 80 प्रतिशत सदस्य थे और उनमें ज़्यादातर औरतें थीं। दूसरा धड़ा 20 प्रतिशत सदस्यों का था जिसमें अधिकतर मर्द थे। वे अपने वेतन और मिलने वाली अन्य सुविधाओं से असन्तुष्ट थे। वे सबसे अधिक अपनी बिरादरी के दलालनुमा नेता के प्रति वफ़ादार थे। उस दलाल की भूमिका भी दोहरी थी। एक तरफ़ वह अपनी बिरादरी को सूद पर क़र्ज़ देता था और दूसरी तरफ़ निगम और सफ़ाईकर्मियों की निरक्षर और अभावग्रस्त आबादी के बीच अवरोध की स्थिति में बिचौलिए का काम करता था। बिरादरी के लिए यह दलाल उनका नेता और मसीहा था। दरअसल हमारे काम को बाधित करने के पीछे भी उसके निहित स्वार्थ थे। वह असहाय और अभावग्रस्त क़र्ज़दारों को पैसे देकर उनसे मनमाना सूद वसूलता था और इस तरह से शोषक ने शोषितों को अपने ऊपर निर्भर बना दिया था। इस स्थिति ने उसे बिरादरी के किसी भी सदस्य के निजी मामले में दख़ल देने का भी असीमित अधिकार दे दिया था। वह दलालनुमा आदमी अपनी स्वार्थसिद्धि के कारण ही बिरादरी में आपसी वैमनस्य को बढ़ावा देता था। उसकी शराब और नक़दी सफ़ाईकर्मियों के बीच आन्तरिक सन्तुलन बनाने के उद्देश्य को हासिल करने की हमारी सम्भावनाओं को नष्ट कर रही थी। यहाँ तक कि मामूली अभाव झेल रहा आदमी भी छोटे–मोटे लालच में आसानी से आ सकता था।

हमारी योजना का हिस्सा बनने के पहले कचरा बीनने वाले संगठित नहीं थे। उनकी आमदनी बहुत कम थी और उनकी आर्थिक सहायता करने वाला कोई नहीं था। उनमें से किसी का अपना बैंक खाता नहीं था। हमने उन्हें क़र्ज़ मुहैया कराने के लिए एक सरकारी बैंक में खाता खोलने में उनकी मदद की। साथ ही हमने स्वास्थ्य और शिक्षा जैसे मुद्दों पर भी काम किया। यह आत्म–निर्भर होने की प्रक्रिया उस सूदख़ोर और जाति के तथाकथित नेता–दलाल को हज़म नहीं हो पा रही थी। उसका दावा था कि अपने लोगों की वास्तविक भलाई वही कर सकता था, लेकिन वह ताक़त के मद में चूर था। जब वह किसी का भरोसा अर्जित करने में नाकाम हो जाता, तब वह उस आदमी पर बल प्रयोग भी करता था। उसने दो वर्षों तक बिरादरी के सदस्यों को बहकाने की जी–तोड़ कोशिशें कीं। उसके बाद उसका रुख़ पूरी तरह से आक्रामक हो गया और वह खुल्लमखुल्ला लोगों को जान की धमकियाँ देने लगा। स्वघोषित मसीहा का यह क्रूर चेहरा धीरे–धीरे लोगों के सामने खुलने लगा था।

त्यौहार के मौक़ों पर भी वह सफ़ाईकर्मियों को बहकाने और प्रशासन के सामने ख़ुद को उनके नेता के रूप में पेश करने का दिखावा करता था। वह उनकी तरफ़ से निगम के साथ वेतन बढ़ाने की बातचीत में भी मध्यस्थता करता था–और इस एवज़ में प्रति व्यक्ति कमीशन के साथ–साथ बढ़ोतरी में से भी एक मोटी राशि वसूलता था। हमारे साथ भी उसने यही धूर्त खेल खेलने की कोशिश की। 2012 में त्यौहार के मौक़े पर उसने नगर निगम के कर्मियों को हड़ताल पर जाने के लिए भड़काया और शहर की सफ़ाई व्यवस्था को पूरी तरह से ठप्प कर दिया। अक्टूबर में जब निगम की हड़ताल जारी थी उसी वक़्त नगर निगम के नये भवन का उद्‌घाटन करने के लिए उप–मुख्यमन्त्री के कटिहार दौरे का कार्यक्रम पूर्वनिर्धारित था। हमारे साथी सदस्य उस हड़ताल में शामिल नहीं थे, लेकिन जाति का वह बिचौलिया उन पर भी

शामिल होने के लिए जबरन दबाव डालने लगा था। हमारे बचाव के लिए खुद ज़िलाधिकारी आयीं और उन्होंने उस आदमी की बजाप्ता लिखित शिकायत भी दर्ज करायी।

लेकिन वैमनस्य का बीजारोपण हो चुका था। हमारे कुछ सदस्यों ने भी वेतन–वृद्धि, अग्रिम भुगतान और साथ ही बोनस के लिए ठीक त्यौहार से पहले हड़ताल पर जाने की चेतावनी दे दी। इस कारण हमारी अपनी व्यवस्था में एक असन्तुलन उत्पन्न हो गया और समूह के सदस्य एक–दूसरे को ही सन्दिग्ध दृष्टि से देखने लगे।

कमोबेश उसी समय हमने सफ़ाईकर्मियों के लिए एक को–ऑपरेटिव पंजीकृत कराने की योजना बनायी थी ताकि इस योजना को वे अपने बलबूते पर चला सकें। हमने कचरा बीनने वालों के साथ कभी भी 'नियोजक–नियोक्ता' का सम्बन्ध नहीं रखा। हम उनके समुदाय को सशक्त बनाना चाहते थे। संयोग की बात थी कि जिस समय यह रांकट शुरू हुआ उस समय मैं स्वयं भी कटिहार में उपस्थित था। मैंने निजी तौर पर हस्तक्षेप करने का फ़ैसला किया और सदस्यों से ख़ुद बातचीत की। मैंने उनके साथ कई बार शान्तिपूर्ण बातचीत के ज़रिये उनको यह समझाया कि यह कार्यक्रम उनकी आजीविका और भविष्य के लिए कितना महत्त्वपूर्ण है। मैंने उनको बताया कि अदूरदर्शी बनने में उनका ही नुक़सान है। मैं यह बात भी उनको समझाने में सफल रहा कि यह कार्यक्रम उनका ही है। आख़िरकार उन्होंने हड़ताल पर नहीं जाने का फ़ैसला किया।

इस घटना की पुनरावृत्ति 2013 के अक्टूबर में भी हुई। सबसे पहले उस दलाल ने पुरुष सदस्यों को निशाना बनाया, जिनकी मदद से उसने औरतों को जबरन काम पर जाने से रोकने की कोशिश की। औरतों को धमकाया गया कि अगर उन्होंने हड़ताल में हिस्सा नहीं लिया तो उनकी पिटाई की जायेगी। मुझ तक भी यह बात पहुँची और मैंने महिला सदस्यों

के साथ एक आकस्मिक मीटिंग की। मैंने उनको ईमानदारी के साथ यह बात बता दी कि हमारे पास उनकी माँगों को पूरा करने के लिए पर्याप्त पैसे नहीं हैं। वे बहुत समझदार थीं और अब वे इस कार्यक्रम के ज़रिये लाभान्वित भी होने लगी थीं। अब वे अपने बच्चों को स्कूल भेजने लगी थीं और अपनी स्थायी आमदनी के कारण भविष्य के लिए थोड़ी–बहुत बचत भी करने लगी थीं। उनके समर्थन से साहस पाकर मैंने उनको अगली सुबह से ही काम पर आने के लिए प्रोत्साहित किया और उनको आश्वस्त किया कि कोई भी अप्रिय घटना होने की स्थिति में मैं सदेह उनके साथ खड़ा रहूँगा। अगली ही सुबह तक़रीबन 6 बजे लगभग पचास की संख्या में औरतें और उनके साथ कुछ मर्द भी हाज़िर हो गये और मैंने उन्हें सफ़ाई के काम में लग जाने के लिए कहा। थोड़ी देर तक सब कुछ सामान्य रूप से चलता रहा, फिर न जाने कहाँ से पन्द्रह–बीस लोगों का झुण्ड आ धमका और उन्होंने काम में बाधा पहुँचानी शुरू कर दी। उन लोगों ने हमारे सदस्यों को तुरन्त काम रोक देने के लिए कहा। मैंने तत्काल हस्तक्षेप करते हुए उनसे वहाँ से चले जाने का अनुरोध किया। यह सब शहर के एकदम बीचोबीच मंगल बाज़ार के इलाक़े में घटित हो रहा था। यह कहना झूठ नहीं होगा कि पूरा मामला नियन्त्रण से बाहर हो चुका था और एक बार मुझे भी यह प्रतीत हुआ कि पूरा का पूरा कार्यक्रम अभी ध्वस्त हो जायेगा।

मैंने ख़ुद को सँभाला और पुलिस को इत्तिला दी। अपनी चिर–परिचित उदासीनता के साथ उन्होंने मुझे जवाब दिया कि मैं ख़ुद ही हालात से निबट लूँ!

उसके बाद मैंने अपने एक वकील मित्र को फ़ोन किया। संयोग की बात थी कि वह दलाल और मेरा मित्र दोनों साथ ही पढ़ते थे और एक–दूसरे को अच्छी तरह से जानते थे। पिछले दो सालों से मैंने उस दलाल से मिलने की ज़रूरत नहीं समझी

थी, लेकिन अपने वकील मित्र के आग्रह पर हम तीनों ने तुरन्त एक मीटिंग की। दलाल सभी सदस्यों के सामने बात करना चाहता था। वह अपनी उन्हीं पुरानी माँगों पर अड़ा हुआ था। मैंने धैर्यपूर्वक उसकी बातें सुनीं और उसे समझाया कि हमारे पास इतना पैसा नहीं है कि हम सदस्यों को बोनस दे सकें, लेकिन हम उनको आधे महीने के वेतन का अग्रिम भुगतान कर सकते हैं। इस प्रकार आग को भड़कने से पहले उस पर क़ाबू पा लिया गया, लेकिन भीतर–भीतर यह चिनगारी अभी भी सुलग रही थी। उन चिनगारियों ने हमें परेशान करना जारी रखा जिन्हें सुलझाने में हमें ख़ासी मशक़्क़त करनी पड़ रही थी।

इन छुटभैये दलाल सरीखे नेताओं से निबटना बहुत आसान नहीं था, दूसरी तरफ़ राज्य सरकार के पदाधिकारियों ने हमारे लिए मुसीबतें खड़ी करने में कोई कोर–कसर नहीं उठा रखी थी।

जैसा कि मैंने बताया, हमारा एक उद्देश्य कचरा बीनने वाली औरतों के लिए एक कॉ–ओपरेटिव का पंजीकरण कराना था। ताकि बाद में वे सामूहिक प्रयासों से इस कार्यक्रम को चला सकें। इस काम के लिए हमने राज्य सरकार के सहकारिता विभाग से सम्पर्क किया। जैसी कि उम्मीद थी, जब हमने पंजीकरण का आवेदन–पत्र जमा किया तब विभाग ने हमें सहयोग करने से स्पष्ट मना कर दिया। उन्होंने जान–बूझकर हमें पंजीकरण की प्रक्रिया से सम्बन्धित ग़लत सूचनाएँ दीं जिसके कारण हमें तीन–तीन बार आवेदन करना पड़ा और जब हमने सब कुछ दुरुस्त करके आवेदन–पत्र दाख़िल कर भी दिया तो फ़ाइल आगे बढ़ी ही नहीं! काम को तेज़ी से आगे बढ़ाने का तरीक़ा यहाँ भी वही था–हर टेबल पर बैठे मुलाजिमों की जेबें गरम करते जाइए और फ़ाइल को आगे बढ़वाते जाइए। निरीक्षक ने हमारे एक सहकर्मी को यहाँ तक कहा कि पैसों की जगह 'कम–से–कम' उसे दो किलो आम ही ख़रीदकर दे दे! यह बात भी उसने बड़ी विरक्ति से कही थी।

कोई भी आदमी समाज के उस वर्ग की भलाई के बारे में रत्तीभर भी नहीं सोच रहा था जिसके प्रति हमें सबसे अधिक संवेदनशील और सहृदय होना चाहिए था। राज्य सरकार ठोस कचरे के लिए एक कारगर नीति बनाने की उत्तरदायी थी, यद्यपि यह काम उस समय प्रगति पर था। हमारे प्रोजेक्ट को आँकड़े इकट्ठा करने, निष्कर्ष का मूल्यांकन करने और शामिल की जा सकने वाली रणनीतियों के मद्देनज़र बड़ी नज़दीकी से देखा जा रहा था। इस तथ्य के बावजूद किसी भी कोने से हमें मदद का कोई प्रस्ताव नहीं मिला।

शहर के निवासियों ने अपनी तरफ़ से शहर की साफ़–सफ़ाई में कभी कोई रुचि नहीं दिखलायी और इसके लिए हमेशा नगर निगम पर ही आश्रित रहे। ज़्यादातर लोग अपने घर का कूड़ा या तो बाहर सड़कों पर या फिर आसपास की ख़ाली जगहों पर फेंक देते थे। निगम के अधिकारियों और कर्मचारियों की निगम की ढाँचागत नीतियों और अपने व्यवहार में तब्दीली लाने में ज़रा भी दिलचस्पी नहीं थी। हमेशा वे इतने व्यापक सफ़ाई प्रबन्धन के लिए पर्याप्त संख्या में सफ़ाईकर्मियों की अनुपलब्धता का रोना रोते रहते थे।

घर–घर जाकर किचन के कचरे को एकत्र करके हमने कचरा प्रबन्धन की एक ख़ास अवधारणा से लोगों का परिचय कराया था। शहर के निवासियों को यह अवधारणा बहुत पसन्द आयी थी और उन्होंने दिल से हमारा समर्थन किया था। हालाँकि उनकी भूमिका इन सुविधाओं का उपभोग करने और उसके लिए तय रक़म अदा करने से अधिक और कुछ नहीं रही। अधिक–से–अधिक वे अपने पड़ोसियों को भी साफ़–सफ़ाई में सहयोग के लिए प्रोत्साहित करते। वे इस मुद्दे में अधिक दिलचस्पी लेना ज़रूरी नहीं समझते थे और न ही निगम के पदाधिकारियों से नागरिक सुविधाओं और अपने अधिकारों जैसे मसलों पर उलझना चाहते थे। लोगों का समर्थन हमारी सबसे

बड़ी ताक़त बन सकती थी, लेकिन अथक प्रयास के बावजूद हमारे स्थानीय साथी उनको हमारे साथ जोड़ पाने में सफल नहीं हो पाये। इतनी महत्त्वपूर्ण समस्या पर भी स्थानीय लोगों की कोई सामूहिक पहल नज़र नहीं आयी।

कटिहार में ज़मीनी तौर पर सफलतापूर्वक काम करने में असफल होने से मुझे बहुत झटका लगा। हमारा मॉडल, हमारी मंशा और हमारा काम तीनों ही कारगर नहीं हो सके थे। हमने कड़ी मेहनत से योजना बनायी थी और पूरी ईमानदारी से उसे क्रियान्वित करने की कोशिश की थी ताकि हाशिये के लोगों के जीवन में बुनियादी सुधार लाये जा सकें, लेकिन निजी लालच और व्यवस्था की उदासीनता से हमारी पूरी मेहनत पर पानी फिर गया था। हालाँकि हमारा मॉडल कुल मिलाकर कारगर रहा था लेकिन कमज़ोर महादलितों के जीवन में बदलाव लाने की हमारी कोशिशें नाकाम साबित हुई थीं।

दिल्ली के कुछ दलित नेताओं के साथ मिलकर जनता की मदद की अपेक्षा से मैंने एक फ़ेसबुक पोस्ट भी लिखी थी। उन नेताओं में कई मेरे यूनिवर्सिटी के पुराने साथी थे। यद्यपि उनके विचार बहुत मुखर और आश्वस्तकारी थे, लेकिन उनमें से कोई भी इतनी दूर की यात्रा करके इस सुधार के काम में हमारी मदद करने का इच्छुक नहीं था। जाति के पत्ते (जातिगत राजनीति) खेलने की दृष्टि से दिल्ली एक उपयुक्त जगह है। ग़रीबों के लिए कुछ गोलमोल जुमले–उनके विमर्श का यही निष्कर्ष होता। कोई भी उद्देश्य के लिए खुलकर सामने आने को तैयार नहीं था।

हम निगम और मेयर दोनों में से किसी को भी पटरी पर नहीं ला सके। हमें यह समझने में थोड़ा वक़्त लगा कि हमारे सिद्धान्त और उद्देश्य वस्तुतः एक–दूसरे के विरोधी हैं और साथ–साथ नहीं चल सकते। विश्व के परिदृश्य पर कटिहार की पहचान बनाने का मेरा सपना अधूरा रह गया, जबकि इसके पहले

हमने कई छोटी–मोटी जंग जीती थी। यहाँ तक कि हमने वर्ल्ड बैंक के तत्कालीन कंट्री डायरेक्टर और उनकी पत्नी (जो शहरी प्रबन्धन की एक कुशल विशेषज्ञ भी थीं) को भी आमन्त्रित किया। हमारे प्रोजेक्ट में मदद करने में उनकी गहरी दिलचस्पी थी। कटिहार पहुँचने के लिए उन्होंने 40 घण्टे की लम्बी रेल–यात्रा की और इस प्रोजेक्ट के सभी महत्त्वपूर्ण भागीदारों से मिले। मुझे पूर्ण विश्वास था कि इसका सार्थक परिणाम निकलेगा, लेकिन किसी में भी यह समझने की दूरदृष्टि नहीं थी।

बहरहाल, इस पूरे प्रकरण से मैंने यह सीखा कि बाधाओं की चिन्ता किये बिना मुझे खुली बातचीत के ज़रिये अपनी सक्रियता बनाये रखनी चाहिए थी। मुझे अधिक धैर्य और निपुणता के साथ आन्तरिक असन्तुलन को साधने की कोशिश करनी चाहिए थी और अनुकूल समय पर अनुकूल समाधान निकालने की दिशा में कड़ी मेहनत करनी चाहिए थी।

मेरे बड़े भाई अरुण भैया ने एक बार मुझे इशारे में कहा भी था, "जहाँ तक सम्भव हो विनम्रता और धीरज से काम लो।" वे शहर को शायद मुझसे बेहतर समझते थे, लेकिन अतिशय उत्साह में मैंने उनकी बात पर अधिक ध्यान नहीं दिया। लेकिन उनका संकेत मुझे तब फिर से याद आ गया जब प्रोफ़ेसर हाइफेत्ज ने इस सूत्रवाक्य को उद्धृत किया कि धीरे–धीरे आगे बढ़ना ही वास्तव में तेज़ी से आगे बढ़ना होता है। मुझे भी हर क़दम पर अधिक सचेत रहना चाहिए था और बार–बार स्थितियों का जायज़ा लेते हुए आवश्यकतानुसार उनमें सुधार या परिवर्तन लाना चाहिए था।

मुझे लगता है कि प्रोजेक्ट बन्द हो जाने के बाद हमें नगर निगम में भ्रष्टाचार के मुद्दे को रेखांकित करते हुए अदालत की शरण में जाना चाहिए था। दुर्भाग्य से यह क़दम उठाने से पहले ही मुझे कैनेडी आना पड़ गया और मेरी अनुपस्थिति में मेरे अन्य साथी इस क़ानूनी पचड़े में पड़ने में असमर्थ अनुभव कर रहे थे।

ठेका हमारे हाथ से निकल जाने का मतलब कचरा बीनने वालों की हार थी। आम लोगों को पहले भी गन्दगी की आदत पड़ी हुई थी, इसलिए उनकी ज़िन्दगी फिर से वहीं आ जाने से उन्हें कोई बड़ा फ़र्क़ नहीं पड़ा, लेकिन उन कचरा बीनने वालों की ज़िन्दगियाँ कपटभरी मंशाओं और निजी लालचों से सबसे अधिक प्रभावित हुई थीं। असल परिवर्तन, मुक्ति और रौशनी की सबसे ज़्यादा ज़रूरत उन्हीं को थी। आम लोग प्रशासन के माथे सारा दोष मढ़कर पल्ला झाड़ लेते थे। वे अपने अन्दर नहीं झाँकते थे और न इसकी ज़रूरत समझते थे कि इस स्थिति के लिए उनकी अपनी निष्क्रियता भी ज़िम्मेदार थी। हम यह सोचने की कोशिश कभी नहीं करते हैं कि अगर हम समाज को अपना न्यूनतम योगदान दे सकें, अपने भले के लिए सामान्य उद्देश्यों के प्रति थोड़ा सजग और सक्रिय हो जायें तो कितना कुछ बदल सकता है।

लेकिन बन्द हो जाने के बाद भी इस प्रोजेक्ट ने कचरा बीनने वालों को अनेक तरह से लाभान्वित किया था। वे चूहों द्वारा संक्रमित अनाजों की बजाय अब स्वास्थ्यवर्द्धक खाना खाते थे। उनके बच्चे पढ़ाई करने लगे थे। वे अपनी आमदनी से से कुछ–न–कुछ ज़रूर बचाते थे। उन्होंने अपने लिए पर्याप्त सामाजिक जगह हासिल कर ली थी। विशेषकर महिला कामगारों ने पीढ़ियों के एकान्तिक बन्धन और तकलीफ़ों के बाद ख़ुद को सशक्त अनुभव किया था। वे अब भी मुझे यदा–कदा फ़ोन करते हुए रोने लगती थीं। नये संगठन द्वारा किये जाने वाले निरन्तर शोषण की दर्दनाक बातें वे मुझसे बाँटती थीं और मुझसे फिर से लौट आने का अनुरोध करती थीं।

बदक़िस्मती से मैं नहीं लौट सकता था। उस वक़्त तो क़तई नहीं। मेरे लिए अकेली सुकूनदेह बात यही थी कि छोटे अन्तराल के लिए ही सही, इन कचरा बीनने वालों को परिवर्तन के अनुभवों के अवसर मिल सके।

यह निश्चित रूप से एक निराशाजनक अनुभव था, लेकिन कटिहार को उसका देय देने का मेरा सपना अभी पूरा नहीं हुआ था। मैंने अपने आपसे इस वायदे के साथ कटिहार से विदा ली थी कि हार्वर्ड में अपने दिन पूरे करने के बाद मैं दोबारा कटिहार लौटूँगा और वहाँ अपने अधूरे काम को न केवल पूरा करूँगा बल्कि बिहार और देश के अलग–अलग हिस्सों में भी उसका विस्तार करूँगा। मुझे पूरा विश्वास था कि इस बार मैं अपने उद्देश्य के प्रति अधिक स्पष्टता और ऊर्जा के साथ वापस लौटूँगा और कुछ अन्य बड़े मसलों पर भी काम करूँगा। मैंने शहर इसलिए छोड़ा कि उस शहर में मुझे फिर से लौटना था।

अध्याय - ग्यारह

प्रसंग और संवाद : दृष्टिकोणों का निर्माण

जीवन एक पथ है जिस पर हमारी क्लान्त छवियाँ आगे बढ़ती हैं। हम एक हाथ से अपने अनुभवों को थामे रहते हैं और दूसरे हाथ से वे सबक पकड़े रहते हैं जिन्हें हम सीखते हैं। मैंने भी इन्हीं यादों की रौशनी में अपना आगे का सफ़र जारी रखा।

उनमें से कई सबक ऐसे थे जो मैंने तत्क्षण अनुभूतियों, प्रतिक्रियाओं के अवलोकन और संवादों से सीखे थे। शेष को सीखने में वक़्त लगा और किसी निष्कर्ष तक पहुँचने से पहले मैं घण्टों ख़यालों में खोया रहा। जिन मुद्दों ने मेरी संवेदनाओं को मुख्य रूप से झकझोरा, उनमें से कुछेक ही मेरे परिवार और मुझसे जुड़े थे, लेकिन उनमें से ज़्यादातर व्यापक स्तर पर समाज को प्रभावित करते हैं। उनमें से ज़्यादातर तकलीफ़ें आदमी की ही बनायी हुई हैं, और आदमी के पास ही उनके निदान की क्षमता भी है, लेकिन ऐसा होता नहीं। कभी आदमी के भीतर की उपेक्षा और कभी ताक़त की उसकी भूख इस राह में बाधा बनती हैं और यह समस्या एक पीढ़ी से दूसरी पीढ़ी में हस्तान्तरित होती जाती है। जब तक कोई सत्ता–सम्पन्न आदमी स्वयं इनसे प्रभावित नहीं होता तब तक यह उदासीनता इसी तरह से पनपती रहती है।

अपने बचपन में मैं कभी भी कलेक्टर के दफ़्तर में नहीं गया था। पहली बार यह मौक़ा मुझे तब मिला जब मैंने अपना करियर

शुरू किया था। कलेक्टर के साथ मेरी पहली आधिकारिक मुलाक़ात मुँगेर में हुई थी और दूसरी मुलाक़ात मुर्शिदाबाद में हुई। तीसरा अवसर मुझे अपने शहर कटिहार में मिला। कुछ बातों ने मुझे हैरत में डाल दिया—पहली, पूर्व–निर्धारित मुलाक़ात के बावजूद कलेक्टर हमेशा काग़ज़ातों पर दस्तख़त करने और फ़ाइलों को निबटाने में व्यस्त रहते थे जबकि वे एक पूर्व–निर्धारित मीटिंग में होते थे। ज़ाहिरन वे मेरी बात पर अधिक ध्यान नहीं दे रहे थे। उनसे मेरी नज़रें पहली बार तब मिलीं जब मैं उनसे विदा लेते हुए उठ खड़ा हुआ था। दूसरी, कलेक्टर की और उसके मुलाक़ाती की कुर्सी के बीच में रखी टेबल के बड़े आकार के कारण काफ़ी अन्तराल था, गोया यह उस अन्तर को स्पष्ट कर रहा हो जो एक आम आदमी और सत्ता–सम्पन्न प्रशासन के बीच अदृश्य रूप में उपस्थित था। प्रशासन का मुखिया, कलेक्टर मानो किसी ज़िले का व्यावहारिक स्वामी था।

दो व्यक्तियों के बीच का यह सायास अन्तराल मेरे लिए बहुत बेचैन करने वाला दृश्य था। यह एक कुशल प्रशासन के मार्ग का सबसे बड़ा अवरोधक था—आप चाहें तो इसे एक सामन्ती परम्परा भी मान सकते हैं। दरअसल पद के बहाने पदाधिकारी जनमानस पर जिस तरह का नियन्त्रण स्थापित करना चाहते हैं, वह हमें ब्रिटिश राज के निरंकुश दिनों की याद दिला देता है जिसके गुणसूत्र भारतीय नौकरशाही में आज भी आसानी से देखे जा सकते हैं। यह एक विडम्बना है कि दूसरी तरफ़ यूरोपियनों ने अपने प्रशासन को अधिक लोकतान्त्रिक और सुलभ बना दिया है। और हम? जिन्होंने ब्रिटिश राज के ख़िलाफ़ निर्णायक युद्ध लड़ा उसी प्रशासनिक ढाँचे में उलझकर रह गये जो उन्होंने गँवार स्थानीय लोगों को श्रेष्ठ साहबों से दूर रखने के लिए बनाया था। हमारे वर्तमान कलेक्टर उसी 'साहब' ग्रन्थि के साथ काम करते हैं—वे उस मानसिकता के गुलाम हैं।

मुझे कटिहार के एक पूर्व कलेक्टर से हुई दिलचस्प मुलाक़ात का वाक़या याद है। उनसे मेरा परिचय एक वरिष्ठ नौकरशाह ने कराया था, इसलिए उन्होंने अपनी तरफ़ से ठीकठाक तवज़्ज़ो देने की कोशिश की। हालाँकि बातचीत के दरमियान काग़ज़ातों पर दस्तख़त करने का नेक सिलसिला भी जारी रहा। मैं उनसे ठोस कचरा प्रबन्धन के मसले पर मदद की उम्मीद से मिल गया था। उन्होंने मुझे कॉफ़ी पिलाने की मेहरबानी भी की, लेकिन मीटिंग का सन्दर्भ जानने के बाद उन्होंने बातों को घुमाना शुरू कर दिया। वे मुझे कलेक्टर पद के अधिकारों के बारे में समझाने लगे, "जानते हो संजय, एस.पी. और एम.एल.ए. जब मेरी पोर्च में अपनी गाड़ियाँ पार्क करते हैं तो मेरा एक कर्मचारी उन गाड़ियों को वहाँ से हटाने के लिए नियुक्त है! ये लोग कब समझेंगे कि कलेक्टर केवल एक पद का नाम नहीं बल्कि अपने आप में एक संस्था है?" सत्ता का यह मद हमारी नौकरशाही में प्रछन्न रूप में आज भी उपस्थित है। आम जनता उनकी प्राथमिकता की सूची में बहुत निचले क्रम पर है। उनके लिए सबसे महत्त्वपूर्ण बात उनका अहंकार और श्रेष्ठता–बोध है।

भारत जैसे एक घनी आबादी वाले देश में जहाँ प्रभावशाली प्रशासन एक अनिवार्यता ही नहीं बल्कि बहुत से लोगों के लिए उम्मीद की अकेली किरण है, जहाँ ऐसे पदाधिकारी गम्भीर चिन्ता का कारण हैं। मुझे ख़ुशी है, उनके जैसा बन जाने के डर से ही शायद मैंने लोक सेवा को अपने करियर के रूप में नहीं चुना। ऐसी बात नहीं है कि यह श्रेष्ठता–बोध और अहंकार लोक नौकरशाही का एक सर्वव्यापी पक्ष है, इसके बहुत सारे बेहतरीन अपवाद भी हैं जिनमें से कइयों से मुझे निजी तौर पर मिलने का अवसर भी प्राप्त हुआ है। इसके बावजूद लोक सेवकों को निर्विवाद रूप से जन–सामान्य के अधिक निकट लाने की आवश्यकता है। लोक सेवा का अन्तर्निहित उद्देश्य–'सेवा'–जनता से उनके संवादों और कार्य–पद्धति से दुर्भाग्यवश अनुपस्थित है।

हमारे देश में नेताओं का चरित्र दोहरा होता है। चुनाव के समय वे अपना समय अपने भावी मतदाताओं के साथ व्यतीत करते हैं और उनसे असम्भव और लुभावने वादे करते हैं, लेकिन चुनाव में जीत हासिल करते ही उन्हीं मतदाताओं को पहचानना भी उनकी शान के ख़िलाफ़ हो जाता है। हालाँकि उनकी इस लोलुप प्रवृत्ति के अनेक अपवाद भी हैं, किन्तु सामान्य रूप से राजनीतिक वर्ग की मौक़ापरस्ती और स्वार्थ की अनदेखी नहीं की जा सकती है।

राजनीतिक नेताओं के बारे में मेरी एक अन्य मान्यता यह है कि वे अमूमन अच्छे श्रोता नहीं होते हैं। वे सम्भवतः इस मुगालते में रहते हैं कि जन साधारण से अधिक संवाद करने से उनको अपने मतलब का कुछ हासिल होने वाला नहीं है।

अलबत्ता चुनाव के वक़्त उनकी चमड़ी का रंग बहुत तेज़ी से बदलता है। उनके अन्दर का विनम्र, मृदुभाषी और समझदार व्यक्ति एक कृपालु और मायावी व्यक्ति बन जाता है। वे यह भूल जाते हैं कि उनके पास उपभोग के जो साधन हैं वे उनकी निजी सुविधाएँ नहीं हैं, वे सिर्फ़ उन साधनों के रखवाले हैं और उन पर जनता का अधिकार है। उनके साथ अपने गहरे और निरन्तर सम्पर्कों के क्रम में सार्वजनिक संसाधनों के प्रति उन राजनेताओं की आसक्ति देखकर मुझे बहुत गहरी निराशा हुई।

इन राजनेताओं को जो अधिकार मिले हुए हैं वे अधिकार उनको संविधान ने आम जनता की सेवा और कल्याण के लिए दिये हैं जिनका दुरुपयोग वे निजी उद्देश्यों और अपने उत्तरदायित्वों के दायरे से बाहर जाकर करते हैं। परिवारवाद की जड़ें इतनी अधिक फैल चुकी हैं कि सामान्य संसाधनों का उपयोग भी परिवार और क़रीबियों के लाभ के लिए किया जाता है। इनमें से कोई भी बात हैरतअंगेज़ नहीं है। उससे कहीं हैरतअंगेज़ बात यह है कि यह चलन अब कितना सहज और स्वीकृत हो गया है। आम लोगों की जानकारी में होने के बावजूद

यह बिना किसी अवरोध और आपत्ति के जारी है। हाँ, बहसें सिर्फ़ बड़े घोटालों पर होती हैं क्योंकि उनमें अविश्वसनीय रूप से एक बड़ी रक़म का ज़िक्र होता है।

काम के सिलसिले में मुझे हमारे कटिहार के युवा संसाधन केन्द्र में एक उभरती हुई फुटबॉल खिलाड़ी सुषमा से मिलने का मौक़ा मिला। मुझे फुटबॉल (जैसा कि इसे भारत में कहा जाता है) के प्रति इतने जूनून से भरी एक तरुण लड़की से फुटबॉल और उसके एक गर्ल्स फुटबॉल टीम में खेलने के अनुभव के बारे में बात करके बहुत प्रसन्नता हुई। निचले तबक़े की एक निर्धन लड़की के भीतर अपने शौक़ के प्रति इतना दृढ़प्रतिज्ञ होना एक दुर्लभ बात थी।

सुषमा स्वभाव से मुखर थी और वह अपने बारे में बहुत बातें करती थीं। "हमारे कोच बड़े अच्छे और उदार हैं। हमारे लिए खेलने के सामानों की व्यवस्था वही करते हैं। हमारे शेष ख़र्चों का इन्तज़ाम भी वही करते हैं। उन्होंने हमारे किट्स के लिए एम.एल.ए. से अनुरोध किया था, लेकिन कोई भी हमारी मदद नहीं करता है।" सुषमा खेल के अलावा दूसरे मुद्दों के प्रति भी सजग थी। मुझे उससे यह भी जानकारी मिली कि उसकी टीम अपने कोच की देखरेख में बहुत कड़ी मेहनत करती है। "हम सब रोज़ सुबह छह बजे प्रैक्टिस करते हैं और बिल्कुल वक़्त पर मैदान में पहुँच जाते हैं। मैं एक राज्य स्तर की खिलाड़ी हूँ और राज्य के बाहर भी खेल चुकी हूँ। मुझे फुटबॉल बहुत पसन्द है और मैं इस खेल से प्यार करती हूँ।"

खेल के प्रति सुषमा की दीवानगी देखकर मैंने उसे कहा कि अगर वह खेलना जारी रखती है और अच्छा प्रदर्शन करती है तो वह रेलवे या किसी अन्य पब्लिक सेक्टर में खेल के लिए आरक्षित कोटे में अपने लिए नौकरी पा सकती है। इस बात से वह अपने भविष्य के प्रति अधिक संजीदा हो गयी। जहाँ तक मेरी

बात है तो मुझे उससे मिलकर बहुत ख़ुशी हुई। वह पूरी लगन से खेल को अपना करियर बनाने के लिए मेहनत कर रही थी। यक़ीनन इस देश में उसके जैसी अनेक लड़कियाँ होंगी, लेकिन उनमें से अधिकतर के सपने दिन की रौशनी देखने के पहले ही टूट जाते हैं, लेकिन यह सवाल मुझे हमेशा परेशान करता है कि क्या सुषमा जैसों को अपने जूनून को जारी रखने के लिए ज़रूरी आर्थिक, संस्थानिक और भावनात्मक मदद मिल पाती है।

मैंने स्थानीय एम.एल.ए. से उससे जैसी लड़कियों की मदद करने का अनुरोध किया। उनका उत्तर बहुत शुष्क और नकारात्मक था, "संजय जी, हमने इन लड़कियों के लिए खेलने की ड्रेस ख़रीदने की राशि स्वीकृत की थी, लेकिन इन्होंने घर में पहनने वाले कपड़े भी ख़रीद लिए। वे अपनी खेल की सामग्रियों की हिफ़ाज़त भी नहीं करती हैं।" ज़ाहिरन इन उभरते हुई खिलाड़ियों को प्रोत्साहित करने में उसकी कोई दिलचस्पी नहीं थी। जनप्रतिनिधि और क़ानून के निर्माता जिनका संसाधनों पर पूर्ण नियन्त्रण है, वे भी कुल मिलाकर सुयोग्य, लेकिन निर्धनों तक संसाधनों को पहुँचाने की दिशा में अनिच्छुक हैं। विडम्बना है कि ऐसे जनप्रतिनिधि जो संसाधनों और धनराशि को सकारात्मक परिवर्तन के लिए डाइवर्ट करने की ज़रूरत नहीं महसूस करते, खेलकूद के आयोजनों और प्रतियोगिताओं का उद्‌घाटन बड़े उत्साह से करते हैं।

ज़रूरी नहीं कि हम हमेशा संसाधनों के अभावों से ही जूझते हैं, हम व्यापक अन्तर्दृष्टि के अभाव से भी जूझते हैं।

सुषमा के भविष्य की चिन्ता मेरे ज़ेहन में घूमती रही और मैं शहरों और पहाड़ों में ऐसी दूसरी लड़कियों की मिसाल ढूँढ़ने लगा जिनके भीतर खेल को लेकर सुषमा जैसा ही जूनून था। भारत में मैदानों और गली–मोहल्लों में लड़कियों को खेलता हुआ देखना एक दुर्लभ दृश्य था। हाँ, सुविधा–सम्पन्न परिवारों से सम्बन्ध रखने वाली लड़कियाँ जिम, तैराकी और निजी

अहातों में खेले जा सकने वाले इनडोर खेल ज़रूर खेलती दिख जाती थीं लेकिन निम्न वित्त वर्ग के केवल लड़के ही मैदानों या गली–मोहल्ले में खेलते नज़र आते थे।

आख़िर निम्न वित्त पारिवारिक पृष्ठभूमि की ये किशोरवय लड़कियाँ अपनी शारीरिक ऊर्जा किन कामों में खपा रही थीं? मेरे लिए यह एक बड़ा सवाल था और मैंने इस विषय की गहरी पड़ताल शुरू कर दी। लड़कियों की शारीरिक सक्रियता पर मौन धारण करने की बजाय मैंने अपने निष्कर्षों पर आधारित अनेक संक्षिप्त टिप्पणियाँ लिखने का निर्णय किया। मेरे लिए यह बहसतलब बात थी। हमारे देश में लड़कियाँ, विशेषकर किशोरवय की लड़कियाँ लड़कों की तुलना में शारीरिक रूप से कम सक्रिय हैं। इस सन्दर्भ में नीति–निर्माताओं और जनप्रतिनिधियों द्वारा पहल किये जाने की अपेक्षा रखने के साथ एक नागरिक के रूप में मुझे भी लोगों को जागरूक करने की ज़रूरत महसूस हुई।

कटिहार के लोकसभा सदस्य से बातचीत के क्रम में मैंने उन्हें उनके अधीन एक ज़िला विकास योजना बनाने के प्रारूप का प्रस्ताव दिया ताकि बेरोज़गारी की समस्या से निबटा जा सके, स्थानीय उद्योग–धन्धों को बढ़ावा दिया जा सके और स्वास्थ्य तथा शिक्षा सम्बन्धी योजनाओं में सुधार किया जा सके। मैंने सलाह दी थी कि हम विशेषज्ञों को आमन्त्रित करके एक साल के अन्दर इस योजना को क्रियान्वित कर लेंगे। मैंने एम.पी. को यह आश्वस्त करने की कोशिश की कि सरकारी अधिकारियों, एन.जी.ओ. और वित्तीय सहायता करने वाली एजेंसी के सामूहिक सहयोग से विकास योजना के लक्ष्य को निश्चित कार्यावधि में पूरा किया जा सकता है। क्रियान्वयन का यह मॉडल सकारात्मक परिणाम लाने में बहुत कारगर साबित हो सकता था।

हैरत की बात नहीं थी कि एम.पी. ने मेरे प्रस्ताव में कोई रुचि नहीं ली। ऐसे राजनेताओं से किसी दीर्घकालिक परिवर्तन की

उम्मीद करना भी बेमानी है। वे मतदाताओं को सन्तुष्ट करने के लिए केवल तात्कालिक और अस्थायी मुद्दों को प्राथमिकता देते हैं। ऐसे राजनेता गिने–चुने मिलेंगे जो पाँच साल में होने वाले चुनावों की तय सीमा से परे भी सोचते हों, और वह भी सुनियोजित तरीक़े से। मेरे विचार से यह देश की उन्नति और विकास कार्यों को बाधित करने वाले बड़े कारणों में से एक है। इन नीतियों और उन पर अमल करने वालों को उन पर पुनर्विचार करने के लिए एक दूरगामी दृष्टि और विवेक की बहुत ज़रूरत है!

हाईस्कूल के दिनों से ही मैंने अपने उपनाम का उपयोग करना बन्द कर दिया था। मुझे लगता था कि किसी को भी मेरी जाति से कोई मतलब नहीं होना चाहिए। यह निर्णय जब मैंने लिया तब मैं केवल सातवीं कक्षा में पढ़ता था। मैंने इस बारे में न किसी से मशविरा किया और न किसी की इजाज़त ली। यह मेरे जीवन के शुरुआती बड़े फ़ैसलों में एक था।

इस साल मैंने सैनिक स्कूल में दाख़िले के लिए आवेदन किया था और इंटरव्यू देने के लिए पटना गया था। साक्षात्कार लेने वालों ने उपनाम के कारण मेरे और मेरे पिता के नामों में अन्तर देखा और मुझसे इस बारे में पूछा। मैंने भरसक ईमानदारी के साथ उनके सवाल का जवाब दिया। ज़ाहिर–सी बात थी कि उन्हें बारह साल के एक लड़के से किसी वैचारिक उत्तर की उम्मीद नहीं थी, और वह भी बिहार जैसे राज्य में, जहाँ जाति सामाजिक तौर पर एक बड़ा नाज़ुक मसला है। यहाँ जाति सर्वोपरि है। जाति ही यहाँ लोगों के सामाजिक सम्मान की कसौटी है। दरअसल लोगों को हमारे परिवार, हमारे ज़िले, हमारे गाँव और हमारे बारे में छोटी–से–छोटी बात जानने में गहरी दिलचस्पी होती है। हमारी पहचान और हमारा काम हमारी जातीय पृष्ठभूमि के परिप्रेक्ष्य में ही देखा–परखा जाता है। जातीय रूप से भिन्न होने का सामान्य अर्थ है महत्त्वहीन होना।

शुरू से ही मैं जाति–व्यवस्था को समाज की एक अन्तर्निहित बुराई के रूप में देखने लगा था। अधिकतर लोगों के मानस में यह भेदभाव गहरे रूप में अपनी जड़ें जमा चुका था। 'तेज़तर्रार' लोग इसको अपने स्वार्थ के लिए भुनाना जानते थे। भिन्न–भिन्न जातियों के स्वयंभू नेता अपनी स्वजातियों की वास्तविक प्रगति और विकास की दिशा में कभी गम्भीर नहीं थे। बल्कि, जातिगत भावनाओं का पोषण वे अपने राजनीतिक और भावनात्मक प्रभावों को बनाये रखने के लिए करते थे। इससे उनके निहित स्वार्थों की सिद्धि तो होती ही थी, दुर्भाग्य से लोगों की तरक़्क़ी की सम्भावनाएँ भी क्षीण हो रही थीं।

जातीय ध्रुवीकरण के कारण जन–सामान्य के विकास के अवसर भी सीमित हो रहे थे। जातीय एकता के दबाव के कारण उनके भीतर सामूहिक विकास के लिए अनिवार्य सहभागिता की प्रवृत्ति कम होती जा रही थी। इन छोटे–छोटे दुष्प्रभावों के ऊपर जातिगत भेदभाव समाज की पारिस्थितिकी को भी नष्ट करने का काम करता है। सम्पूर्ण, शर्तहीन और तर्कहीन समर्पण की स्थिति में विकास और सहभागिता को पराजित होने से कोई नहीं रोक सकता। हम उन लोगों को बिना किसी संवेदना के अस्वीकार कर देते हैं जो हमारी जाति के नहीं हैं। चाहे कटिहार में महादलितों के साथ काम करने की बात हो या डीयू और जेएनयू में जाति विशेष के नेताओं के साथ मेरा संवाद हो, राजनीतिक स्तर पर जातिगत भेदभाव मैंने सभी जगह अनुभव किया। जाति के कारण लोग इतने छोटे–छोटे खाँचों में बँटे थे कि यह बात उन्हें विकास की बृहतर सम्भावनाओं को देखने से रोक रही थी–एक व्यक्ति और समूह दोनों ही रूपों में। इन बातों का कोई मतलब नहीं था कि विभिन्न सामाजिक–आर्थिक पृष्ठभूमि से सम्बन्ध रखने वाले लोगों से विचार–विमर्श करके आप स्वयं को कितना स्वतन्त्र और सशक्त महसूस करते है, या फिर मानवीयता के बृहतर पक्ष को समझने के बाद आप विचारों के स्तर पर स्वयं को कितना समृद्ध कर पाते हैं।

अधिकतर अनुभवों से कक्षा के बाहर गुज़रना पड़ा था, लेकिन उन सभी संवादों और परिदृश्यों के कारण मुझे इसकी सख़्त आवश्यकता महसूस हुई कि व्यक्ति का चरित्र–निर्माण और उदारता समाज के लिए अत्यावश्यक है। मुझे समाज के भिन्न–भिन्न वर्गों से आने वाले कॉलेज के युवा छात्रों के साथ बातचीत करने के अनेक मौक़े मिले और मेरा यह विश्वास दिन–प्रतिदिन दृढ़ होता गया कि हमें छात्रों को लोक सेवा, उनकी कार्य–पद्धति और लोक सेवकों के साथ आम जनता के सरोकारों को समझने के लिए हमेशा प्रोत्साहित करना चाहिए। मुझे यह प्रतीत हुआ कि उच्च विद्यालय से निकलकर कॉलेज में दाखिले के लिए उद्यत छात्र में सीखने की क्षमता सबसे प्रबल होती है। मैं समाज निर्माण में उनकी सकारात्मक और सक्रिय भागेदारी का पक्षधर हूँ। यदि उचित मार्गदर्शन और प्रेरणा मिले तो ये युवा चामत्कारिक परिणाम दे सकते हैं।

समाज लोगों को भिन्न–भिन्न आकारों में ढालता है। मैं सकारात्मक और दृढ़निश्चयी लोगों को एक साथ लाना चाहता था ताकि वे ज़मीनी स्तर पर ठोस काम कर सकें। साथ ही, मैं उन लोगों से यह भी सीखने का ख़्वाहिशमन्द था कि उनमें से कौन समाज की तुलना में अपने बारे में अधिक सोचता था। मुझे लगता है, मेरी ज़िम्मेदारी उनको बदलते वक़्त के साथ चलने के लिए तैयार करना है। आध्यात्मिक गुरु श्री श्री आनन्दमूर्ति के शब्दों में, "समाज का विवेक एक साथ आगे बढ़ने में है। इस यात्रा के क्रम में यदि कोई पीछे छूट जाता है, यदि रात के अँधेरे में तेज़ हवा का झोंका किसी के दीये को बुझा देता है, तब हमें उसे अकेला और विपत्ति में छोड़कर आगे नहीं बढ़ जाना चाहिए। हमें हाथ बढ़ाकर उसे सहारा देना चाहिए और उसके दीये को अपने दीये से दोबारा प्रकाशमान करना चाहिए।"

अध्याय - बारह

शिक्षा का एक और लक्ष्य

एक युवा के रूप में मेरा एकमात्र उद्देश्य सिर्फ़ पढ़ना नहीं था। हार्वर्ड मेरे निशाने पर कभी नहीं था। चालीस की उम्र में तो क़तई नहीं, क्योंकि अमूमन तब हमारी पढ़ाई की उम्र बीत चुकी होती है। बहरहाल, जहाँ तक मेरा अनुभव था, शिक्षा का सबसे अधिक असर मेरी परिपक्वता की सजग अन्तर्यात्रा के रूप में प्रकट हुआ।

मेरी पारिवारिक पृष्ठभूमि ने मेरी ख़्वाहिशों को सीमित रखने में बड़ी भूमिका निभायी थी। डीयू और जेएनयू किसी भी छात्र की महत्त्वाकांक्षा की पराकाष्ठा था, जहाँ 'अब्रॉड' जाने की महत्त्वाकांक्षा एक मामूली बात मानी जाती थी। सीमित साधनों वाले परिवारों से सम्बन्ध रखने वाले छात्रों के सपनों पर भी बन्दिशें लगी थीं। अपने बचपन और जवानी के शुरुआती दिनों में मैं यही समझता था कि सिर्फ़ अमीर घरों के बच्चे ही पढ़ाई के लिए विदेश जा सकते है। यह बात मुझे बहुत बाद में पता चली कि विदेशी सरकारें, संस्थाएँ और यूनिवर्सिटीज़ विकासशील देश के प्रतिभाशाली छात्रों को लोक सेवा से जुड़े विषयों पर ऊँची पढ़ाई करने के लिए स्कॉलरशिप देती हैं।

लेकिन तब, जीवन के प्रति मेरा निर्णय और कामकाज का तरीक़ा ऐसा नहीं था जिसे परिपक्व कहा जा सके। अपने हार्वर्ड के आवेदन के पूर्व लगातार कई वर्षों तक मैं नौजवान सहकर्मियों

को हार्वर्ड तथा लन्दन स्कूल ऑफ़ इकोनॉमिक्स के लिए 'लेटर ऑफ़ रिकमेंडेशन' देता रहा।

'SEWA' के साथ तीन साल काम करने के बाद मैं विदेश में एक उपयुक्त शॉर्ट–टर्म कोर्स करने की सम्भावना तलाश रहा था। मुझे लगा यह मेरे साथ–साथ 'SEWA' के लिए भी उपयोगी साबित होगा। मैंने 'SEWA' और सेंटर फ़ॉर डेवलपमेंट स्टडीज़, त्रिवेन्द्रम के सहयोग से द इंटरनेशनल इस्टीट्यूट ऑफ़ सोशल स्टडीज़, हेग में 'यूनिवर्सलाइज़िंग सोशल सिक्युरिटी फ़ॉर पुअर' विषय पर एक तीन महीने का डिप्लोमा कोर्स करने का विचार किया। मैंने उस कोर्स के लिए आवेदन किया और संयोगवश मुझे दाख़िले के साथ–साथ हॉलैंड की सरकार द्वारा दी जाने वाली स्कॉलरशिप भी मिल गयी।

हालाँकि मैं वहाँ केवल 40 दिन ही रहा, लेकिन पाश्चात्य शिक्षण पद्धति से मैंने जो सीखा वह मेरे लिए एक विलक्षण अनुभव था। क्लासरूम, लाइब्रेरी, प्रोफ़ेसर और छात्र–सबसे मैंने बहुत कुछ सीखा। पूरी आबोहवा शिक्षा की सुगन्ध से लबालब भरी हुई थी जैसे टपकती हुई बूँदों जिनका मैं आदी था, की बजाय एक उफनती हुई नदी हो। डेवलपमेंट इकोनौमिक्स में प्रोफ़ेसर अश्वनी सेठ के व्याख्यान सचमुच अद्‌भुत थे!

मुझे लगा मैंने आई.एस.एस. (इंटरनेशनल इस्टीट्यूट ऑफ़ सोशल स्टडीज़) में जाने में थोड़ी देर कर दी। बौद्धिक रूप से जीवन्त स्थल होने के साथ, भिन्न–भिन्न संस्कृतियों और देशों से आने वाले छात्र न केवल साथ–साथ रहते और पढ़ते थे बल्कि इस क्रम में एक विशिष्ट और सौहार्दपूर्ण संस्कृति का भी निर्माण करते थे। मैं अलग–अलग तरह के लोगों से मिला और पहली बार अन्तरराष्ट्रीय विविधता महसूस की। पढ़ने की यह नयी पद्धति और बहुसांस्कृतिक परिवेश सबसे अलग था। प्रोफ़ेसर न केवल अत्यधिक कुशल थे बल्कि अपने छात्रों के लिए मिलनसार और सुलभ भी थे।

जहाँ तक हेग की बात है, वह सही अर्थों में एक अन्तरराष्ट्रीय शहर था। जब भी मुझे अवसर मिलता मैं शहर में घूमने के लिए निकल जाता था। मिसाल के तौर पर इंटरनेशनल कोर्ट ऑफ़ जस्टिस की भव्य और विस्मित कर देने वाली इमारत आई.एस.एस. से थोड़ी ही दूरी पर थी और छात्रों को उसे देखने का आह्लादकारी अवसर रोज़ मिलता था–ख़ासकर राजनीति विज्ञान के छात्रों को।

नीदरलैंड में रहते हुए मुझे दोस्तों के साथ यूरोप के कई अन्य शहर, उदाहरणस्वरूप ब्रसेल्स और पेरिस घूमने का भी मौक़ा मिला। पेरिस बहुत सुन्दर था लेकिन वहाँ मैं अकेला गया था और वह मेरी शादी की दूसरी सालगिरह का अवसर था... सीन नदी के बीच में बोट पर घूमते हुए मैंने सीमा से अपना यह अफ़सोस साझा किया था।

हेग की कई नागरिक व्यवस्थाओं में एक बात जिसने मुझे बहुत प्रभावित किया वह यह थी कि नीदरलैंड के प्रधानमन्त्री शहर के बीच से साइकिल चलाते हुए अपने दफ़्तर जाते और लौटते थे। उनके साथ गाड़ियों का कोई क़ाफ़िला नहीं होता था जिससे यातायात की कोई समस्या होती या स्वयं के अति विशिष्ट होने का बोध होता। काश, मैं ऐसा कोई दृश्य दिल्ली या कटिहार की सड़कों पर भी देख पाता! एक देश का प्रधानमन्त्री साइकिल चलाता हुआ अपने दफ़्तर जाता था। अपने सामाजिक वर्ग के प्रति सजग और प्रकृति से अभी भी सामन्तवादी भारतीय समाज में ऐसा वाक़या देखने को मिल सकता है?

हेग की सड़कें गन्दगी से मुक्त और चकाचक थीं। इतनी साफ़–सुथरी सड़कें सम्भवतः मैंने सिर्फ़ फ़िल्मों में देखी थी। इस सफ़ाई में नागरिकों की भी बड़ी भूमिका थी। वे सख़्ती से अपने नागरिक कर्तव्यों का पालन करते थे। केवल कुछ जगहों पर सड़कों पर सिगरेट के बट नज़र आ जाते थे।

और तीसरा सबक मैंने अपने भाई के मित्र अजय नारायण से सीखा था जिससे मिलने मैं एम्स्टर्डम गया था। अजय मुझे आसपास घुमाने और ख़ासतौर पर पवनचक्की दिखलाने क़रीब के गाँव ले जाने के लिए अपनी कार को पार्किंग एरिया से बाहर निकाल रहा था। पीछे की तरफ़ घुमाने के क्रम में उसकी कार बगल में खड़ी कार से टकरा गयी। उसने तुरन्त अपनी जेब से एक काग़ज़ निकाला और एक पर्ची उस कार पर चिपका दी जिसमें उसका नाम, नम्बर और अपार्टमेंट का पता लिखा हुआ था। मैं पेशोपेश में था। कोई यह बात क्यों क़ुबूल करेगा, "मैंने आपकी कार को मामूली नुक़सान पहुँचाया है। यह मेरा अपार्टमेंट नम्बर है। सुविधानुसार आकर मरम्मत में लगा ख़र्च ले लें।" मैं थोड़ा चकित ज़रूर था लेकिन सचमुच यह कितनी गहरी बात थी! "आत्म–स्वीकारोक्ति दो व्यक्तियों के बीच विश्वास पैदा करने में सहायक होती है।" अजय ने सहज भाव से कहा, "यह एक बेहतर समाज बनाता है।" अजय ने अपनी बात की व्याख्या की, "शेष चीज़ें एक स्वस्थ संवाद पर ही टिकी होती हैं जिसके ज़रिये पेचीदा होने से बहुत पहले ही हम मामले को सुलझा लेते हैं।"

हेग में रहते हुए मैंने काम भर खाना बनाना सीख लिया था। होटल का खाना खाना या बाहर से खाना मँगवाना बहुत महँगा था इसलिए ख़ुद खाना पकाने के सिवा कोई विकल्प नहीं था। हम चार लोग एक ही किचन को शेयर करते थे। मेरा डच पड़ोसी ज़ोरेन खाना पकाने को लेकर अतिउत्साही था, "खाना पकाना एक मज़ेदार तजुर्बा है संजय," उसने मुझसे कहा था और धीरे–धीरे खाना पकाने में मेरी भी रुचि बढ़ने लगी। मैं एक 'दाल एक्सपर्ट' बन गया और मेरे सहकर्मी और दोस्त मेरी पकाई हुई दाल बहुत पसन्द करते थे। एक बहुसांस्कृतिक परिवेश में रहने का एक अन्य लाभ यह है कि दूसरों से घुलने–मिलने के बहाने में हमें उनके खानपान से परिचित होने का मौक़ा मिलता है।

ठीक उसी तरह लोग हमारे खानपान के बारे में भी जानते हैं। वैसे भी, स्वाद और मसालों की दृष्टि से भारत के पास दुनिया को देने के लिए अथाह चीज़ें हैं!

हेग में मेरे चालीस दिनों का प्रवास मेरे लिए पाश्चात्य शिक्षा और परिवेश को समझने का एक वातायन साबित हुआ। इसने मेरे भीतर अधिक–से–अधिक पढ़ाई करने की इच्छा उत्पन्न की–एक भूख जाग्रत की, जिससे मैं अभी तक अपरिचित था। इस प्रवास में मुझे लोगों और उनके रहन–सहन के अवलोकन से सीखने का पुनः अवसर मिला–वे सामाजिक सरोकारों में कैसे भागीदारी करते हैं, शिक्षा के प्रति वे कितने सजग हैं, कैसे वे सार्वजनिक स्थानों का निर्माण और उनके रखरखाव की सामूहिक ज़िम्मेदारी उठाते हैं। यह देखना भी बहुत सुखद था कि शहर के लोग कितनी गर्मजोशी से भरे थे और दुनिया के कोने–कोने से आये छात्रों का कितने खुले मन से स्वागत करते थे। भारत में छोटे शहरों से आये छात्रों और नौकरीपेशा लोगों को ग़ैर–ज़रूरी माना जाता था और लम्बे समय तक उनको स्थानीय समाज में शामिल या स्वीकार नहीं किया जाता था। यह सामाजिक विभाजन और भेदभाव राष्ट्रीय प्रगति की दिशा में बर्बर बाधा था।

आई.एस.एस. से वापस लौटने के बाद मैंने यह जाना कि एक सामान्य विदेशी डिग्री वाले लोग भी विभिन्न क्षेत्रों में उच्च पदों पर कार्यरत थे। विदेश–प्रवास और वहाँ के परिवेश से मिले अनुभवों के कारण वे किसी भी कार्य को भिन्न तरीक़े से करते थे। वे अपने दृष्टिकोण में अधिक उदार थे और गुणवत्तापूर्ण शिक्षा ने उनके विचारों को एक व्यापकता दी थी। परिणामस्वरूप पाश्चात्य शिक्षा के लाभ ने उसके प्रति मेरी अवधारणा को एक मज़बूती प्रदान की थी।

2005–2006 में मेरी यह मान्यता और दृढ़ हो गयी कि विदेशों में शिक्षित लोग कोई भी काम भिन्न तरीक़े से करते हैं,

वे अपने तौर–तरीक़ों में अधिक सुव्यवस्थित, उदार और सहयोगपूर्ण होते हैं और अपने अनुभवों के कारण वे अधिक व्यापक परिणाम देने में भी समर्थ होते हैं। वे सम्भवतः इसीलिए विभिन्न क्षेत्रों में उच्च पदों पर आसीन होते हैं। मैंने पीएच.डी. की पढ़ाई पूरी करने पर पुनर्विचार करना फिर से आरम्भ किया जिसे अपनी पेशेगत प्रतिबद्धता के कारण मैंने एक लम्बे समय से स्थगित कर रखा था। मैंने एक महती कारण से जेएनयू में पढ़ते हुए अपनी पीएच.डी. अधूरी छोड़ दी थी, लेकिन अब इसे दुबारा शुरू करने का फ़ैसला किया। मैंने *माइक्रोफ़ाइनेंस इंटरवेंशंस एमंग पुअर वीमेन : ए कॉम्पेरेटिव केस स्टडी ऑफ़* SEWA *बैंक इन इंडिया एंड बी.आर.ए.सी. इन बांग्लादेश* पर केन्द्रित शोध 2008 में प्रस्तुत किया और 2009 में मुझे डॉक्टर की डिग्री दे दी गयी।

जीवन की तीन महत्त्वपूर्ण घटनाओं–हैंड्स ऑफ़ होप फ़ोटो प्रोजेक्ट, आई.एस.एस. से पी.जी. डिप्लोमा और जेएनयू से मेरी पीएच.डी. ने मुझे और आगे पढ़ने के लिए उकसाया। हालाँकि साथ ही मेरा काम भी पहले की तरह ही लगातार जारी रहा।

किसी अन्य आदमी की तरह मेरी पढ़ाई में भी बीच में बाधाएँ आयीं। भविष्य के ऐसे विकल्पों से जुड़े अनेक संशय और द्वन्द्व मेरे मन–मस्तिष्क में उमड़ते–घुमड़ते रहे। 2010 के शुरूआती दिनों में करियर से जुड़े ये संशय अपनी पराकाष्ठा पर थे। क्या मुझे किसी दूसरे विकल्प या संगठन के बारे में सोचना चाहिए? क्या मुझे अपने करियर पर बिल्कुल नये सिरे से सोचना चाहिए? ये कुछ ऐसे सवाल थे जो बार–बार मुझे ज़ेहनी तौर पर परेशान करते रहते थे।

कई नये विचारों ने मुझे बार–बार आकृष्ट किया। कई बार मैंने यह भी विचार किया कि मुझे अपने वर्तमान काम को छोड़कर पत्रकारिता या शैक्षणिक कार्यों की तरफ़ उन्मुख हो जाना चाहिए, लेकिन मैं चाहकर भी अपने भीतर के एक्टिविस्ट को पनपने से नहीं रोक पा रहा था। अतीत का आकलन और वर्तमान का

गहन चिन्तन हमारे निजी विस्तार के लिए अत्यावश्यक है लेकिन साथ ही यह प्रवृत्ति हमारे लिए नुक़सानदायक भी साबित हो सकती है। जब हम अपने मानसिक सुकून से बाहर निकलते है तो यह यात्रा हमारा परिचय अनजान दुनिया के रोचक पहलुओं और स्मृति के दुखद पलों से कराती साथ–साथ हमें लाचार भी बना देती है। मैं अपने मौजूदा पेशे को छोड़कर कुछ समय के लिए किसी नयी संस्था के साथ काम करने में समर्थ था, लेकिन सवाल यह था कि वहाँ साल–दो साल काम करके मुझे क्या हासिल होता? अन्ततः मैंने यह निर्णय लिया कि आगे की पढ़ाई पूरी करने के लिए मैं अपने वर्तमान काम को कुछ अवधि के लिए स्थगित कर दूँगा और अपनी उस ख़्वाहिश को पूरी करूँगा जो लम्बे अरसे से मेरा पीछा कर रही है?

यह अवकाश लेना एक आसान निर्णय नहीं था। इसका अर्थ था मुझे 'SEWA' से एक साल के लिए मुक्त होना पड़ता। इसका अर्थ मेरा अपने साथियों को राज़ी करना और इस काम के लिए आधिकारिक अनुमति हासिल करना था। संगठन से इतना लम्बा अवकाश अभी तक किसी ने नहीं लिया था। यह नयी तरह की पहली चुनौती थी। दूसरी चुनौती किसी ऐसे उपाय की तलाश थी जिससे मेरा परिवार मेरे साथ ही रह सके। और, तीसरी लेकिन सबसे बड़ी चुनौती पैसों की व्यवस्था करनी थी। मेरे पास पैसों की भयानक तंगी थी!

2012 के शुरू में इस विचार पर गम्भीरता से सोचा–विचारा और परामर्श किया गया और 'SEWA' की चेयरपर्सन रेनाना बेन ने अपनी सहमति दे दी और सीमा ने यह सोचकर समर्पण कर दिया कि यह पूरे परिवार के लिए दुनिया को देखने का एक अवसर हो। मैं अब आगे के विकल्पों पर विचार करने लगा था। मेरे बृहद उद्देश्यों के अनुकूल और उन्हें फलीभूत करने का एक ही ज़रिया था। मेरे जैसे करियर वाले व्यक्ति के लिए हार्वर्ड

कैनेडी स्कूल से लोक प्रशासन में मास्टर्स की पढ़ाई करना सबसे उपयुक्त शैक्षणिक लक्ष्य हो सकता था।

लक्ष्य निश्चित हो चुका था, लेकिन मार्ग का निर्धारण होना अभी शेष था। हार्वर्ड तक की यात्रा कैसी की जाये?

हार्वर्ड जैसे विश्वविद्यालयों में आवेदन के लिए ज़रूरी विवरणों से मैं अच्छी तरह से अवगत था। अब मुझे पढ़ाई, अपनी पत्नी–बच्चों के निर्वहन, घरेलू ख़र्च आदि के पैसों की व्यवस्था हेतु किसी ऐसे आदमी की तलाश करनी थी जो मेरे लिए इन ख़र्चों की लिखित अनुशंसा कर सके। इसके लिए आवश्यक था कि मेरा आवेदन–पत्र बहुत सशक्त हो।

सहज भाव से अपनी बात लिखना बहुत कठिन होता है। अपनी बात का सार पूरी समग्रता और प्रभावपूर्ण तरीक़े से प्रस्तुत करने में मुझे एक हफ़्ते का समय लग गया। मैं यह तय नहीं कर पा रहा था कि मुझे क्या और कैसे लिखना है। मुझे एक निश्चित शब्द सीमा में रहते हुए अपनी बात रखनी थी ताकि मेरा लिखा एक–एक शब्द इतना अर्थपूर्ण एवं तर्कसम्मत हो कि पढ़ने वाले को उसी मर्म के साथ छू सके जिस मर्म के साथ मैंने उसे लिखा था। जब मैंने अपनी भावना को शब्द दिये उस वक़्त मैं पूरी तरह से आश्वस्त था; एक–एक शब्द जो मैं लिख रहा था वह मेरी निजी अनुभूति थी। मेरे लिखे हुए सभी आवेदन–पत्र मेरे उन वास्तविक अनुभवों को रेखांकित करते थे जिन्हें मैं देशभर में अपने संगठनों के माध्यम से प्रयुक्त करना चाहता था। साथ ही इस क्रम में मैं अपनी अस्मिता को भी बचाये रखना चाहता था– यथासम्भव वास्तविक रूप में अपनी मौलिकता को भी।

यह मेरा सौभाग्य था कि आवेदन के क्रम में मेरी एक ऐसे व्यक्ति से मुलाक़ात हो गयी जिसने मेरे लिए एक मार्गदर्शक की भूमिका निभायी। श्री रोहित कुमार सिंह बीकानेर, राजस्थान में एक सामुदायिक आधारभूत संरचना कार्यक्रम में मेरे प्रोजेक्ट डायरेक्टर थे। कुछ साल पहले ही उन्होंने भी यह कोर्स किया था।

वे एक बहुआयामी और समर्पित पेशेवर थे और जयपुर में मुलाक़ात के दौरान उन्होंने मेरी भरपूर हौसलाफ़ज़ाई की थी। आवेदन की पूरी प्रक्रिया में उन्होंने यथासम्भव सहायता की। परिवार को अपने साथ रखने के बारे में भी उन्होंने मुझे ज़रूरी और कारगर मशविरा दिया।

आवेदन जमा करने और उसे स्वीकृत करने का अन्तराल बहुत लम्बा नहीं था, लेकिन मेरे लिए यह मनःस्थिति बेचैनी, घबराहट और रोमांच से भरी हुई थी। चूँकि मैं अपने हार्वर्ड जाने को लेकर बहुत उत्साहित था लिहाज़ा हर आदमी मुझसे हार्वर्ड जाने के कार्यक्रम के बारे में पूछता रहता था। उनके सवालों से मेरी घबराहट बढ़ती जाती थी।

जब परिणाम निकलने का वक़्त आया, मेरी दिल की धड़कन अपनी पराकाष्ठा पर पहुँच चुकी थी। मैं ने अन्य विषयों पर भी विचार करना शुरू कर दिया था। साथ ही मैं कैम्ब्रिज में अपने भावी दिनों के बारे में भी सोच रहा था। पुनः एक छात्र का जीवन जीने में मुझे कैसा अनुभव होगा, मेरा बेटा और बेटी एक नये स्कूल में कैसे जायेंगे, मेरा परिवार कैसे एक बढ़िया जीवन जियेगा और कैम्ब्रिज के आसपास की सुन्दर जगहों को कैसे घूमेगा, और इन सबसे अधिक, कि मैं इस बेहतरीन अवसर का उपयोग अपनी शिक्षा और उसके उत्कृष्ट उपयोग के लिए कैसे करूँगा। हार्वर्ड एक सपना मात्र नहीं था बल्कि अब *एकमात्र* सपना था।

उन दिनों मैं अपने परिवार के साथ जयपुर में था। सुबह 5 बजे ऐसा लगा जैसे किसी ने मुझे झकझोरते हुए जगाया हो। ख़ुमारी की हालत में अचानक मैं अपना ई–मेल चेक करने लगा। ख़ुमारी में ही मैंने अपना लैपटॉप खोला, लॉग इन किया और जिसका मुझे इन्तज़ार था वह मेल मेरी आँखों के सामने था–यह कैनेडी स्कूल के डीन का मेल किया हुआ दाख़िले का ऑफ़र लेटर था। साथ में एक वेलकम वीडियो भी था।

मेरे पास आज भी वे शब्द नहीं हैं जो उस पल मेरी ख़ुशी को अभिव्यक्त करने के लिए पर्याप्त हों। उल्लासपूर्ण, प्रफुल्लित, सातवें आसमान पर, हैरान और सन्तुष्ट। ऐसे लाखों शब्द भी मेरी भावना को ठीक से व्यक्त करने के लिए अपर्याप्त थे।

इन्हीं भावनाओं के प्रवाह में मैंने मेल और वीडियो को पढ़ा और देखा। मेरे अन्दर अभी भी एक संशयग्रस्तता थी जिसके कारण मैं आश्वस्त होने के लिए बार–बार उसे पढ़ रहा था कि कहीं कोई चूक तो नहीं हो गयी है। मेरे अन्दर का उत्साह और अविश्वास दोनों एक साथ मिलकर एक भय उत्पन्न कर रहे थे, और मैं आश्वस्त होना चाहता था कि–मैं मेल को ठीक से समझ तो पा रहा था और अर्द्धनिद्रा कि अवस्था में मुझसे कोई ग़लती तो नहीं हो रही थी?

यह एक सही मेल था और कैनेडी स्कूल में प्रवेश का मेरा आवेदन स्वीकृत हो चुका था। हालाँकि स्कॉलरशिप की कोई सूचना मेल में नहीं थी इसके बावजूद मैं रोमांच से भरा हुआ था। अब मेरा मन धीरे–धीरे सामान्य हो रहा था और मैं इस ख़ुशी को जल्दी–से–जल्दी किसी के साथ बाँटने को आतुर था। मैंने हड़बड़ाते हुए सीमा को जगाया, जैसे ही वह पूरी तरह से सचेत हुई, उसके चेहरे पर भी ख़ुशी की लहर दौड़ गयी और उसका चेहरा चमकने लगा। हालाँकि मेरी तुलना में वह अधिक संयत दिख रही थी, लेकिन मैं जानता था कि भीतर से वह भी मेरी ही तरह प्रसन्न और प्रफुल्लित थी।

उसके बाद मैंने अपनी माँ और भाई को फ़ोन करके उनका आशीर्वाद प्राप्त किया और उन तमाम लोगों को फ़ोन किया जो इस पूरी प्रक्रिया के बारे में जानते थे और जो मेरे साथ थे। सीमा ने और मैंने बच्चों को जगाया। चैतन्य इस ख़बर को सुनकर बेतहाशा ख़ुश हुआ। तथ्या को मेरी बात अधिक समझ में नहीं आयी, लेकिन हमारी ख़ुशी देखकर वह भी मुस्कुराने लगी थी। वह शायद यह समझ गयी कि हम सब एक साथ लम्बे समय के लिए कहीं जा रहे थे।

यह उत्साह जब ठण्डा हुआ तो हमारे सामने स्कॉलरशिप का मुद्दा मुँह बाए खड़ा था। इसके समाधान के बिना हार्वर्ड में पढ़ने का सपना एक दूर की कौड़ी था।

यह भय भी अधिक देर तक नहीं रहा। इस मेल के बाद ही एक दूसरा मेल भी था जिसमें हार्वर्ड स्कॉलरशिप पोर्टल का लिंक था। उत्साह और तनाव की स्थिति में मैंने जब लिंक खोला तो मेरा मुँह हैरत से खुला रह गया। मुझे 90,926 यूएसडी का स्कॉलरशिप मिला था! मेरी मनःस्थिति ऐसी थी कि मैं इस आँकड़े के साथ लिखा गया अन्य ब्योरा पढ़ने की स्थिति में नहीं था। वे शब्दों में लिखी हुई राशि और दूसरे स्टेटमेंट्स थे, लेकिन मेरी आँखें केवल स्कॉलरशिप की राशि के अंकों पर टिकी हुई थीं। यह फ़ीस चुकाने और रहन–सहन के ख़र्च के लिए पर्याप्त थे। और तो और, मेरे आवेदन के समय चुकाये गये 750 यू.एस.डी. भी वापस कर दिये गये थे। मेरी आँखों में आँसू की बूँदें छलछला आयीं।

अपनी असफलता की कहानी से लेकर स्कॉलरशिप के सूचनार्थ मेल में मेरी प्रशंसा में लिखे हुए शब्दों तक, और "सामाजिक सेवा और लोकतान्त्रिक प्रशासन के आदर्शों के प्रति मेरी निष्ठा" से लेकर "सामाजिक और आर्थिक विकास के लिए ग़ैर–पारम्परिक दृष्टिकोणों में सुधार और क्रियान्वयन की क्षमता" तक, मैंने एक अविश्वसनीय यात्रा पूरी की थी। यह कुल मिलाकर एक आशातीत और वर्णनातीत यात्रा थी–ख़ासतौर पर जब मैं इन उपलब्धियों को अपने अतीत के भग्नावशेषों के परिप्रेक्ष्य में देखता हूँ, तब लगता है कि मैंने ख़ुद को साबित कर दिखाया था! सभी विषमताओं, सुविधा की कमियों के बाद भी, सामाजिक निन्दा और आलोचना के बाद भी और तमाम व्यक्तिगत अन्तर्विरोधों के बावजूद मेरे दृढ़ निश्चय, मेरी योग्यता और मेरे विश्वास की जीत हुई थी।

अध्याय - तेरह

हार्वर्ड में जीवन

यदि मैं हार्वर्ड जाने के अपने दिनों को किसी एक शब्द में व्यक्त करना चाहूँ तो मैं इसे एक सन्दीप्त अव्यवस्था का नाम देना चाहूँगा। घर का हर आदमी ख़ुश और उत्साहित था और मेरे हार्वर्ड जाने की तैयारी में व्यस्त था। पासपोर्ट और वीज़ा के लिए आवेदन किया जा चुका था। ज़रूरी ख़रीदारियाँ हो रही थीं। उस वक़्त चैतन्य दस साल का रहा होगा और अपनी विदेश यात्रा को लेकर उसके मन में उत्साह से भरे ढेर सारे सवाल थे। तथ्या सिर्फ़ चार साल की थी और बोस्टन लैंड करने के दिन तक उसके मन में कोई ख़ास कौतूहल नहीं था। सीमा भी बहुत ख़ुश थी, लेकिन उसकी ख़ुशी का मुख्य कारण यह था कि हम सभी एक साथ जा रहे थे।

23 जून की शाम हम बोस्टन पहुँचे। नयी जगह पर मेरे घरवालों की आश्चर्यचकित आँखें चारों तरफ़ देखने में मशगूल थीं जैसे वे हर सुन्दर दृश्य को अपनी नज़रों में क़ैद कर लेना चाहते थे। एक नयी ज़िन्दगी और नयी जगह के उत्साह में उनका चेहरा ख़ुशी से दमक रहा था। अपने घरवालों के इस उत्साह के बीच जो बात मुझे शिद्दत से याद थी वह यह थी कि मैं यहाँ आगे की पढ़ाई करने के इरादे से आया हूँ। हम हार्वर्ड हाउसिंग अपार्टमेंट के पीबॉडी टेरेस जाने के लिए एक टैक्सी में सवार हो गये।

तक़रीबन 8 बजे हम पीबॉडी टेरेस पहुँच गये। अब अगले एक साल तक यही हमारा घर होने जा रहा था। घर में एक भी सामान नहीं था और यह पूरी तरह ख़ाली था। हमारे पास सिर्फ़ हमारे कपड़े और रोज़मर्रा की चीज़ें थीं, लेकिन हम यह नहीं जानते थे कि इस सुन्दर और पूरी तरह से ख़ाली घर को कैसे सजाया जाये। हालाँकि इन सवालों के जवाब बाद में भी तलाशे जा सकते थे, फ़िलहाल तो हमें तेज़ भूख लगी थी। इतनी लम्बी यात्रा ने हमें इतना थका दिया था कि बाहर जाकर खाना खाने का विचार हमने रद्द करते हुए घर से लाये 'सत्तू के पराँठों' से काम चलाने का फ़ैसला किया। यह बिहार का विशेष खाना था जिसे मेरी छोटी बहन संगीता ने बड़े प्यार से पैक करके हमें दिया था।

अगली सुबह हम जिज्ञासावश जल्दी जाग गये थे। मेरे बच्चे पिछले दरवाज़े से बाहर झाँक रहे थे और उन्होंने मुझे आवाज़ दी। जब मैं उनकी पुकार पर वहाँ पहुँचा तो मेरी नज़र घर के पिछवाड़े बच्चों के लिए बने पार्क पर गयी। मेरे घर में अलग से फाटक था जो उस पार्क में खुलता था। ज़ाहिर–सी बात थी, बच्चों के लिए यह एक अतिरिक्त ख़ुशी थी। आने वाले दिनों में चैतन्य और तथ्या दोनों मुझे वहाँ धमाचौकड़ी करते हुए दिखने लगे। थोड़े समय के लिए ही सही लेकिन मेरे बच्चों की परवरिश एक स्वस्थ, सुरक्षित, स्वच्छ और प्रेरणादायक वातावरण में हो रही थी–संक्षेप में वे एक ऐसे स्वस्थ परिवेश में पल–बढ़ रहे थे जो मुझे अपने जीवन के एक बृहतर भाग तक नसीब नहीं हो पाया था।

एक तरफ़ बच्चे अपनी दुनिया में व्यस्त थे और रोज़ नयी चीज़ें सीख रहे थे, वहीं दूसरी तरफ़ मैं और सीमा अपने घर को व्यवस्थित करने में जुटे हुए थे। सबसे पहले हमने अपने किचन को व्यवस्थित किया। सीमा इस बात के ख़िलाफ़ थी कि हम बाहर का खाना खाकर पैसे ज़ाया करें, लिहाज़ा पहले दिन से ही उसने इस अजनबी जगह में हमारे लिए घर का बना खाना

पकाने का प्रबन्ध कर लिया। कुछ ज़रूरी बरतन जो हम अपने साथ लेकर आये थे, वे अब हमारे काम आ रहे थे।

उसके बाद फ़र्नीचर की बारी थी, और जल्दी ही हमारी यह सामूहिक क़वायद एक ठहराव में तब्दील हो गयी। 30 जून की तारीख़ हमारे लिए बहुत ख़ास थी क्योंकि उस दिन मेरी क्लासेज़ शुरू होने वाली थीं। जैसा कि हर सफ़र की शुरुआत में होता है, यह भी हमारे लिए एक रोमांचक वाक़या था, लेकिन यह दूसरे सफ़र की तरह एक सामान्य सफ़र नहीं था। यह एक नया सफ़र था। आख़िर 15 साल के एक लम्बे अन्तराल के बाद मैं क्लासरूम में दाख़िल होने जा रहा था! मैं इस तजुर्बे से दोबारा गुज़रने के बारे में ठीक से आश्वस्त नहीं था, लेकिन इस बात से बहुत रोमांचित था कि मैं कुछ नया सीखने की प्रक्रिया से गुज़रने वाला था।

बहरहाल कैनेडी स्कूल के आरम्भिक व्याखानों से मेरे मन का डर बहुत हद तक दूर हो गया था। मैं अलग–अलग देशों से आये लोगों से संवाद करने का अवसर पाकर अत्यन्त आह्लादित था। पहले दो हफ़्ते में ही 55 विकासशील देशों के 90 छात्रों ने समर क्लासेज़ में दाख़िला लिया। कुछ दिनों बाद ही हम एक क्लास में 75 देशों से आये 217 छात्रों का दल बन गये। यह सांस्कृतिक बहुलता सचमुच सुखद थी!

क्लासेज़ सुबह नौ बजे शुरू होती थीं और शाम के छह बजे तक जारी रहती थीं। कॉलेज की दिनचर्या बहुत थकाने वाली लेकिन उतनी ही लाभदायक थी। हर सुबह तैयार होते हुए मुझे किसी 'स्कूल' जाने का उत्साह महसूस होता था। मुझे ख़ुद पर हँसी भी आती; अभी कुछ ही रोज़ पहले तक मैं अपने बच्चों को स्कूल जाने के लिए तैयार किया करता था और अब मैं ख़ुद लेक्चर सुनने, होमवर्क और असाइनमेंट पूरा करने और सबसे अधिक अपनी ड्रेस का रख–रखाव करने के लिए चिन्तित रहता था।

हरेक छात्र की तरह मेरे मन में भी कुछ डर थे। उनमें सबसे अधिक गणित से था। यह डराने वाला विषय मेरे जीवन में पच्चीस सालों के बाद दोबारा लौट आया था, लेकिन मेरे रोमनियन गणित शिक्षक स्टास मरियन द्वारा इस डर का कुशलतापूर्वक समाधान किया गया। वे बड़े लगनशील और कर्मठ शिक्षक थे और उन्होंने गणित की बुनियादी अवधारणा को स्पष्ट करने के लिए कड़ी मेहनत की। दो हफ़्ते के भीतर ही वे हमारे ज़ेहन से इस विषय के प्रति डर को दूर करने में कामयाब रहे और गणित से हमारा एक सहज लगाव हो गया। वह व्यक्ति अपने विषय में ही निष्णात नहीं था, बल्कि विषय को भली–भाँति समझने की अपने छात्र की मनोवृत्ति का विश्लेषण करने में भी दक्ष था। परिणामस्वरूप दशकों से गणित से दूर रहे छात्र भी उसमें रुचि लेने लगे थे। इसी गुण ने स्टास को एक महान शिक्षक बनाया था।

नियमित कक्षाएँ शुरू होने के बहुत पहले जुलाई में मेसन प्रोग्राम शुरू हो चुका था। ज़ाहिरन कैम्पस बहुत हद तक ख़ाली था हम नब्बे मेसन सहपाठी यहाँ–वहाँ भटकते रहते थे। कैम्पस का माहौल बहुत शान्तिपूर्ण था। दो सौ सत्रह का आँकड़ा छूते–छूते हम सभी अपनी कक्षाओं, रोज़मर्रा की ज़िन्दगी और अपने–अपने समूहों में व्यवस्थित हो चुके थे। कक्षा की बनावट अद्भुत थी। हम अलग–अलग देशों से ही नहीं आये थे, बल्कि हमारी पहचान भी बिल्कुल भिन्न थी। हमारे सहपाठी नेवी, राजनीति, पत्रकारिता, क़ानून, प्रशासन, नागरिक समाज की गतिविधियों, जन परामर्श और जीवन के विविध क्षेत्रों से आये हुए लोग थे। मेरे लिए भी यह सब सीखने का पहला अवसर था। वैश्विक स्तर पर ये सबसे अधिक लोकप्रिय कार्यक्रम थे–वे लोग अपने–अपने क्षेत्रों में नवीनतम और विलक्षण शोध करते थे।

इन विषयों के बारे में रोज़ नयी जानकारियों से समृद्ध होते रहना और साथ ही उनसे निरन्तर सीखते रहना मुझे बहुत रोचक लगता था।

सितम्बर में शैक्षणिक सत्र के सुचारू रूप से शुरू होने से पहले हमें दो सप्ताह का अवकाश मिला। इस अवधि में हमने ख़ुद को व्यवस्थित किया, बोस्टन और उसके आसपास के स्थान देखे और सबसे महत्त्वपूर्ण बात कि अपने सहपाठियों को निकट से जाना–समझा। यह सामाजिक मेलजोल इसलिए भी ख़ास था कि इसने हमें एक साथ खाना खाने के कई अवसर मुहैया कराये। भोजन एक–दूसरे से निकटता बनाने का सबसे कारगर उपाय है। इन सामूहिक दावतों में हम अपने–अपने देशों के बने हुए विशेष खाने अपने साथ लेकर जाते थे और एक साथ खाना खाने के बहाने अपनी–अपनी संस्कृतियों से जुड़ी हुई ख़ास बातें करते थे। खाना उस बातचीत का अनिवार्य हिस्सा नहीं होता था। यह पारिवारिक खानपान हम सब के लिए एक–दूसरे के निकट आने का एक उपयुक्त माध्यम था और यह अपने उद्देश्यों में बहुत कारगर भी साबित हुआ।

जो भारतीय खाना हम अपने साथ लेकर जाया करते थे, उनमें करी सबको ख़ासतौर पर पसन्द थी। हम कई तरह की करी अपने साथ लेकर जाते थे। हम अक्सर अपने सहपाठियों और शिक्षकों दोनों को डिनर पर भी बुलाते थे। खाने और उसके स्वाद के कारण हमारे बीच की प्रगाढ़ता मज़बूत हुई।

सितम्बर आते ही छात्रों की तादाद में बहुत तेज़ी से इज़ाफ़ा हुआ। हमारी ज़िन्दगी की गहमागहमी अचानक बढ़ गयी, लेकिन वह पहले से कहीं अधिक जीवन्त भी हो गयी। हमारे परिवेश में अलग–अलग भाषा, समझ और संस्कृतियों का समावेश होने के कारण कैम्पस का जीवन विविधताओं से भर गया।

एक दिन हमने एक कौतुकपूर्ण ख़बर सुनी। कैम्पस के साउथ एशिया इंस्टीट्यूट के द्वारा एक समोसा–चाट पार्टी का आयोजन किया गया था। दावत की बात तो बहुत दूर थी, दो महीने पहले जब से हम यहाँ आये थे, हमने किसी से चाट का ज़िक्र भी नहीं सुना था। बच्चों की तरह ख़ुशी–ख़ुशी हम अपने

दूसरे साउथ एशियाई दोस्तों के साथ वहाँ पहुँचे जहाँ दावत का इन्तज़ाम था। जिस व्यंजन से हम पूर्व परिचित थे उसकी खुशबू ने हमें दीवाना बना दिया था। हमारी घ्राण तन्त्रिका हमें गुज़रे दिनों की यादों में ले गयी थी। यह अतीत के एक सपने की तरह था। समोसा–चाट और चाय के स्वाद ने हमें भारत और उसके आसपास के साउथ एशियाई देशों के स्ट्रीट फूड की याद दिला दी।

इसी दावत में मेरा परिचय प्रोफ़ेसर तरुण खन्ना से हुआ। वे हार्वर्ड बिज़नेस स्कूल के हार्वर्ड साउथ एशिया इंस्टीट्यूट के अध्यक्ष थे। उनकी ही पहल पर दिल्ली में इंस्टीट्यूट का भारतीय कार्यालय खुला, और मैं उसका पहला कंट्री डायरेक्टर बनाया गया।

हमें फॉल सेमेस्टर के लिए अपनी क्लासेज़ का चुनाव करना था। यह चुनाव एक तनावपूर्ण काम था क्योंकि अच्छे प्रोफ़ेसर और उनके कोर्सेज की सबसे अधिक माँग होती थी। अपने पसन्दीदा कोर्सेज 'शॉप' करने के लिए हमें '1000 प्वॉइंट्स' दिये गये थे। हमें ऑनलाइन पोर्टल द्वारा दी गयी जानकारी के आधार पर कोर्स का चयन करना था। इन कोर्सेज में लक्ष्य, सम्भावना, पाठ और मूल्यांकन को सूचीबद्ध करके फैकल्टी सदस्यों के समक्ष उसे प्रस्तुत करना था। यह समस्त प्रक्रिया बहुत आनन्ददायी थी क्योंकि अपनी पसन्द के अधिकतर कोर्सेज में दाख़िला पाने में मैं कामयाब रहा था।

सितम्बर का महीना था और क्लासेज़ पूरी रफ़्तार से जारी थीं। क्लासरूम में दाख़िल होते ही मुझे इंटरनेशनल इंस्टीट्यूट ऑफ़ सोशल स्टडीज़ में गुज़ारे हुए दिन याद आ जाते थे जहाँ पढ़ाई हमेशा मेरी पहली प्राथमिकता रही। हार्वर्ड में अध्यवसाय और गुणवत्ता का स्तर उच्च कोटि का था। कठोर श्रम और शैक्षणिक बारीक़ियाँ सभी क्लासेज़ में स्पष्ट परिलक्षित होती थीं। लोग समय का महत्त्व समझते थे, अपने उत्तरदायित्व और

आचरण पर विशेष रूप से ध्यान देते थे, अपनी तैयारियों में कोई कसर नहीं छोड़ते थे और अपने व्याख्यानों पर विशेष ध्यान देते थे। छात्रों को अपनी बात रखने का पर्याप्त मौक़ा दिया जाता था और उनको सवाल करने के लिए प्रोत्साहित किया जाता था। शिक्षकों के साथ यह क्लासरूम संवाद हमें ज्ञान के स्तर पर उत्तरोत्तर समृद्ध करता था क्योंकि इसके ज़रिये छात्रों को अपनी जिज्ञासाएँ शान्त करने का अवसर मुहैया कराया जाता था। परिणामस्वरूप हमें वैचारिक स्वतन्त्रता और मस्तिष्क के विस्तार का अनुकूल अवसर मिला। हरेक क्लास अपने आप में भिन्न थी और सीखने का हर अनुभव अद्वितीय था। अध्ययन का इतना अनुकूल माहौल बनाने का पूरा श्रेय हमारे विद्वान और योग्य शिक्षकों को जाता है।

हमारी अनेक कक्षाओं में हमारे जो सहपाठी थे वे भिन्न प्रोग्रामों के छात्र थे। वे अलग–अलग आयु वर्गों से सम्बन्धित थे। उन सबसे परिचय ने विविध सांस्कृतिक परिवेशों से हमारा परिचय कराया। आयु में अन्तराल ने इस परिचय को कहीं अधिक रोचक और उपयोगी बनाने का काम किया था। करियर के इस मध्यान्तर ने उन छात्रों में अनुभव और शिक्षा के प्रति सम्मान के साथ एक तरह के श्रेष्ठता–बोध को उत्पन्न करने का भी काम किया था। अपेक्षाकृत युवा छात्र अपने नये और आधुनिक दृष्टिकोणों और परिप्रेक्ष्यों से अनुभवी छात्रों को प्रभावित करने के लिए जूझते रहते थे। दोनों समूह किसी सहमतिपूर्ण निष्कर्ष पर शायद ही कभी पहुँचते क्योंकि हर आदमी के सोचने का तरीक़ा भिन्न था। विचार–विमर्श में आयु का भी एक महत्त्व होता है, यह बात समझ में आने के बाद हमें भी इस संवाद में मज़ा आने लगा।

कैनेडी स्कूल में शैक्षणिक सत्र के अतिरिक्त भी हमें दो अन्य क्लासेज़ में दाख़िला लेने की अनुमति मिली हुई थी। मेरी रुचि

हार्वर्ड बिज़नेस स्कूल में एक कोर्स करने में थी। मुझे लगता था कि विकास के क्षेत्र में लम्बे समय तक काम करने के बाद प्रबन्धन की नीतियों पर काम करना मेरे लिए अधिक उपयुक्त हो सकता था ताकि मैं निर्धनों के स्वामित्व वाले किसी सामाजिक उद्यम की अपनी योजना को संरचनात्मक और अनुपातिक दोनों ही दृष्टि से फलीभूत कर सकूँ। लेकिन मेरे लिए उपयुक्त कोर्स क्या होगा, मैं इस निष्कर्ष पर अभी तक नहीं पहुँच पाया था। बहुत विचार करने के बाद मैंने 'बिज़नेस एट दी बेस ऑफ़ द पिरामिड' नाम का एक कोर्स करने का निर्णय लिया। मुझे प्रतीत हो रहा था कि उपरोक्त कोर्स मेरी अपेक्षाओं के अनुरूप था।

गहरे अन्वेषण के बाद मुझे अनुभव हुआ कि यह कोर्स अभावग्रस्तों को समझने और उनकी समस्याओं को चिह्नित करने में कारगर सिद्ध होगा। यह निश्चित रूप से उत्कृष्ट फैकल्टी और सार्थक क्लासेज़ के साथ एक ताज़ा अन्तर्दृष्टि प्राप्त करने के लिए एक अवसर महसूस हो रहा था। ज़्यादातर छात्र एच.बी.एस. में अपना एम.बी.ए. पूरा करने में व्यस्त थे। 90 छात्रों का यह समूह बहुत मेधावी, जानकार और तेज़तर्रार था।

प्रत्येक क्लास से पहले हमें एक केस स्टडी दी गयी थी, जिस पर क्लास में हमें विस्तार से चर्चा करनी थी। यह प्रविधि और दृष्टिकोण शानदार था। शिक्षक अक्सर 'कोल्ड कॉल' (क्लास में किसी भी छात्र से औचक पूछताछ) के ज़रिये यह तहक़ीक़ात करते रहते थे कि पढ़ाई के प्रति छात्र गम्भीर हैं अथवा नहीं। एक छात्र के रूप में हमसे अपेक्षा की जाती थी कि हम केस स्टडी और कोर्स से सम्बन्धित जानकारियाँ क्लास में देते रहें। एक बार मुझे क्लास में ग्रामीण देनन फूड्स के बारे में बताने के लिए कहा गया, लेकिन चूँकि मैंने इस बारे में पढ़ रखा था इसलिए मैं विस्तार से उत्तर दे पाने में सफल रहा। निश्चित रूप से मैं भीतर से डरा हुआ था, लेकिन मेरे शुरूआती परिचयात्मक सम्बोधन से पूरी क्लास ने मनोयोगपूर्वक इस विषय पर परिचर्चा और बहस की।

एच.बी.एस. के छात्रों के बारे में बहुधा यह कहा जाता है कि वे एक विशिष्ट दुराग्रह से ग्रस्त होते थे। उनके बारे में यह सामान्य मान्यता होती थी कि वे आत्मकेन्द्रित, शुष्क और केवल व्यापार की बारीक़ियाँ सीखने में रुचि लेने वाले होते थे। कुछ हद तक यह सच भी था, लेकिन उनके साथ अध्ययन करते हुए मैंने यह महसूस किया कि वे सब–के–सब बहुत प्रतिभाशाली थे और अपने ही सहपाठियों के लिए एक चुनौती थे। उनसे बातचीत करने के बाद ही यह सत्य समझा जा सकता था कि इस छद्म दुराग्रह के परे वे भी एक 'सामान्य' व्यक्ति थे। एच.बी.एस. के छात्रों में मेरे कुछ बहुत निकट के मित्र थे। करण कपूर भी उनमें से एक था। हम क्लास में साथ–साथ बैठते थे और स्कूल के समय के बाद भी एक–दूसरे से घण्टों बातें करते थे।

इस मिसाल का यह मतलब हरगिज़ नहीं था कि कैम्पस अपने शैक्षणिक अहंकार से मुक्त था। दिल्ली में विश्वविद्यालयों में पढ़ाई करते हुए मैंने हार्वर्ड के इस विशिष्ट लक्षण को बड़े निकट से महसूस किया था। ऐसे अनेक छात्र थे जो अपने हाव–भाव से सहपाठियों पर अपनी विशिष्टता और श्रेष्ठता का रौब गाँठते थे। उनके आचरण में अपने वर्ग के प्रति एक अभिजात–बोध था; और उनकी यह अनुभूति उनके सामान्य व्यवहार में ख़ामियों के रूप में परिलक्षित होती थी। वे दूसरे व्यक्ति को अपने से कमतर समझते थे। यह महसूस करने वाला मैं अकेला छात्र नहीं था। मैंने कई छात्रों से बात की और देखा कि वे भी यही महसूस कर रहे थे।

प्रताड़ना के महत्त्व की अतिरंजना एक कठिन काम है, विशेषकर शिक्षा के एक ऐसे परिवेश में जहाँ विविध संस्कृतियों का समागम होता है। मुझे अक्सर लगता है, दूसरों में प्रकट होने वाले इस अहंकार के अवलोकन ने मुझे यथार्थ की ज़मीन पर और अधिक मज़बूती से टिकाये रखने में मेरी मदद की।

हार्वर्ड उन लोगों के कारण हार्वर्ड है जिन्होंने मिलकर इसकी निर्मित की–उसकी फैकल्टी, उसका स्टाफ, उसके विशेषज्ञ और उसके छात्र। हार्वर्ड की पूरी पारिस्थितिकी इन्हीं पर आधारित है। यही विशिष्टता एक बौद्धिक उत्प्रेरक के रूप में हार्वर्ड को दुनिया में लिखने–पढ़ने के शीर्ष केन्द्रों में एक बनाती है। हार्वर्ड में ज्ञान एक घिसी–पिटी परिपाटी नहीं बल्कि विचार, शोध, संवाद, परिचर्चा और वैश्विक सूचनाओं का एक सार्थक आदान–प्रदान है।

दुनिया के कोने–कोने से आये लोगों की सांस्कृतिक बहुलता ने हार्वर्ड के परिवेश को अधिक गतिशील बनाये रखने में बड़ी भूमिका अदा की है। हार्वर्ड में नयी–नयी विचारधाराओं के समावेश का यह एक बड़ा कारण है। हार्वर्ड ज्ञान प्राप्त करने की दृष्टि से एक विलक्षण और उर्वर केन्द्र है।

यद्यपि सतही तौर पर यह बात दिखायी नहीं पड़ती है, इसके बावजूद हार्वर्ड में कुछ अन्तर्निहित कमियाँ भी हैं। मुझे यह लगता था कि विभिन्न पृष्ठभूमियों और आर्थिक समूहों से सम्बन्ध रखने के बाद भी हार्वर्ड के छात्रों में एक समानता होगी, लेकिन हमारे जैसे अनेक छात्र थे जो कि बौद्धिक अहंकार का शिकार थे। छात्रों में ऐसे कई विशिष्ट समूह थे जो दूसरों को अवमानना की दृष्टि से देखते और उनको तुलनात्मक रूप में कमतर समझते थे। निश्चित रूप से 'भिन्न होने की मानसिकता' विश्वविद्यालय की एक सूक्ष्म प्रवृत्ति थी।

हार्वर्ड का परिवेश आभिजात्य था और ऐसे अनेक छात्र थे जो इस स्थापना को सुदृढ़ करने का काम करते थे। मैंने यह बात तब महसूस की जब मैंने अपने अमेरिकी सहपाठियों का विकासशील देशों से आये अपने अन्य सहपाठियों के प्रति व्यवहार देखा। ज्ञानप्राप्ति के शीर्षस्थ केन्द्र में पहुँचने के बाद भी यदि आप अपने विचारों में उदार नहीं हो सकते तो ऐसी शिक्षा का क्या अभिप्राय है?

लेकिन वास्तविकता केवल यही नहीं थी जिसका ज़िक्र किया जा सके। कुछ बहुत सुखद अनुभव भी थे। मेरे कई अमेरिकी सहपाठी थे जो दिल के बहुत अच्छे और मुझसे बहुत मित्रवत् थे। उन्हीं के कारण कैम्पस में व्यतीत मेरे दिन बेहद यादगार और सुखद थे।

और, चूँकि फ़िलहाल अपने दृष्टिकोण में मैं बहुत हद तक निरपेक्ष हूँ इसलिए मैं यह भी संकेत करना चाहता हूँ कि हार्वर्ड और उसके सरीखे अन्य संस्थान तुलनात्मक रूप से ख़र्चीले हैं। छात्रवृत्ति के कुछ सीमित अवसर इस बाधा के विकल्प अवश्य हैं। हार्वर्ड के छात्रावास आसपास के इलाक़ों की तुलना में सस्ते थे लेकिन छात्रवृत्ति मिलने वाले गिने–चुने छात्रों को छोड़कर अधिकांश के लिए उनमें कमरा मिल पाना एक स्वप्न की तरह था। ऐसी स्थिति में हार्वर्ड के आसपास के महँगे इलाक़ों को छोड़कर सस्ती आवासीय सुविधा के लिए उन्हें दूरदराज के इलाक़ों में रहना पड़ता था। मुझे महसूस होता है कि आर्थिक असमर्थता के कारण ही कई मेधावी छात्र हार्वर्ड के भव्य कैम्पस में दाख़िल होने से वंचित रह गये।

विंटर टर्म जो 'J term' के नाम से भी लोकप्रिय था, पूरी तरह से एक भिन्न अनुभव था। बोस्टन के लिए यह सर्वाधिक निष्ठुर शीतकाल था, लेकिन बर्फ़ीले तूफ़ानों के बीच भी छात्र उत्सव के लिए तैयार रहते थे। सीमा के साथ–साथ और भी कइयों ने पहली बार हिमपात होता हुआ देखा था। वे अपने जीवन के एक नये अनुभव का आनन्द उठाने को आतुर थे! बड़ों के साथ–साथ बच्चों के लिए भी बर्फ़ का पुतला बनाना एक पसन्दीदा खेल था। हमारे घर के क़रीब का चार्ल्स रिवर पूरी तरह से जम जाता था और लोग उस पर चलने का सुख उठाते थे।

बोस्टन के लोगों का जॉगिंग के प्रति लगाव अतुलनीय था। प्रतिकूल से प्रतिकूल मौसमों में भी वे जॉगिंग करते हुए या टहलते हुए दिख जाते थे। बोस्टन में क्रिसमस बहुत शाही

अन्दाज़ में मनाया जाता था। चकाचौंध भरा और जगमगाता हुआ, ऊर्जा और जोश से भरा। ऐसे तो हमें बोस्टन के सभी मौसम अच्छे लगते थे, लेकिन शीतकाल का बेशक हम सबसे ज़्यादा मज़ा लेते थे!

हार्वर्ड के अहाते में हिमपात के बाद बर्फ़ को साफ़ करने की सुविधा बहुत उच्चकोटि की थी ताकि कैम्पस के कामकाज और निवासियों को किसी तरह की असुविधा नहीं हो। हमारे उन सहपाठियों को जो कैम्पस से बाहर किराये के घरों में रहते थे, उनको हार्वर्ड तक पहुँचने और वहाँ से वापस लौटने में ड्राइव करते हुए ख़ासी मशक़्क़त उठानी पड़ती थी। सड़क की बर्फ़ साफ़ करने के लिए वे किसी की मदद भी नहीं ले सकते थे क्योंकि बोस्टन में मज़दूरों का पारिश्रमिक अच्छा–ख़ासा ऊँचा था।

शीतकालीन सत्र बहुत व्यस्त समय होता था जो तक़रीबन दो सप्ताह तक चलता था। इस सेमेस्टर में मैंने नेतृत्व क्षमता पर प्रोफ़ेसर रोनाल्ड हाइफेत्ज की क्लास में दाख़िला ले लिया था। वे हार्वर्ड के सर्वाधिक लोकप्रिय और श्रेष्ठ प्रोफ़ेसरों में एक थे। छात्र उनकी क्लास में प्रवेश के लिए अपने सभी 1000 प्वॉइंट्स दाँव पर लगा देते थे। J टर्म में उनकी क्लास में 110 छात्र थे। उनकी विलक्षण शख़्सियत और विषय–सम्बन्धी विशेषज्ञता के साथ–साथ उनकी अध्यापकीय दक्षता विस्मयकारी थी। हालाँकि वे खुद क्लास के केन्द्र में रहते थे, लेकिन इसके बावजूद वे क्लास का संचालन कुछ इस प्रकार से करते थे कि खुद तो कम बोलते थे लेकिन छात्रों को अधिक–से–अधिक बोलने के लिए प्रोत्साहित करते थे। वे आवश्यकतानुसार दख़ल देते थे। उनका व्याख्यान बिल्कुल निर्णायक और स्पष्ट होता था और पूरी बातचीत को एक अन्तिम परिणति तक पहुँचाने के लिए दिया जाता था।

नेतृत्व क्षमता के बारे में उनकी मान्यता थी कि आगे बढ़कर नेतृत्व करने से समूह में एकजुट होकर काम करना अधिक बेहतर है। उनके अनुसार नेताओं को उनकी गतिकी समझने की

आवश्यकता है जिनके साथ वे काम करते हैं। प्रभावशाली तरीक़े से काम पूरा करने और बदलाव लाने के लिए उनको लोगों की भावनाओं और विचारों को समझने में दक्ष होना चाहिए। इस सिद्धान्त को काम के निष्पादन, सामुदायिक सेवा, यहाँ तक कि पारिवारिक मामलों में भी सफलतापूर्वक अपनाया जा सकता है।

उनका मुख्य सिद्धान्त 'अडॉप्टिव लीडरशिप' या अनुकूलीय नेतृत्व के तौर पर जाना जाता है। हम इसके बारे में केस प्रेजेंटेशन, विस्तृत विमर्श और छोटे समूहों में विषय–केन्द्रित परिचर्चा के ज़रिये जानते हैं जो इसे अपने मूल्यवान अन्तर्दृष्टि और टिप्पणियों से समृद्ध करते हैं। 110 छात्रों की क्लास को एक समूह के रूप में संचालित करना और किसी सामूहिक विमर्श के लिए उनको प्रोत्साहित करना एक चुनौतीपूर्ण काम है–अगर मसला जटिल या विवादास्पद हो तो और भी अधिक। लेकिन वे हावी हुए बग़ैर नियन्त्रण की कला में निष्णात थे। वे प्रेरणादायी थे, लेकिन सबके लिए उतने ही सुलभ भी थे। सभी शिक्षकों के प्रति यथेष्ट सम्मान के बावजूद मुझे इस बात का गौरव है कि मुझे प्रोफ़ेसर हाइफेत्ज से पढ़ने का अवसर मिला। मेरे जीवन पर उनका सबसे गहरा असर पड़ा।

मैंने कैनेडी स्कूल, बिज़नेस स्कूल और डिज़ाइन स्कूल हार्वर्ड की क्लासेज़ में पढ़ाई की। अमेरिकी विश्वविद्यालयों में एक कॉमन लाइब्रेरी सिस्टम है। वहाँ पढ़ाई करते हुए आप किसी भी शहर या प्रान्त में अपनी पसन्द की किताब निर्गत करने का अनुरोध कर सकते हैं। हार्वर्ड में संगोष्ठियाँ और परिचर्चाएँ नियमित रूप से आयोजित की जाती हैं और अतिथि व्याख्याता तथा अन्य निर्धारित सत्रों के लिए प्रख्यात विशेषज्ञों को बुलाया जाता है।

हार्वर्ड हमेशा से विद्वानों का प्रिय जमावड़ा रहा है। किसी बातचीत और विमर्श के लिए कैनेडी स्कूल फोरम एक लब्धप्रतिष्ठ आयोजन–स्थल माना जाता है। यहाँ मुझे अनेक व्यक्तित्वों से

मिलने का अवसर मिला। उनमें कई पूर्व और वर्तमान भारतीय मन्त्री, शिक्षाविद् और विधिशास्त्री भी थे।

मेरी ऐसी ही एक रोचक और यादगार मुलाक़ात नोम चोम्स्की की साथ हुई थी। वे बोस्टन में ही रहते हैं। इतने गम्भीर विचारक से मिलने का यह एक अनोखा अवसर था और मेरे अन्य सहपाठी भी इस मुलाक़ात को लेकर बहुत रोमांचित थे। प्रश्नोत्तर सत्र में मेरे एक सहपाठी ने उनसे पूछा, "आप संयुक्त राज्य अमेरिका पर और ख़ासकर उसकी तानाशाह विदेश नीति पर लगातार और विस्तार से लिखते हैं। क्या ऐसे देश जिसकी आप इतनी कटु आलोचना करते हैं, में रहने में आपको डर नहीं लगता?"

मि. चोम्स्की का जवाब बहुत दिलचस्प था, "नहीं, इस देश में रहते हुए मुझे किसी तरह का डर नहीं लगता है क्योंकि यह इकलौता देश है जो आपके लोकतान्त्रिक अधिकारों का सम्मान करता है। आप इसकी संस्थाओं और नीतियों की जब तक आलोचना करेंगे, आप सुरक्षित रहेंगे।" ज़ाहिर बात थी कि मैंने इस वक्तव्य को भारतीय परिदृश्य में सोचा : एक लोकतन्त्र के रूप में क्या हम इतने परिपक्व हैं कि अमेरिका की तरह अपनी संवैधानिक संस्थाओं की आलोचना कर सकें? क्या एक देश के रूप में हम इतने सहिष्णु हैं कि कोई ऐसी बात उतने ही धैर्य से सुन सकें जो हमें असहज करती है और जिससे हम असहमत होते हैं? हर साल नामालूम कितने पत्रकार, सामाजिक कार्यकर्ता, लोक सेवक और अन्य लोग अपने इसी असन्तोष के कारण अपनी नौकरी गँवा देते हैं, दूसरे तरह से परेशान किये जाते हैं या फिर मार डाले जाते हैं?

किसी अपवाद के बिना यह सच स्वीकार किया जाना चाहिए कि हार्वर्ड में आयोजित होने वाले सेमिनार जिनमें मैंने हिस्सा लिया था, भारत में होने वाले ऐसे आयोजनों से सर्वथा भिन्न थे। क्लासरूम की बहस कभी–कभी बहुत तीखी हो जाती थी, इसके बावजूद लोग दूसरों की असहमतियों को पर्याप्त सम्मान देते थे।

हम ध्यानपूर्वक एक–दूसरे की बात सुनते थे और साथियों को अपना दृष्टिकोण साझा करने का अवसर देते थे। किसी की बात को बाधित करने का उपक्रम भी हम नहीं करते थे। किसी बात से असहमत होने का यह अर्थ कदापि नहीं था कि हम उसे कहने वाले व्यक्ति को अपना शत्रु मान लें। हमारी पृष्ठभूमि, संस्कृतियाँ और मूल्य भिन्न थे, इसलिए एक व्यक्ति के रूप में भी हम भिन्न थे। यह विविधता हमारे विचारों और मूल्यों में अलग–अलग रूपों में परिलक्षित होती थी, लेकिन हम इस बात को समझते थे और इसका सम्मान करते थे।

कई बार मुझे यह अनुभव हुआ कि किसी विशेष विषय पर मेरी राय कितनी कमज़ोर बल्कि कामचलाऊ थी। इस बात का ख़ुलासा उस वैचारिक खुलेपन के कारण हुआ जो मैंने दूसरों की बातें सुनने और समझने के क्रम में अर्जित की थी। मेरे मन में सीखने की जो चाहत थी उसे एक ऐसे माहौल की ज़रूरत थी जो व्यक्ति ही नहीं बल्कि विचारों की विविधता पर आधारित थी। हार्वर्ड इसके लिए सर्वथा उपयुक्त जगह थी।

एक बेहद कारगर अन्वेषण की कुशलता और सम्बद्ध विषयों के ज्ञान के अतिरिक्त हार्वर्ड की सबसे बड़ी विशिष्टता वहाँ के लोग थे–वे जिस तरह से रहते थे, वे स्वयं को जैसे प्रस्तुत करते थे और वे जिन बातों से प्रेरित होते थे। आत्मघोषणा पर लोगों का एक सामान्य विश्वास था। आमतौर पर लोग किसी की बात को सच मानते थे। मैंने पाया, ऐसा माहौल झूठ, बनी–बनायी बात और व्यर्थ व्याख्या को प्रोत्साहित नहीं करता, बल्कि यह सच और आत्मनिरीक्षण को बढ़ावा देता था।

हार्वर्ड परिवार का हिस्सा बनना सच में गौरव की बात थी। छात्रों के एक शक्तिशाली समूह की अगुआई में सालोंभर तरह–तरह की सक्रियताएँ जारी रहती थीं। मैंने भी कैनेडी स्कूल के स्टूडेंट यूनियन के अध्यक्ष का चुनाव लड़ने का फ़ैसला किया।

लॉबिंग और आश्वासन राजनीतिक सक्रियता का एक महत्त्वपूर्ण हिस्सा हैं–हम भी इस काम में लग गये। आख़िरकार मेरे इकलौते प्रतिद्वन्द्वी की लोकप्रियता और ऊर्जा ने मुझे यह स्वीकार करने पर विवश कर दिया कि वह मुझसे बेहतर उम्मीदवार है। मैं उसे पराजित नहीं कर सकता था, लेकिन हमने तय किया कि हम एक–दूसरे के अच्छे मित्र बने रहेंगे।

मैं हार्वर्ड में इंडियन कॉन्फ्रेंस के आयोजकों में एक था। मेरी और मेरे एक प्रिय दोस्त सागर प्रीत हुड्डा की अगुआई में स्त्री सशक्तीकरण पर एक मुख्य पैनल के सदस्यों को मनोनीत करने का काम शुरू हुआ। औरतों से जुड़े मसले पर अमूमन एक सामान्य पैनल के ज़रिये बातचीत होती रही थी, लेकिन इस बार हमने उनके मुद्दों को बहस के केन्द्र में रखने का निर्णय लिया। हमारे वक्ताओं में किरण बेदी, 'SEWA' की रेनाना झाबवाला और अपनी लोकप्रियता के कारण बॉलीवुड अभिनेता राहुल बोस प्रमुख थे। पैनल का संचालन कैनेडी स्कूल की मार्था चेन ने किया था और यह आयोजन बहुत सफल रहा। तीनों वार्ताकारों ने बहस को नये आयाम दिये। बातचीत मुख्य रूप से निर्भया प्रकरण के बाद देश में महिलाओं की सुरक्षा की मौजूदा चुनौतियों पर केन्द्रित थी।

मैंने कैनेडी स्कूल में 'इंडिया मैटर्स' नाम की विमर्श–शृंखला की शुरुआत की भी पहल की। इसका आयोजन प्रत्येक शुक्रवार को इंडिया कोकस के तत्त्वाधान में होता था। यह हमारी ज़िम्मेदारी होती थी कि हम भारत से सम्बन्धित मुख्य विषयों पर बातचीत के लिए प्रख्यात बुद्धिजीवियों और पेशेवरों को आमन्त्रित करें। इसी क्रम में हमें तत्कालीन पर्यावरण मन्त्री प्रकाश जावड़ेकर, पूर्व पर्यावरण और ग्रामीण विकास मन्त्री जयराम रमेश, प्रोफ़ेसर जैकलीन भाभा, प्रोफ़ेसर बिश्वप्रिय सान्याल और डॉ. कुलविन्दर कौर जैसे प्रसिद्ध विद्वानों के अतिरिक्त कई विशिष्ट लोगों के आतिथ्य का अवसर प्राप्त हुआ।

साल के अन्त में कैनेडी स्कूल वार्षिक प्रतिभा आयोजन करता था। मुझमें कोई ऐसा गुण नहीं था, लेकिन सामुदायिक सक्रियता योजना के अन्तर्गत चैतन्य हार्वर्ड के ही एक छात्र से पाश्चात्य गायन अवश्य सीखता था। हार्वर्ड के मंच पर प्रस्तुति देने की कल्पना से वह बहुत रोमांचित था और उसने सैम स्मिथ का 'ले मी डाउन' सुनाकर सबको अचम्भित कर दिया। श्रोताओं में कैनेडी स्कूल के डीन भी उपस्थित थे और सभी ने खड़े होकर उसकी प्रशंसा में तालियाँ बजायीं।

हार्वर्ड में अपनी प्री–स्कूलिंग और दूसरे बच्चों के साथ घुल–मिलकर तथ्या के आत्मविश्वास में आश्चर्यजनक विकास हुआ। एक बार चैतन्य से मामूली मनमुटाव के बाद उसने नाराज़गी भरे शब्दों में चैतन्य को उसे अकेला छोड़ देने के लिए कहा–"मुझे एकान्त चाहिए।" एक ऐसी पृष्ठभूमि में जन्म लेकर जहाँ औरतों को अपनी बात रखने की कोई आज़ादी नहीं, मैं अपनी बेटी के इस मुखर और सकारात्मक विकास को देखकर बहुत रोमांचित और अभिभूत था। पाँच साल की तथ्या के इस रूप को देखकर मैं आश्वस्त था कि एक तेज़तर्रार, विश्वास से भरी हुई और मज़बूत औरत के निर्माण की उसकी प्रक्रिया आरम्भ हो चुकी थी।

हार्वर्ड का जीवन सीमा के भी मनोनुकूल था। हमने अपने–अपने काम बाँट लिए थे, लेकिन हमें अपना–अपना काम करने में सहयोग करके उसे सबसे अधिक सन्तुष्टि मिलती थी। साथ ही उसने दो क्लासेज़ का लेखाजोखा रखने का काम भी आरम्भ कर दिया था–पहला हार्वर्ड स्कूल ऑफ़ पब्लिक हेल्थ का, और दूसरा कैनेडी स्कूल की एक क्लास का। उसका अधिकतर समय वहीं गुज़रता था और हमारा बन्धन भी इसी कारण से और सुदृढ़ हुआ था। उसके द्वारा संगृहीत हार्वर्ड के दिनों की तस्वीरें और वीडियो उन यादगारों में आज भी सबसे अनमोल हैं जिन्हें अपने साथ लेकर हम वापस लौटे थे।

हार्वर्ड के दिन बड़ी तेज़ी से निकल गये। दीक्षान्त समारोह के समय मेरे मन में एक विचित्र लेकिन बेचैन करने वाला अविश्वास था—लेकिन सबसे बड़ी उपलब्धि यह थी कि मेरे पास हार्वर्ड की डिग्री थी। मैं बाबूजी को बेतरह मिस कर रहा था, और मेरे मन में इस बात का गहरा सन्ताप था कि वे इस सुखद पल को देखने के लिए जीवित नहीं थे। बाबूजी आजीवन साइकिल से कटिहार की सड़कें नापते रहे ताकि हमारी पढ़ाई के ख़र्च पूरे किये जा सकें। बाबूजी ख़ुद अपनी पढ़ाई पूरी नहीं कर सके क्योंकि परिवार की स्थितियाँ उन्हें इसकी इजाज़त नहीं देती थीं। उन्होंने भारत से बाहर किसी विश्वविद्यालय का नाम तक नहीं सुना था, और उनके बेटे के हाथों में हार्वर्ड की डिग्री थी!

मैंने उनको वचन दिया था कि मैं कभी भी पढ़ाई अधूरी नहीं छोड़ूँगा। मुझे इस बात की ख़ुशी थी कि मैं अपनी बात से नहीं फिरा था और उनसे किया हुआ अपना वायदा निभाया था।

बहरहाल मेरी हार्वर्ड यात्रा का अन्त यह डिग्री नहीं थी। यह भविष्य की अनेक सम्भावनाओं की एक शुरुआत थी। मेरे विचार जो विगत कई वर्षों में पर्याप्त विकसित और समृद्ध हुए थे, अब अधिक–से–अधिक करने को उद्यत थे। नयी ऊर्जा और दृष्टिकोण से लबरेज़ होकर हम जुलाई के अन्त में बोस्टन से रुख़सत हुए। हमने वहाँ सालभर से कुछ अधिक समय बिताया था। मेरे परिवार में सबके लिए यह एक ऐसा समय था जब हमने व्यक्तिगत और सामूहिक रूप से बहुत कुछ सीखा था। समझ और ज्ञान का यह विस्तार इससे बहुत अधिक समय गँवाकर भी हासिल करना कठिन था। निश्चित रूप से अब हम पहले की तरह नहीं रह गये थे। यह हार्वर्ड के परिवेश का योगदान था। परिवेश से हासिल करने की प्रक्रिया उसके बाद भी जारी रही।

अध्याय - चौदह

हार्वर्ड के बाद का जीवन

हमारा दीक्षान्त समारोह मई में आयोजित हुआ। जून के आरम्भ में मैं चुपचाप चार्ल्स रिवर के किनारे बैठा चाय की चुस्कियाँ ले रहा था। नदी की धारा का उतार–चढ़ाव देखते हुए मैं अपने जीवन की उथल–पुथल के बारे में भी सोच रहा–हार्वर्ड में गुज़रे सिर्फ़ एक साल के बारे में नहीं बल्कि उन तमाम उतार–चढ़ावों के बारे में जो मैंने बचपन से अभी तक देखे थे। परिवार, काम, भारत के मेरे दोस्त–सब कुछ मेरे सामने अवांछित स्मृतियों की तरह आ रहे थे। मुझे इस बात की ख़ुशी थी कि मैं जल्दी वापस लौटने वाला था।

'यह जो देस है तेरा'–गाने की धुन बरबस मेरे ज़ेहन में गूँजने लगी थी। ए. आर. रहमान का गाया यह गीत विदेश में रहने वाले हरेक भारतीय को अपने देश के लिए कुछ श्रेष्ठ करने के लिए प्रेरित करता रहा है। इन्हीं ख़यालों में खोये हुए मैंने अपनी चाय ख़त्म की। घर लौटने के बाद मैंने चैतन्य से पूछा कि क्या वह मेरे साथ 'स्वदेश' देखना पसन्द करेगा। मैं अपने परिवार के साथ आशुतोष गोवारिकर की फ़िल्म देखने गया। फ़िल्म ने मुझे और अधिक भावुक कर दिया, और उन ज़िम्मेदारियों और कामों की याद दिला दी जिन्हें मैं भारत में अधूरा छोड़ आया था।

भारत वापस लौटने का यह बिल्कुल मुनासिब वक़्त था। मुझे अपने अधूरे कामों को अंजाम देना था। यह अपनी ज़िन्दगी के नये अध्याय का प्रारूप बनाने का उपयुक्त समय था।

नरेन्द्र, जो मेरी ही तरह कटिहार का था, लेकिन अब एक अमेरिकी नागरिक था, अपने परिवार के साथ कैम्ब्रिज के हमारे अन्तिम दिन हमें रुख़सत करने आया था। हम एक–दूसरे को बचपन से जानते थे। हालाँकि तब वह मुझसे दो साल सीनियर था, लेकिन मेरे प्रति उसका व्यवहार बहुत सहयोगपूर्ण था और उसके साथ मैं सहज अनुभव करता था। वह जहाँ और जिन स्थितियों में भी होता था, बहुत प्रफुल्लित और जोश से भरा रहता था, लेकिन अब हम एक–दूसरे के सम्पर्क में नहीं थे। हम पुनः सम्पर्क में तब आये जब एन.डी.टी.वी. में मेरा आलेख प्रकाशित हुआ। फ़ेसबुक हमें फिर से एक–दूसरे से मिलवाने का ज़रिया बना। मुझे फिर से खोज निकालने के बाद उसने मुझसे सम्पर्क बनाये रखा। हम आपस में कई बार मिले और हमने कटिहार की स्मृतियों को बातचीत के क्रम में साझा भी किया। हमने उन मसलों पर भी बातें कीं जिनको लेकर हम सचमुच चिन्तित थे। बहरहाल कटिहार के किसी आदमी से बोस्टन में मिलना एक सुखद संयोग था। अपनी जड़ों से हमारा जुड़ाव बहुत गहरा होता है। हमारी रुख़सती के दिन नरेन्द्र हमारे साथ दिनभर रहा, और जब हम एअरपोर्ट के लिए रवाना हुए उसके कुछ ही देर पहले वह भी गया।

29 जुलाई 2015 की सुबह हम दिल्ली लौटे। जब हम अपने घर में दाख़िल हुए उस वक़्त तक हल्का अँधेरा ही था। मुझे और सीमा को यह आभास होने में कुछ पल लग गये कि बिजली कटी हुई थी और इतने लम्बे अन्तराल के बाद बैटरी से चलने वाला इनवर्टर भी ख़राब हो चुका था। पूरे घर में अँधेरा पसरा हुआ था। तथ्या तो बहुत डरी हुई थी–उसके बालसुलभ मन की

दृष्टि से यह एक नयी बात थी। उसने बोस्टन में कभी बिजली जाते हुए नहीं देखी थी और उसकी उम्र के बच्चों के लिए सालभर एक लम्बा समय होता है। वह डरकर हमसे चिपक गयी थी।

अगले दिन हम उसे शॉपिंग पर ले गये। जैसे ही हम मुख्य सड़क पर पहुँचे, तथ्या ज़ोर से चीख पड़ी, "पापा! यहाँ इतना शोर क्यों है? लोग इतना हार्न क्यों बजा रहे हैं?" बेचारी बच्ची! वह दिल्ली में गुज़रा अपना वक़्त भूल चुकी थी और जिस अनुभव से होकर गुज़र रही थी उसे लोग 'रिवर्स कल्चर शॉक' कहते हैं।

चैतन्य को भी अनेक दिक़्क़तों का सामना करना पड़ा–ख़ासकर स्कूल में। वह और उसकी बहन दोनों ही एक खुली अमेरिकी शिक्षा पद्धति से निकलकर आये थे जिसमें क्लास के आकार अपेक्षाकृत छोटे होते थे। भारत में हमारी शिक्षा प्रणाली संकीर्ण और कठोर है, जिसके साथ तारतम्य स्थापित करने में मेरे बच्चों को दिक़्क़तें आ रही थीं। आख़िरकार एक आधुनिक और रचनात्मक शैक्षणिक दृष्टिकोण वाले निजी स्कूल में दाख़िला दिलाने के बाद ही उनका लुप्त हो चुका आत्मविश्वास लौट पाया और वे प्रतिदिन स्कूल जाने के लिए राज़ी हुए।

सीमा को भी नये परिवेश में फिर से ढलने में थोडा वक़्त लगा। उसने अपने लिए कोई कला–सम्बन्धित उद्यम आरम्भ करने का भी निर्णय ले लिया था। एक पत्रकार के रूप में वह मधुबनी कला के कई कलाकारों और डॉक्यूमेंट्री फ़िल्म–निर्माताओं के साथ काम कर चुकी थी। वह फ़िल्म निर्माण के काम को जारी रखना चाहती थी, लेकिन एक कारोबार के रूप में उसने मधुबनी कला को फ़िल्म–निर्माण के केन्द्र में रखने का निर्णय लिया।

मधुबनी कला के प्रति सीमा के अनुराग की जड़ें ख़ासी गहरी हैं। उसने स्वयं भी यह कला विधिवत सीखी है और हस्तकला मन्त्रालय द्वारा उसे सम्मानित भी किया जा चुका है।

उसके पश्चात् उसने अपने कारोबार के ज़रिये शिल्पकारों के बड़े संजाल का निर्माण किया है और अपना व्यक्तित्व भी एक कारोबारी कलाकार के रूप में विकसित किया है। वह लन्दन के दी भवन आर्ट गैलरी में मधुबनी के भित्तिचित्रों और वस्त्रों की एक प्रदर्शनी भी आयोजित कर चुकी थी।

मुझे भी नये परिवेश के अनुसार ख़ुद को ढालना था। हार्वर्ड डिग्री के साथ अब मेरे ऊपर अपेक्षाओं का भारी बोझ था। एक विश्वस्तरीय उच्च डिग्री अनेक कौतुकों को भी उत्पन्न करती है। मेरे मामूली और रोज़मर्रा के काम, मेरा आचरण और मेरा प्रदर्शन सब कुछ उस डिग्री से जोड़कर देखा जाने लगा था। मैं भी कोई काम बड़ी सावधानी से करता था।

जो भी हो लेकिन हार्वर्ड में बिताये सालों ने मेरी शख़्सियत में सचमुच नये आयाम जोड़े। अब मैं वैचारिक पक्षपात को बेहतर तरह से समझ सकता था और निष्कर्ष पर पहुँचने से पहले मेरे अन्दर प्रतिकूल दृष्टिकोण को समझने की क्षमता का भी विकास हुआ था। अब मैं ज्ञान और नयी अन्तर्दृष्टि के अस्त्र–शस्त्र से लैस था जिनका इस्तेमाल मैं व्यावहारिक रूपों में कर सकता था। लेकिन, मुझे यह पता नहीं था कि मुझे कहाँ से नयी शुरुआत करनी चाहिए? मुझे किस बड़ी चुनौती का सामना करना चाहिए? मुझे केन्द्रीय समस्याओं को चिह्नित करने और उनके समाधान की एक योजनाबद्ध नीति बनाने की आवश्यकता थी, और जीवन में अपने उद्देश्यों को और परिशुद्ध करने की ज़रूरत थी। इस काम के लिए मुझे पुनः एक अनुकूल माध्यम चाहिए था।

'SEWA' हमेशा से एक माध्यम था जिसके उद्देश्य अभी पूरे नहीं हुए थे। मैं देश के सबसे अभावग्रस्त तबक़े के सामाजिक–आर्थिक उत्थान के लिए काम करना चाहता था और 'SEWA' इस उद्देश्य को प्राप्त करने का एक अनुकूल और

उपयुक्त मंच था। 'SEWA' के साथ काम करने के क्रम में मुझे हाशिये की आबादी और उनकी सामाजिक, आर्थिक और यौनिक समानता की दिशा में काम करने के अनेक अवसर मिले। मैंने अपनी क्षमता भर पूरी मेहनत की, लेकिन हार्वर्ड जाने के बहुत पहले मुझे ऐसा लगने लगा था कि इन उद्देश्यों को अधिक प्रभावी तरह से प्राप्त करने के लिए मुझे अपने काम के फलक को और विस्तृत करने की ज़रूरत थी। मुझे 'SEWA' से परे भी बहुत–सी चीज़ें जाननी थीं। कोई भी संगठन अन्ततः अपने निर्धारित लक्ष्य, परिधि, लोग और प्राविधि तक ही सीमित होता है। मैं अब एक बदलाव चाहता था। 'SEWA' के साथ अपने काम को जारी रखने की बजाय मैं अब अपनी अन्तर्दृष्टि और लक्ष्य के लिए काम करना चाहता था। इसके लिए सबसे बड़ी ज़रूरत यह थी कि मुझे 'SEWA' में अपनी सक्रियता को सीमित या समाप्त करना था। हमारे भीतर की महत्त्वाकांक्षा इसलिए समाप्त हो जाती है क्योंकि हम आत्मसन्तुष्ट हो जाते हैं। लोग समझते हैं कि उन्होंने जो हासिल कर लिया है वह पर्याप्त है, अथवा जिस समूह या संगठन से वे जुड़े हुए हैं उसने अपना काम 'पर्याप्त' अच्छे से कर लिया है। एक छात्र जो एक लोक सेवक बनने में कामयाब हो जाता है, वह अपने बृहतर लक्ष्यों को इसलिए प्राप्त नहीं कर पाता है क्योंकि उसके लिए लोक सेवक बनना ही एक बड़ी उपलब्धि है या सामाजिक क्षेत्र में काम करने वाला कोई व्यक्ति अपनी तरफ़ से किसी नयी पहल की शुरुआत करने की आवश्यकता इसलिए महसूस नहीं करता क्योंकि उनकी नज़र में उसका एन.जी.ओ. जो कर रहा है वह 'पर्याप्त' है। मुझे दोनों स्थितियाँ अनुपयुक्त लगती हैं।

मैंने सुविचारित और योजनाबद्ध तरीक़े से समाज के सभी वर्गों के लोगों से मिलने का काम शुरू किया। मैं यह समझना चाहता था कि वे क्या काम कर रहे थे, उनके अलग–अलग कामों में

कहाँ–कहाँ फाँकें थीं और उन फाँकों में मैं कहाँ फिट हो सकता था। इस प्रक्रिया में मैंने अनेक कार्यकर्ताओं, राजनेताओं, नौकरशाहों, शिक्षाविदों, उद्यमियों, वकीलों और अनगिनत छात्रों के साथ कई मुलाक़ातें कीं। मेरा आकलन सही था कि उन सबके पास उन समस्याओं के अपने–अपने कारण और समाधान के अपने–अपने दृष्टिकोण थे। सभी लोग पहले से भिन्न पूर्वाग्रहों से ग्रस्त थे और स्थितियों के बारे में उनकी अपनी व्याख्याएँ और अभिव्यक्तियाँ थीं। सभी की दिलचस्पी केवल दोष मढ़ने में थी। कुछ सरकार को दोषी मानते थे और कुछ 'समाज' की अज्ञात–अदृश्य परम्पराओं को। बहरहाल ऐसा एक भी आदमी नहीं था जो बदलाव की ज़िम्मेदारी लेने को तैयार था। मुझे एक भी ऐसा आदमी नहीं मिला जो ख़ुद को समस्याओं का ज़िम्मेदार मानता हो, या सामूहिक प्रयासों की सफलता और प्रभाव को स्वीकार करता हो। मुझे लगा कि मैं फिर से इस बहस की शुरुआत में नये सिरे से जा फँसा था। हमें अपनी समस्याओं के समाधान के लिए अब किसी एन.जी.ओ. से भिन्न माध्यम और तरीक़ों की ज़रूरत थी। यहाँ तक कि धरातल पर काम करने से पहले हमें प्रशासन की सुस्त प्रणाली से नीतियों और सांस्थानिक ढाँचों में बदलाव के लिए लड़ने की भी आवश्यकता नहीं है। बल्कि हमें अपने समुदाय, पड़ोसियों, सहकर्मियों और मित्रों के सहयोग से किसी सरकारी अथवा सांस्थानिक निर्भरता के बग़ैर अपनी तरफ़ से पहल करने की ज़रूरत है। एक बार इस लक्ष्य को प्राप्त करने के बाद प्रशासनिक और सांस्थानिक सहयोग स्वतः मिलने लगेगा। अधिकारोचित न्याय की माँग भी तभी फलीभूत हो सकेगी जब उसे व्यावहारिक कठिनाइयों के तर्कों के साथ प्रस्तुत किया जायेगा।

पर्याप्त सोचने–विचारने के बाद मैं बार–बार लौटकर एक समस्या पर आ टिकता था। सार्वजनिक और निजी दोनों तौर पर भारत में सरकारी विद्यालयों में शिक्षा की गुणवत्ता में उत्तरोत्तर

गिरावट आती जा रही थी। मैं इस दिशा में गम्भीरतापूर्वक कुछ करने के लिए आतुर था। एक आम नागरिक के तौर पर हम आधुनिक प्रौद्योगिकी, संचार सम्बन्धी एक ठोस आधारभूत संरचना और विराट मानवीय सम्भावनाओं से सम्पन्न हैं, इसके बावजूद सरकारी शिक्षा प्रणाली में लगातार गिरावट देखी जा रही है और वह पूरे देश में किसी तरह से अपना अस्तित्व बचाये रखने के लिए संघर्षरत है। कुकुरमुत्तों की तरह तेज़ी से उभरते निजी शिक्षा संस्थानों के कारण यह स्थिति और बदतर होती जा रही है। ये निजी स्कूल स्तरीय शिक्षा प्रदान नहीं करने के बावजूद लोगों से फ़ीस के रूप में भारी रक़म वसूलते हैं और अधिकतर भारतीय उनकी आर्थिक अपेक्षाओं पर खरा उतरने में सक्षम नहीं हैं।

जिस प्रकार निजी अस्पतालों ने सार्वजनिक स्वास्थ्य व्यवस्था को कमोबेश अप्रासंगिक बना डाला है, क्या उसी प्रकार निजी स्कूल और यूनिवर्सिटी भी देश की शिक्षा प्रणाली पर अपना अधिकार स्थापित कर लेंगी? औसत से भी कम आमदनी वाला एक आम भारतीय आदमी इन निजी संस्थानों का ख़र्च कैसे वहन कर सकेगा? क्या यह व्यवस्था सामाजिक–आर्थिक विभाजन को अनिवार्यतः और गहरा नहीं करेगी? अगर नौकरशाह और निजी क्षेत्र के उच्च अधिकारी अपने बच्चों को निजी स्कूल और कॉलेज भेजना जारी रखेंगे तो सरकारी शिक्षण संस्थानों की स्थिति में कैसे सुधार हो सकेगा?

किसी भी निष्कर्ष तक पहुँचने के पहले वस्तुस्थिति को ठीक से समझने के लिए मैंने एक बार कटिहार जाने का फ़ैसला किया।

मैंने अपना व्यावहारिक अनुसन्धान माहेश्वरी एकेडमी से शुरू किया। हमारे बचपन के दिनों में इसकी गिनती शहर के शीर्ष हाई स्कूलों में होती थी। जब मुझे वहाँ दाख़िला नहीं मिल पाया था तब मैं बहुत मायूस हो गया था। आज मुझे इस बात का कोई अफ़सोस नहीं है। हमारे ज़माने में यह एक बड़े अहाते में

बनी एक भव्य दोमंज़िली इमारत हुआ करती थी। अब यह स्कूल सरकारी उपेक्षा का शिकार हो चुका था और इसकी देखरेख की कोई ठोस व्यवस्था नहीं दिख रही थी। ऐसे जर्जर स्थान पर ताज़ा विचार तो दूर की बात थी, सामान्य पढ़ाई–लिखाई भी कैसे सम्भव थी? यह कैसी भयावह विडम्बना थी? ज़िला शिक्षा पदाधिकारी का कार्यालय भी अहाते में ही बना हुआ था। शिक्षा के ये भग्नावशेष डी.ई.ओ. की आँखों को रोज़ दिखायी दे रहे थे।

इस यात्रा में मैं कॉलेज में पढ़ने वाले अनेक छात्रों से भी मिला। उन्होंने स्पष्ट रूप से यह स्वीकार किया कि वे अपनी क्लासेज में इसलिए अनुपस्थित रहते हैं क्योंकि उनके प्राध्यापक कभी समय पर नहीं आते और पढ़ाने में रुचि नहीं लेते। वे अपना अधिकतर समय कोचिंग क्लासेज़ में छात्रों को प्रतियोगी परीक्षाओं की तैयारियाँ कराने में व्यतीत करते हैं। उनके कुछ प्राध्यापक तो घर पर ही ट्यूशन पढ़ाते थे और छात्रों को भी पढ़ने के लिए वहीं जाना होता था। साथ ही उन छात्रों ने अपने सी.वी. को अधिक प्रभावशाली बनाने के मद्देनज़र कम्प्यूटर, डिज़ाइन आदि जैसे अध्यवसायी पाठ्यक्रमों में दाख़िला ले लिया था ताकि ग्रेजुएशन करने के बाद उनको नौकरी तलाशने में सुविधा हो। कमोबेश पूरी स्थिति कल्पनातीत रूप में बेतुकी थी और छात्रों की अभिरुचि के अनुकूल नहीं थी। कॉलेज केवल दाख़िला, कुछ यान्त्रिक व्याख्यान, परीक्षाओं के संचालन और डिग्री हासिल करने की भौतिक खानापूर्ति का स्थान नहीं था। कॉलेज का माहौल इतना जीवन्त होना चाहिए कि यह व्यक्ति के शारीरिक और मानसिक विकास के लिए उपयुक्त शीर्ष संस्थान के तौर पर काम कर सके।

इस अव्यवस्था को गम्भीरता से लेने की ज़रूरत थी। केवल सरकारी तन्त्र को कोसने से कुछ भी हासिल नहीं होने वाला था। कम–से–कम फ़िलहाल हमें विधायी–सत्ता के परे स्थितियों को आकस्मिकता और बौद्धिक अस्तित्व–रक्षा की दृष्टि से देखने की

ज़रूरत थी। "यह मत पूछो कि तुम्हारा देश तुम्हारे लिए क्या कर सकता है, यह देखो कि तुम अपने देश के लिए क्या कर सकते हो," जॉन एफ. कैनेडी की उक्ति वाले ये बैनर कैनेडी स्कूल के पूरे कैम्पस में अपने छात्रों को इस बात की तस्दीक करते नज़र आते हैं। यदि हम अपने जीवनकाल में परिवर्तन को घटित होते देखना चाहते हैं और आने वाली नस्लों को ज्ञान उत्पन्न करने का यह बीजतत्त्व सौंपना चाहते हैं तो हमें अपने हृदयतल से इस उक्ति को अंगीकार करना होगा।

उसके बाद मैंने अपने स्कूल जाने का इरादा बनाया। पिछली दफ़ा हार्वर्ड के लिए रवाना होने से ठीक पहले मैं अपने स्कूल गया था। उस वक़्त कैम्पस में दाख़िल होते हुए मैं बहुत भावुक हो गया था। स्मृतियों में बारी–बारी कई दृश्य और तस्वीरें उभर रही थीं। इस बार भी मैं यही सब अनुभव कर रहा था, बल्कि पहले की तुलना में इस बार यह अनुभूति अधिक प्रबल थी। मैं सम्भवतः इस ज़िले का पहला आदमी था जिसके नाम के साथ इतनी प्रतिष्ठित डिग्री जुड़ी थी। तमाम अफ़सोस और विवशता के बावजूद मेरे रोमांच का कोई पारावार नहीं था, क्योंकि इस स्कूल ने ही मेरे लिए सम्भावनाओं का भव्य द्वार खोला था। दूसरी तरफ़ इस शहर, इसके स्कूल और इनके बच्चों के लिए अवसर के अभावों के बारे में सोचकर मेरा दिल गहरी निराशा में डूबता महसूस हो रहा था।

स्कूल के बच्चों से बातचीत करने के बाद मैं एक किनारे की उपेक्षित–सी जर्जर बेंच पर ख़ामोशी से बैठ गया। मैं उदासी में डूबा हुआ था। मैंने आसपास नज़रें घुमायीं और ख़ुद को अनेक सवालों से घिरा हुआ पाया। इस स्कूल में पढ़ने वाले बच्चों का क्या भविष्य होगा? मेरे शहर के निवासियों का क्या भविष्य होगा? क्या मेरे लिए इनकी सेवा करने की बजाय अपने बारे में सोचना मुनासिब होगा? इनका क़र्ज़ चुकाने के लिए मैं किस रूप में कारगर हो सकता हूँ? या मुझे इन बातों के

बारे में कुछ भी सोचना छोड़ देना चाहिए? क्या मुझे लोगों की आर्थिक–सामाजिक असमानताओं के बारे में नहीं सोचना चाहिए? क्या मुझे औरतों के विरुद्ध असमानता और शोषण की तरफ़ से अपनी आँखें घुमा लेनी चाहिए?

एक घण्टे से अधिक समय तक मैं इस उधेड–बुन से जूझता रहा। ये सवाल मेरी धमनियों में ख़ून के साथ दौड़ रहे थे। पीड़ा, उलझन और बेचैनी की इस यातना से होकर गुज़रने के बाद मुझे क्षितिज पर रौशनी की एक ही मद्धिम किरण दिख रही थी–शिक्षा।

मैं खुद को भी शिक्षा का ही प्रतिफल मानता हूँ, बल्कि चाहें तो शिक्षा के प्रतिफल के सन्दर्भ में बाबूजी के गहरे विश्वास का परिणाम भी कह सकते हैं। हर गुज़रने वाले पल ने शिक्षा की परिवर्तनकारी शक्तियों के बारे में मेरी आस्था को और अधिक दृढ़ किया है। यदि अपने पंखों पर सवार होकर कोई इतनी लम्बी यात्रा कर सकता है जैसे मैंने की है, तो देशभर के लाखों छात्र भी यह यात्रा कर सकते हैं। बशर्ते वे किसी भी सम्भ्रम की स्थिति से स्वयं को बचाये रखें, अपने रास्ते पर चलते रहें और अपनी ज़िम्मेदारियों और पेशेगत करियर से नहीं भटकें। हरेक बच्चे के भीतर एक नैसर्गिक झुकाव, योग्यता और जिज्ञासा होती है–शिक्षा का उद्देश्य उनकी स्वाभाविक प्रतिभा को परिष्कृत करना है ताकि वे जीवन में अपने लिए तय किये गये लक्ष्यों को पा सकें।

जब मैं देशभर के उन हज़ारों–लाखों युवा छात्रों को वर्तमान शैक्षणिक–सामाजिक संघर्ष में पिसता हुआ देखता हूँ जो उनकी अन्तर्निहित सम्भावनाओं को विकसित होने से रोकता है और उनके भीतर थोपी हुई अपेक्षाओं का क्रूर प्रत्यारोपण करता है, तब मैं खुद को नैतिक रूप से अपने माता–पिता के प्रति बड़ा क़र्ज़दार मानता हूँ। लिहाज़ा उनके प्रति सम्मान प्रदर्शित करते हुई मैंने अपने काम का क्षेत्र शिक्षा को चुनना बेहतर समझा। इससे अधिक ऋण चुका पाने के योग्य मैं था भी नहीं।

इसके अतिरिक्त अन्य विकास कार्यों के माध्यम से मैं औरतों के सशक्तीकरण का काम भी करना चाहता था। अब मैं आने वाले कुछ वर्षों के लिए अपनी ज़िम्मेदारियों और उद्देश्यों को लेकर पूरी तरह से निर्द्वन्द्व था।

अब मुझ पर अपनी सामाजिक संगठन सम्बन्धी व्यस्तताओं को बहुआयामी बनाने की ज़िम्मेदारी थी। 'SEWA' भारत के साथ मिलकर काम करना मेरे लिए बेशक अधिक सुविधाजनक था, लेकिन नये लक्ष्यों और चुनौतियों पर खरा उतरने के लिए व्यक्ति को अपने सुविधा–क्षेत्र से बाहर निकलने की दरकार होती है। यह एक संयोग था कि बिल्कुल उपयुक्त वक़्त पर मुझे हार्वर्ड में एक पद का प्रस्ताव मिला–मुझे भारत में उनके साउथ एशिया इंस्टीट्यूट का प्रमुख बनाया गया।

मैं इस प्रस्ताव से खुद को सम्मानित अनुभव कर रहा था, और मुझे यह भी लगा कि एक गुणवत्तापूर्ण शिक्षा प्रदान करने हेतु मेरे पास अब एक श्रेष्ठ प्रारूप, सुविधाएँ और संसाधन होंगे ताकि मैं शिक्षाशास्त्र और उसकी कारगर पद्धतियों को बेहतर समझ सकूँ। मेरी नयी ज़िम्मेदारी अर्जित ज्ञान को व्यावहारिक अभ्यास से जोड़ने का एक अनुकूल और सार्थक मंच उपलब्ध कराना था। 'कार्य और उसका सामाजिक प्रभाव' पहले से मेरा मनोनुकूल विषय रहे थे। एक प्रतिष्ठित शिक्षण शोध संस्थान में काम करने का अवसर मेरे लिए एक उपहार की तरह था जिसका उपयोग मैं योजनाओं को अधिक प्रभावशाली और अन्तर्दृष्टि–सम्पन्न क्रियान्वयन के लिए कर सकता था ताकि उसका लाभ प्रत्येक ज़रूरतमन्द आदमी को अधिक–से–अधिक मिल सके। 'SEWA' को छोड़ने के पीछे की वास्तविकता के बारे में भावुकतावश मैं अधिक नहीं कह सकता हूँ। यह मेरे लिए कमोबेश मेरा ही संगठन था जिसके सदस्यों के साथ मैं केवल पेशेवर रूप में ही नहीं बल्कि भावनात्मक रूप में भी दो दशकों से अधिक समय तक जुड़ा रहा था। संगठन को छोड़ने के बाद भी कई महीने हम सब भावुक रहे थे। हम कई बार रोये

और मेरे सहकर्मी मेरे इस फ़ैसले को सुनकर सदमे थे। वे मुझसे असहमत थे और मुझे जाने देने के लिए बिल्कुल तैयार नहीं थे। वे क्षुब्ध और निराश थे और चाहते थे कि मैं पहले की तरह उनके साथ काम करना जारी रखूँ। मैंने भी अपने फ़ैसले पर कई बार सोचा और कई बार तो मुझे लगा कि मैं उनके साथ मिलकर भी अपने लक्ष्य को प्राप्त कर सकता हूँ, लेकिन मेरा निर्णय सम्भवतः अन्तिम और सुचिन्तित था और मैं बहुत सोचने–विचारने के बाद इस नतीजे पर पहुँचा था। मैंने बरसों–बरस उन लोगों के साथ काम किया था और दिल से उनका शुक्रगुज़ार था, लेकिन मैं पानी की तरह आगे बढ़ना चाहता था, ठहरना नहीं। उन पलों में मैंने यह महसूस किया कि मुझे किसी ख़ास लक्ष्य की प्राप्ति के लिए बने संगठन की बजाय किसी भी व्यक्ति को सख़्त ज़रूरतों में काम आने हेतु एक स्थापित संरचना के साथ काम करने की ज़रूरत है। इस संरचना के पास आवश्यकतानुरूप न्यूनतम सुविधाओं में जीने वाले व्यक्ति तक पहुँचने और उसकी सहायता करने का दीर्घ अनुभव और प्रभावी प्रणाली हो। साथ ही उसके जीवन के सामाजिक–आर्थिक प्रस्फुटन से अगली पीढ़ी भी लाभान्वित हो सके।

मैंने मानवीय और सामाजिक मुद्दों पर स्तम्भ लेखन जारी रखा–वे मूलतः शिक्षा और लैंगिक असमानता पर केन्द्रित होते थे। स्तम्भ लेखन आम लोगों तक पहुँचने का एक ज़रिया तो था ही, बल्कि गम्भीर विषयों पर जनमत को प्रभावित करने का भी एक प्रयास था। साथ ही मैंने इस किताब पर भी काम शुरू कर दिया था ताकि मैं संसाधनों की कमी और सम्भावनाओं और सपनों के अन्तर्द्वन्द्व से जूझ रहे छात्रों से संवाद करने के लिए अपने विचारों को एक सुगठित और क्रमवार रूप दे सकूँ।

मैं अपने काम को हमेशा के लिए केवल शिक्षा के क्षेत्र तक ही सीमित रखना नहीं चाहता था–समाज में और भी कमियाँ और

बुराइयाँ थीं जिनको लेकर मैं फ़िक्रमन्द था, लेकिन मैंने महसूस किया कि मुझे शुरुआत सार्वजनिक शिक्षा के क्षेत्र से करनी चाहिए क्योंकि जड़ वही है। उसके बाद कार्यकर्ताओं के नेटवर्क के विस्तार के साथ दूसरे मुद्दों पर भी काम करना चाहिए। मुझे कहीं–न–कहीं से शुरुआत करनी थी।

इसलिए मैंने सक्षम नेतृत्व और ऊर्जावान कार्यकर्ताओं के साथ 'एडजस्टिस पीपल्स कैंपेन' नाम से एक शिक्षा अभियान चलाने का निर्णय लिया। अभियान में स्वयंसेवियों को अपने क्षेत्रों के सरकारी स्कूल और कॉलेज में विकास कार्यों अथवा विशेष शैक्षणिक सत्रों और पाठ्यक्रम के अतिरिक्त अन्य रचनात्मक सक्रियताओं के लिए हफ़्ते में 3 से 5 घण्टे का अवदान करना था। यह अभियान स्थानीय सामाजिक और बौद्धिक संसाधनों के उपयोग पर आधारित है और इसमें डॉक्टरों, वकीलों, वर्तमान और अवकाशप्राप्त सरकारी अधिकारियों, पत्रकारों, खिलाड़ियों और प्रतिष्ठित संस्थानों के छात्रों की भागीदारी अपेक्षित है, ताकि वे मृतप्राय संस्थानों में जाकर योजनाबद्ध तरीक़े से ज्ञान का आदान–प्रदान कर सकें। इस विचार का उद्देश्य सरकारी शिक्षण पद्धति की पढ़ाने–पढ़ने की प्रक्रिया में हस्तक्षेप करना नहीं बल्कि उसकी भरपाई करना है, जो छात्र अपने शिक्षकों से नहीं सीख पा रहे हैं। हमारे स्वयंसेवी छात्रों के भीतर के कौशल को विकसित करते हैं, उनको करियर सम्बन्धी परामर्श देते हैं, स्वास्थ्य–सम्बन्धी विषयों पर उनको जागरूक करते हैं और उनके लिए सहशैक्षिक कार्यशालाओं के साथ–साथ खेलकूद, कला, संस्कृति और अन्य विषयों पर केन्द्रित गतिविधियों का आयोजन करते हैं। हमारा एक उद्देश्य यह भी है कि हम पूर्व छात्रों (मेरी तरह) को अपने स्कूल और कॉलेज जाकर उनको गोद लेने के लिए प्रोत्साहित करें ताकि उनकी सामयिक पहल पर उनके पूर्ववर्ती संस्थानों को एक नया जीवन मिल सके। इन बुनियादी उद्देश्यों को हासिल करने के बाद हम स्कूल

प्रबन्धन समितियों को सशक्त करना चाहते हैं और इसमें भी हमारे कार्यकर्ता हमारी सहायता करते हैं। वे पेरेंट्स–टीचर्स मीटिंग्स तथा अन्य आयोजनों के ज़रिये स्कूल के क्रियाकलापों में अभिभावकों की सहभागिता को अधिक–से–अधिक सुनिश्चित करने की कोशिश करते हैं जिससे स्कूल के प्रबन्धन और कार्यों के विकेन्द्रीकरण और उत्तरदायित्व के लिए एक कारगर सूत्र विकसित किया जा सके। मैंने इस मॉडल को किसी भी भौगोलिक–सांस्कृतिक सन्दर्भ में अनुकरणीय और अनुकूल होने की दृष्टि से विकसित किया है।

पहली बार स्वयंसेवियों के जिस समूह से हमने मदद माँगी वे सभी दिल्ली के थे, लेकिन मेरी योजना ने अपनी पहली उड़ान कटिहार में मेरे ही स्कूल में भरी। हमारा विश्वास था कि यदि कटिहार में हमारा यह प्रयोग सफल हो जायेगा तो हम इसे बिहार बल्कि उसके बाहर के भी अन्य संस्थानों में आज़मा सकेंगे। 'सामाजिक सहयोग और व्यक्तिगत सामाजिक उत्तरदायित्व' की अवधारणा पर टिका यह मॉडल एक ऐसा मंच है जिसका लक्ष्य संस्थानों को छात्रोन्मुख बनाना है, जो प्रत्येक छात्र को अपनी अन्तर्निहित क्षमता का अधिकाधिक उपयोग करने का अनुकूल और पर्याप्त अवसर देता हो। इस योजना में हमें सरकारी सहयोग की भी उम्मीद है कि ऐसे सद्प्रयासों को सरकार की तरफ़ से संस्थागत रूप दिया जा सके और हमें व्यक्ति, संस्था और कॉर्पोरेट क्षेत्रों से भी त्वरित और ज़िम्मेदार सहयोग प्राप्त हो सके।

कटिहार और मेरा स्कूल तो सिर्फ़ एक शुरुआत हैं। जीर्ण–शीर्ण सरकारी स्कूलों को नया जीवन देने और सुस्त रफ़्तार और दिशाविहीन शिक्षा की बुनियादी प्रक्रिया को अर्थपरक तथा तर्कसंगत बनाने के लिए एक बड़ी लामबन्दी की ज़रूरत है। इत्तेफ़ाक़न कई दोस्तों, सहकर्मियों और स्वयंसेवियों ने इस

मॉडल को अपने गृहनगर या पसन्द के अन्य इलाक़ों में आज़माने में अपनी रुचि दिखायी है और हमें अपेक्षाहीन मनोभाव के साथ अपना सहयोग भी दिया है। इस तरह से एक दिन 'एडजस्टिस पीपल्स कैम्पेन' एक बड़े आन्दोलन का रूप ले सकता है। और, इस आन्दोलन के केन्द्र में बच्चे और कम उम्र के युवा हैं। यह आन्दोलन उन्हीं के लिए और उन्हीं के द्वारा चलाया जायेगा। इस देश के युवा ऊर्जा और उत्साह से भरपूर, भयमुक्त और कल्पनाशील हैं। उन्होंने यह उम्मीद मेरे भीतर ख़ुद ही पैदा की है–सालों–साल एक कार्यकर्ता के तौर पर अपनी सक्रियता और अपने विचार दोनों ही रूप में। वे इस देश के सर्वश्रेष्ठ संसाधन हैं, और उनके बस यह बात समझने भर की देरी है।

अपनी अब तक की यात्रा को समेकित और एकाग्रचित्त रूप में प्रस्तुत करते हुए भी मैं एक संशय से निरन्तर जूझ रहा हूँ–जो कुछ मैं कहने की इच्छा रखता था, क्या मैं वह कह पाया, और कह पाया भी तो कितना कह पाया? यदि एक युवा अपने भविष्य निर्माण के लिए अपने परिपक्व विवेक के निर्देशानुसार अपना परिशोधन कर सकता है तो वह निस्सन्देह सफल और सन्तुष्ट रहेगा। मैं इसका एक जीवन्त उदाहरण हूँ।

सबसे महत्त्वपूर्ण चीज़ शिक्षा है। यह अकेला यन्त्र है जो दो पीढ़ियों के बीच के परिवर्तन को सम्भव बनाता है। इसके पास समाजिक बुराइयों का हल और सामूहिक प्रगति के उपाय दोनों हैं। शिक्षा ही मनुष्य जाति को अपनी विविध सम्भावनाओं को प्राप्त करने का पूर्ण अवसर देती है। सच्ची शिक्षा हमारे लिए अधिक निष्पक्ष, सन्तुलित और संवेदनशील कल का निर्माण करती है। एक समग्र भौगोलिक, वर्गीय, जातीय और लैंगिक समानता के बिना मानवीय विकास की मूल अवधारणा को आघात पहुँचता है और मानवीय अस्मिता पर प्रश्नचिह्न खड़े होते हैं। हम उस सौहार्द को विकसित करने की कल्पना भी नहीं कर सकते हैं जो एक

मनुष्य का दूसरे मनुष्य के साथ, अथवा समस्त मनुष्य जाति का इस पृथ्वी के साथ होना चाहिए। हमारे परिवेश में बन्धुत्व का सिद्धान्त व्यावहारिक समानता के माध्यम से ही सम्भव है।

हरेक व्यक्ति में अपार सम्भावनाएँ और एक अप्रतिम प्रतिभा होती है। यह बेहद महत्त्वपूर्ण है कि वैसी संस्थाएँ और वैसे मानदण्ड बनाये जायें जो हरेक नागरिक को अपनी रुचियों और क्षमताओं के अनुसार काम करने और विकसित होने के अवसर मुहैया करायें। पूरे यूरोप में जो समकालीन वैचारिक आन्दोलन के ज़रिये जो विमर्श चल रहे हैं उनके केन्द्र में मनुष्य और उसकी रुचि कम हैं। हमारे लिए उन विमर्शों से सीखने की आवश्यकता है ताकि हम भी अपने सामाजिक और पेशेगत ढाँचों में मनोनुकूल तब्दीलियों की पहल कर सकें। बहरहाल सबसे महत्त्वपूर्ण बात यह है कि युवाओं के भीतर यह विश्वास होना चाहिए कि ग़ैर–पारम्परिक रास्तों पर चलने का निर्णय लेना जोखिम भरा फ़ैसला लग सकता है, लेकिन इसके हमेशा अच्छे परिणाम सामने आते हैं। उनमें से हरेक बड़ा, उससे बड़ा और उससे भी बड़ा स्वप्न देख सकता है और उन अनिश्चित और अदृश्य चुनौतियों का (किसी एक के लिए कोई चुनौती और दूसरे के लिए दूसरी चुनौती) सामना इस विश्वास के साथ कर सकता है कि उनके सैकड़ों हल हो सकते हैं। उन हलों के धैर्यपूर्ण, एकाग्र और सामूहिक उपयोग से वे किसी नयी चुनौती का हल भी तलाश सकते हैं। उनका एकमात्र ताबीज़ उनका साहस है : वह काम जिनको करने की क्षमता उनके भीतर है और उस काम को पूरा करने का उनका जुनून–यही महत्त्वपूर्ण है।

आत्म–विकास पर्याप्त नहीं है। हम सभी को दूसरों की सहायता की ज़रूरत है। समर्थ लोगों की यह ज़िम्मेदारी है कि वे कमज़ोर लोगों को समर्थवान बनायें। किसी भी आदमी की सफलता की कहानी अकेली उसकी नहीं होती है : खाने का नमक बनाना हो या फिर घर में खाना पकाना हो, कई अनाम

और अदृश्य लोग मिलकर उस कहानी को पूरा लिखते हैं। यही स्थिति देर रात का सबक याद करने या सालों चली किसी जंग में हासिल जीत के साथ भी है–मानसिक और शारीरिक दोनों ही धरातल पर। हम उनमें से सबके कृतज्ञ नहीं हो सकते जिन्होंने हमारी निर्मिति में किसी–न–किसी रूप में अपना योगदान दिया है। हम बस इतना ही कर सकते हैं कि हम अपने विस्तार की सम्भावनाओं को यथाशीघ्र पहचान सकें ताकि उन सम्भावनाओं के ज़रिये दूसरों की सम्भावनाएँ विकसित होने का अवसर मिल सके–जब कहीं भी सम्भावनाओं का विस्तार होता है तो प्रकारान्तर में उस विस्तार के सहभागी हम भी होते हैं।

किसी भी समाज की प्रगति के लिए स्त्री का सम्मान अत्यावश्यक है। स्त्री के प्रति हिंसा और भेदभाव से मुक्त हुए बिना कोई भी समाज शान्ति के साथ नहीं रह सकता है। औरतों की ज़ुबानी उनके शोषण के क़िस्से सुनकर यही कहा जा सकता है कि इस बात को सोदाहरण कहने के लाखों तरीक़े हैं। चाहे वह लीला बेन की ख़ुद की कहानी हो या फिर महिला लेखकों की लिखी वे कहानियाँ जिन्हें हमने पाठ्यक्रम में पढ़ा है, लेकिन यह कहानियाँ अब अतीत की गाथाएँ हैं।

सामाजिक और आर्थिक असमानताओं को कम करना एक महत्त्वपूर्ण चुनौती है। सरकार के साथ–साथ यह उन लोगों का भी सच है जो समाज को भौतिक और भावनात्मक रूप में उसके संसाधनों को वापस लौटाने की क्षमता रखते हैं। ज़रूरतमन्दों की मदद करना हमारी एक महत्त्वपूर्ण ज़िम्मेदारी है। जब तक हम सबके लिए अवसर उत्पन्न नहीं करते या विकास की मुख्यधारा से वंचित लोगों को बराबरी का दर्जा नहीं देते, तब तक यह कहना बेमानी है कि हम एक न्यायसंगत समाज के निवासी हैं।

गाँवों और शहरों के विकास पर ही हमारा भविष्य टिका है। महानगरों के संसाधन कमोबेश चुक गये हैं, बल्कि वे अतिरिक्त

बोझ तले दबे हुए हैं। विकल्प के रूप में हमें एक टिकाऊ और प्रगतिशील रोज़गार के अवसर, गुणवत्तापूर्ण शैक्षणिक और स्वास्थ्य–सुविधाओं, स्वच्छ पेयजल, बिजली, मुख्य मार्गों से जुड़ने वाली सम्पर्क सड़कों और उच्च कोटि की यातायात सुविधाओं के निर्माण की आवश्यकता है। हमने ग्रामीण विकास से जुड़ी हुई बातों के अतिरिक्त ये बातें इतनी बार कही और सुनी हैं कि ये अनेक अर्थों में बस घिसे–पिटे जुमले लगते हैं और इतने महत्त्वपूर्ण मुद्दों ने अपनी अर्थगर्भिता खो दी है, लेकिन यह सच है कि यह वर्तमान समय का सबसे बड़ा संकट है और हमारी रोज़मर्रा की ज़िन्दगी के लिए इसका त्वरित समाधान अत्यावश्यक है। हमें महानगरों के परे उन जगहों को अपनी सुविधानुसार विकसित करना होगा जहाँ हम जीते हैं।

परिवर्तन के लिए अतिशीघ्र सुलभ पारिस्थितिकी का निर्माण एक जटिल मसला है। अकेले अपने बूते पर किसी भी व्यक्ति के लिए समाज में दीर्घकालिक और दूरगामी परिवर्तन ला पाना सम्भव नहीं है। एक असरदार और अनुकूल परिवेश के निर्माण और स्थायित्व में समाज के हिस्सेदारों का सामूहिक प्रयास बेहद ज़रूरी है। जनसमूह और निजी क्षेत्र को इन प्रयासों का नेतृत्व करना चाहिए और वे उसमें सक्षम भी हैं। हर परिवर्तन के लिए सरकार पर निर्भरता ठीक नहीं है। भविष्य के लिए हमारा सकारात्मक दृष्टिकोण ज़रूरी नहीं की वास्तविकताओं पर ही निर्भर हो, कभी–कभी वह आशाओं पर भी टिका होता है।

सार्वजनिक जीवन में नैतिकता बहुत आवश्यक है। हमारे देश के सभी क्षेत्र भ्रष्टाचार की व्याधि से बुरी तरह से ग्रस्त हैं। जिन्होंने भी सार्वजनिक जीवन की ज़िम्मेदारियाँ अपने कन्धों पर ली हैं उनके अन्दर उसके निर्वहन की पूरी क्षमता उपस्थित होनी चाहिए। हमें स्कूल और कॉलेज के युवा छात्रों को ऐसी योजना और बहसों की अगुवाई करने के लिए प्रोत्साहित करना चाहिए जिनका लक्ष्य भ्रष्टाचार को कम करना, सार्वजनिक जीवन में

उत्तरदायित्व बोध को बढ़ावा देना और सामाजिक कार्यों में जनसामान्य की रुचि को विकसित करना हो। हमें जहाँ तक सम्भव हो, अपने रोज़मर्रा के जीवन में भ्रष्टाचार की छोटी–छोटी घटनाओं को होने देने से रोकने की भी आवश्यकता है। किसी भी माध्यम से शोषण या दोहन की घटनाओं से असहमति रखने वाला व्यक्ति ही उस दुर्बल व्यक्ति के पक्ष में लड़ने की क्षमता रखता है जो सभी अर्थों में संसाधनविहीन है।

इतिहास में हमारी भूमिकाएँ तय होने का यही समय है। पिछली पीढ़ियों, सरकार और समाज पर दोषारोपण से बेहतर है की हम बिना वक़्त गँवाये अपना उत्तरदायित्व ठीक से निभायें। इतिहास में हमारा स्थान इस बात से तय होगा कि हमारे किन फ़ैसलों से आज क्या हुआ, या हमें क्या फ़ैसला नहीं लेना चाहिए था। सबसे महत्त्वपूर्ण बात यह है हमें ज़िम्मेदारियों से कतरा कर निकलना नहीं चाहिए। एक अच्छे व्यक्ति और अच्छे नागरिक के रूप में हमें ज़िम्मेदार और अन्य लोगों के प्रति उत्तरदायी होना ही चाहिए। इस दायरे में सहकर्मी हों या मित्र या पारिवारिक सदस्य, सभी आते हैं। ज़िम्मेदारियों से इनकार करना एक सामूहिक असम्मान और एक निजी दुखान्त दोनों ही है।

कटिहार को कैनेडी स्कूल से जोड़ने वाली यह यात्रा सचमुच बेहद अनोखी है। जहाँ कटिहार आज भी मुझे अपनी व्यावहारिक जानकारियों और अनुभवों से समृद्ध करता रहा है, वहीं कैनेडी स्कूल के हवाले से मैंने अपने उन मॉडल्स और सिद्धान्तों को विकसित किया है जिन पर भविष्य में मुझे अपनी योजनाओं को आधारित करना है। मानव सभ्यता की विकास यात्रा भी इस बात की तस्दीक करती है कि सैद्धान्तिक ज्ञान और उनका व्यावहारिक क्रियान्वयन परस्पर निर्भर हैं।

दो दशकों तक व्यावहारिक रूप से सक्रिय रहने के बाद फ़िलहाल यह मेरे लिए एक निरपेक्ष समय है जहाँ से मैं ज्ञान के

चश्मे से सिद्धान्तों का क्रियान्वयन देख सकता हूँ। दुनिया के गिने–चुने प्रबुद्धों से अपने संवाद के ज़रिये अब मैं अधिक गहराई के साथ यह समझने की क्षमता रखता हूँ ज्ञानजनित रचनात्मकता बेहतर होती है। और, मेरे सभी प्रयास एक साथ संयुक्त रूप में इस उद्देश्य का आह्वान करते प्रतीत होते है कि जो लिया है उसे चुका दो।

वसुधैव कुटुंबकम। समस्त विश्व एक विशाल परिवार है।

कटिहार से कैनेडी जाने और वहाँ से वापस लौटने की इस यात्रा में मैंने अपने भीतर अभूतपूर्व परिवर्तन देखे। हर क़दम पर मैंने अपनी मान्यता को विकसित होता देखा। अपने आप से मुक्त होकर मैंने पहले से कहीं अधिक स्वतन्त्र और हल्का, लेकिन कहीं अधिक उद्देश्यपूर्ण महसूस किया।

और यह लम्बा और दुर्गम, दिल दहला देने वाले अन्धे मोड़ों, वमनकारी ऊँचाइयों और सुन्न कर देने वाली गहराइयों से भरा रास्ता अगर मैं तय कर सकता हूँ तो यह सफ़र आप भी कर सकते हैं। इन गौरवपूर्ण पलों और निरन्तर सफलताओं के अधिकारी आप भी हो सकते हैं। मैं इस देश के हर छोटे बच्चे से आशा रखता हूँ और उनको सलाम करता हूँ क्योंकि जब वे हमें भविष्य की ख़ुशियों, उजालों और गौरवानुभूतियों का संरक्षक कहते हैं तो वे सच कहते हैं। कभी भी हारकर अपने हथियार मत डालिए। सपने देखने और उन्हें हासिल करने का साहस रखिए। यह हमेशा याद रखिए कि शिक्षा वह चाबी है जिससे दुनिया के सभी ताले खोले जा सकते हैं।

और हाँ, जब अपने लिए पर्याप्त अर्जित कर लिया हो तो जहाँ तक सम्भव हो सके, दूसरों के काम आइए। विश्वास कीजिए, अपनी मेहनत से अगर दूसरों की दुनिया बेहतर होती है, बदलती है तो इससे बड़ा कोई अन्य सुख नहीं है।

❑❑